DR. OETKER
FLEISCH VON A–Z

DR. OETKER
FLEISCH VON A–Z

Dr. Oetker Verlag

Abkürzungen

EL	=	Esslöffel
TL	=	Teelöffel
Msp.	=	Messerspitze
Pck.	=	Packung/Päckchen
g	=	Gramm
kg	=	Kilogramm
ml	=	Milliliter
l	=	Liter
evtl.	=	eventuell
Fl.	=	Fläschchen
geh.	=	gehäuft
gestr.	=	gestrichen
TK	=	Tiefkühlprodukt
°C	=	Grad Celsius

Kalorien-/Nährwertangaben

E	=	Eiweiß
F	=	Fett
Kh	=	Kohlenhydrate
kcal	=	Kilokalorie
kJ	=	Kilojoule

Hinweise zu den Rezepten

Lesen Sie vor der Zubereitung – besser noch vor dem Einkauf – das Rezept einmal vollständig durch. Oft werden Arbeitsabläufe und Zusammenhänge dann klarer. Die Anzahl der Portionen ist in dem Rezept angegeben.

Zutatenliste

Die Zutaten sind in der Reihenfolge ihrer Verarbeitung angegeben.

Arbeitsschritte

Die Arbeitsschritte sind einzeln hervorgehoben, in der Reihenfolge, in der sie von uns ausprobiert wurden.

Gartemperaturen und Garzeiten

Die in den Rezepten angegebenen Gartemperaturen und -zeiten sind Richtwerte, die je nach individueller Hitzeleistung des Backofens über- oder unterschritten werden können. Die Temperaturangaben beziehen sich auf Elektrobacköfen. Die Temperatur-Einstellmöglichkeiten für Gasbacköfen variieren je nach Hersteller, sodass wir keine allgemeingültigen Angaben machen können.
Bitte beachten Sie deshalb bei der Einstellung des Backofens die Gebrauchsanweisung des Herstellers. Ein Backofenthermometer hilft, die Backofentemperartur im Blick zu haben.

Zubereitungszeiten

Die Zubereitungszeit ist ein Anhaltswert für die Zeit der Vorbereitung und die eigentliche Zubereitung. Die Garzeiten sind, in der Regel, gesondert ausgewiesen. Bei den Rezepten setzt sich die Garzeit manchmal aus mehreren Teil-Garzeiten zusammen. Längere Wartezeiten, wie Kühl- und Auftauzeiten, sind nicht miteinbezogen.

Fleisch – man liebt es oder ist Vegetarier

Für alle Fleischgenießer, die den Sonntagsbraten genauso lieben wie das schnelle Steak, haben wir mehr als 260 Rezepte – vom Amerikanischen Schinken bis hin zu Zwiebelsteaks – zusammengestellt.

So vielfältig Geschmack, Zubereitung und Garmethoden sind, so vielfältig sind knuspriges Brathähnchen, partytauglicher Frikadellentopf, beliebter Kasselerbraten, zartes Rinderfilet und würzige Spareribs.

Vom klassischen Schmorbraten bis hin zu sanft bei Niedertemperatur gegarter Kalbshaxe, vom kurz gebratenen Filetsteak bis hin zum eingelegten Sauerbraten: Hier finden Sie die Auswahl, die so schnell nicht langweilig wird.

Schwein, Rind, Kalb, Lamm, Reh und Gans – Schweinekoteletts, Rinderrouladen, Kalbsragout, Lammkeule, Rehrücken und Gänsebraten sind eine kulinarische Liebeserklärung an den Fleischgenuss.

Kurz braten und sofort genießen oder vorbereiten und wieder aufwärmen, Geschnetzeltes oder Gulasch, ein schneller Familienmittagstisch oder ein gut vorbereitetes Einladungsessen: Hier gibt es Rezepte für 2 bis 10 Personen.

Und wenn das von Ihnen ausgesuchte Rezept nicht zu Ihrer Gästezahl passt, dann verdoppeln oder halbieren Sie die Zutaten.

Im Ratgeber auf den Seiten 276–281 finden Sie zusätzliche Tipps und Hinweise zu Fleischstücken, Zubereitung und Garmethoden.

Alle Rezepte wurden wie immer ausprobiert und sind so beschrieben, dass sie Ihnen garantiert gelingen.

Guten Appetit!

Amerikanischer Schinken **|** Deftig
8–10 Portionen

Pro Portion:
E: 56 g, F: 35 g, Kh: 17 g, kJ: 2707, kcal: 646

1	*gepökelter Schinken-Braten (etwa 2,4 kg, beim Metzger vorbestellen)*
20	*Gewürznelken*
125 ml (⅛ l)	*Wasser*
100 g	*brauner Zucker*
1 EL	*mittelscharfer Senf*
4 EL	*Ahornsirup*
	frisch gemahlener Pfeffer

Zubereitungszeit: 30 Minuten
Garzeit: etwa 2 ½ Stunden

1. Den Backofen vorheizen.
Ober-/Unterhitze: etwa 200 °C
Heißluft: etwa 180 °C

2. Den Schinken mit Küchenpapier trocken tupfen. Die Schwartenseite rautenförmig einritzen und mit Gewürznelken spicken.

3. Eine Fettpfanne mit etwas von dem Wasser auf der untersten Einschubleiste in den Backofen schieben. Den Schinken auf einen Rost legen. Den Rost oberhalb der Fettpfanne in den vorgeheizten Backofen schieben (damit das austretende Fett hineintropfen kann). Den Schinken etwa 2 Stunden garen.

4. Während der Garzeit nach und nach das restliche Wasser hinzufügen.

5. Das Fett aus der Fettpfanne abgießen, etwa 250 ml (¼ l) davon abmessen, mit braunem Zucker, Senf und Ahornsirup verrühren.

6. Die Backofentemperatur um etwa 40 °C heraufschalten.

7. Den Schinken mit Pfeffer bestreuen und mit dem angerührten Fett bestreichen.

8. Den Rost wieder in den Backofen schieben. Den Schinken nach Möglichkeit bei Oberhitze noch etwa 30 Minuten garen, sodass er eine schön glasierte Oberfläche bekommt.

Beilage: Bauernbrot und gedünstete Maiskolben.

Asiatisch marinierte Schweinerippchen | Für Gäste

6 Portionen

Pro Portion:
E: 54 g, F: 30 g, Kh: 50 g, kJ: 3107, kcal: 742

> 3 kg *Schälrippchen, in Stücke zerteilt*
> *Salz, frisch gemahlener Pfeffer*
> 4 Bund *Frühlingszwiebeln (je etwa 250 g)*
> 1 kg *Sojabohnenkeimlinge*
> *oder Keimlinge aus der Dose*
> *oder dem Glas (Abtropfgewicht*
> *insgesamt 640 g)*
> 4 EL *Speiseöl, z. B. Sonnenblumenöl*
> 60 g *Zucker*
> 80 ml *Sojasauce*
> 400 ml *Asia-Sauce Sweet & Sour*
> 250 ml (¹/₄ l) *Fleischbrühe*

Zubereitungszeit: 35 Minuten
Garzeit: 45–60 Minuten

1. Schälrippchen unter fließendem kalten Wasser abspülen, trocken tupfen, mit Salz und Pfeffer würzen.

2. Den Backofen vorheizen.
Ober-/Unterhitze: etwa 220 °C
Heißluft: etwa 200 °C

3. Gut die Hälfte des Speiseöls in einem Bräter erhitzen. Rippchen darin von allen Seiten gut anbraten. Rippchen mit der Hälfte des Zuckers bestreuen und karamellisieren lassen.

4. Sojasauce und Asia-Sauce verrühren. 1–2 Esslöffel davon beiseitestellen. Die Rippchen mit der restlichen Saucenmischung bestreichen.

5. Fleischbrühe hinzugießen, kurz aufkochen lassen. Den Bräter zugedeckt auf dem Rost im unteren Drittel in den vorgeheizten Backofen schieben. Die Rippchen 45–60 Minuten garen, je nach Dicke der Rippchen.

6. In der Zwischenzeit Frühlingszwiebeln und Sojabohnenkeimlinge putzen, abspülen und abtropfen lassen. Frühlingszwiebeln in etwa 3 cm lange Stücke

schneiden. Keimlinge aus der Dose oder dem Glas in einem Sieb abtropfen lassen.

7. Etwa 15 Minuten vor dem Ende der Garzeit restliches Speiseöl in einer Pfanne erhitzen. Frühlingszwiebelstücke und Sojabohnenkeimlinge unter mehrmaligem Wenden darin andünsten. Restlichen Zucker darauf verteilen und karamellisieren lassen. Gemüse mit beiseitegestellter Sauce herzhaft würzen.

8. Die Rippchen auf dem Gemüse servieren.

Tipps: Sie können das Gemüse auch nach etwa 30 Minuten Garzeit mit in den Bräter geben. Schneiden Sie eine geputzte Frühlingszwiebel in feine Streifen und garnieren Sie die Schweinerippchen damit.

Beilage: Glasnudeln oder gebackenes Krabbenbrot.

Bäckerbraten | Für die Party
8–10 Portionen

Pro Portion:
E: 57 g, F: 42 g, Kh: 12 g, kJ: 2943, kcal: 702

2 Stücke	Schweinefleisch (je 1,2 kg, aus der Oberschale)
	Salz, frisch gemahlener Pfeffer
4 EL	Speiseöl, z. B. Sonnenblumenöl
3	Zwiebeln
4	Möhren
etwa 375 ml (³/₈ l)	Fleischbrühe

Für die Brotkruste:

8 Scheiben	Toastbrot
80 g	Butter
2 EL	gemischte gehackte Kräuter, z. B. Petersilie, Schnittlauch
2	Eier (Größe M)
	Worcestersauce
1 EL	mittelscharfer Senf

Zubereitungszeit: 40 Minuten
Garzeit: etwa 2 Stunden, 40 Minuten

1. Den Backofen vorheizen.
Ober-/Unterhitze: etwa 220 °C
Heißluft: etwa 200 °C

2. Schweinefleisch mit Küchenpapier trocken tupfen, mit Salz und Pfeffer einreiben. Die Fleischstücke in einen Bräter legen und mit Öl einstreichen. Den Bräter in den vorgeheizten Backofen schieben. Das Fleisch etwa 40 Minuten garen.

3. In der Zwischenzeit Zwiebeln abziehen. Möhren putzen, schälen, abspülen und abtropfen lassen. Die Zwiebeln und Möhren in Stücke schneiden.

4. Die Backofentemperatur um 20–40 °C reduzieren. Die Möhren- und Zwiebelstücke um das Fleisch im Bräter legen und etwas von der Fleischbrühe angießen. Das Fleisch weitere etwa 60 Minuten garen, dabei die verdampfte Flüssigkeit nach und nach durch Fleischbrühe ersetzen.

5. In der Zwischenzeit für die Brotkruste Toastbrot entrinden und in Würfel schneiden. Butter in einer Pfanne zerlassen. Die Brotwürfel darin anrösten und etwas abkühlen lassen.

6. Die Brotwürfel dann mit Kräutern und Eiern vermischen, mit Salz, Pfeffer, Worcestersauce und Senf würzen.

7. Die Brotmischung auf dem Fleisch verteilen, etwas andrücken und die Fleischstücke weitere etwa 60 Minuten garen.

8. Das gare Fleisch aus dem Bräter nehmen und zugedeckt warm stellen. Evtl. etwas Wasser unter den Bratensatz rühren, alles mit dem Gemüse in einen Topf geben und pürieren. Die Sauce nochmals kurz erhitzen und mit den Gewürzen abschmecken.

9. Das Fleisch in Scheiben schneiden und mit der Sauce servieren.

Beilage: Rotkohl und Kartoffelklöße.

Badischer Rehrücken | Mit Alkohol

4 Portionen

Pro Portion:
E: 64 g, F: 28 g, Kh: 36 g, kJ: 3002, kcal: 718

1 Rehrücken mit Knochen
(etwa 1,6 kg)
Salz
frisch gemahlener Pfeffer
75 g durchwachsener Speck,
in Scheiben
1 Zwiebel
50 g Knollensellerie
100 g Möhren
5 Wacholderbeeren
125 ml (1/8 l) trockener Rotwein
2–3 Birnen, z. B. Williams Christ
200 ml lieblicher Weißwein
Saft von
1 Zitrone
200 ml trockener Rotwein
250 g Schlagsahne
180 g Preiselbeerkompott

evtl. dunkler Saucenbinder

Zubereitungszeit: 30 Minuten
Bratzeit: 35–50 Minuten

1. Den Backofen vorheizen.
Ober-/Unterhitze: etwa 200 °C
Heißluft: etwa 180 °C

2. Den Rehrücken unter fließendem Wasser abspülen, mit Küchenpapier trocken tupfen und evtl. enthäuten. Rehrücken mit Salz und Pfeffer einreiben. Rehrücken in einen mit Wasser ausgespülten Bräter legen und mit Speckscheiben belegen.

3. Zwiebel abziehen und fein würfeln. Sellerie und Möhren putzen, schälen, abspülen, abtropfen lassen und würfeln. Gemüse in den Bräter geben. Den Bräter ohne Deckel auf dem Rost auf mittlerer Einschubleiste in den vorgeheizten Backofen schieben. Den Rehrücken 35–50 Minuten braten. Sobald der Bratensatz bräunt, Wacholderbeeren und Rotwein zugeben.

4. Inzwischen Birnen abspülen, abtrocknen, halbieren und entkernen (am besten mit einem Kugelausstecher). Die Birnenhälften mit Weißwein und Zitronensaft zum Kochen bringen. Birnenhälften zugedeckt etwa 10 Minuten bei mittlerer Hitze dünsten. Birnen mit einer Schaumkelle aus der Flüssigkeit nehmen und abkühlen lassen.

5. Das gegarte Fleisch aus dem Bräter nehmen, zugedeckt etwa 10 Minuten ruhen lassen, damit sich der Fleischsaft setzt. Den Bratensatz mit Rotwein loskochen, mit dem Gemüse durch ein Sieb streichen, zum Kochen bringen und die Sahne unterrühren. 2 Esslöffel Preiselbeerkompott zugeben, wieder zum Kochen bringen und 3–5 Minuten sprudelnd kochen. Evtl. ausgetretenen Fleischsaft von dem ruhenden Fleisch in die Sauce rühren. Die Sauce nach Belieben mit Saucenbinder andicken und nochmals mit den Gewürzen abschmecken.

6. Speckscheiben entfernen. Fleisch vom Knochengerüst lösen, in Scheiben schneiden und wieder auf das Knochengerüst legen. Rehrücken auf einer vorgewärmten Platte anrichten.

7. Die Birnenhälften mit restlichem Preiselbeerkompott füllen und um den Rehrücken legen. Die Sauce getrennt dazureichen.

Beilage: Spätzle und Rotkohl.

Barbecue-Braten **I** Für Gäste – einfach

6 Portionen

Pro Portion:
E: 28 g, F: 22 g, Kh: 15 g, kJ: 1556, kcal: 371

1 *Schweine-Rollbraten*
(etwa 800 g)
1 EL *Grill-Barbecue-Gewürz*
4 EL *Speiseöl, z. B. Rapsöl*
je 1 *rote und gelbe Paprikaschote*
2 *grüne Peperoni*
1 *Gemüsezwiebel*
etwa 300 ml *Fleischbrühe*
250 ml (¼ l) *Barbecue-Sauce*

Zubereitungszeit: 30 Minuten
Garzeit: etwa 2 Stunden

1. Rollbraten mit Küchenpapier trocken tupfen und mit dem Barbecue-Gewürz einreiben.

2. Speiseöl in einem Bräter erhitzen. Den Rollbraten darin rundherum gut anbraten.

3. Paprika und Peperoni halbieren, entstielen, entkernen und die weißen Scheidewände entfernen. Die Schoten abspülen, abtropfen lassen und in Streifen schneiden.

4. Die Gemüsezwiebel abziehen, halbieren und in Scheiben schneiden. Paprika-, Peperonistreifen und Zwiebelscheiben zum Rollbraten geben und mit anbraten.

5. Fleischbrühe hinzugießen, kurz aufkochen lassen. Den Rollbraten zugedeckt etwa 1 ¾ Stunden schmoren lassen.

6. Barbecue-Sauce unter die Sauce rühren, zum Kochen bringen und alles noch etwa 10 Minuten kochen lassen.

7. Den Rollbraten aus dem Bräter nehmen, auf eine vorgewärmte Platte legen und zugedeckt etwa 10 Minuten ruhen lassen. Dann den Rollbraten in Scheiben schneiden und mit der Sauce anrichten.

Beilage: Pellkartoffeln oder Bandnudeln.

Bayerische Leberknödel | Für Gäste
4 Portionen

Pro Portion:
E: 12 g, F: 14 g, Kh: 27 g, kJ: 1216, kcal: 290

3–4	*Brötchen (Semmeln) vom Vortag (180–200 g)*
100 ml	*Milch*
	Salz
	frisch gemahlener Pfeffer
125 g	*Kalbsleber*
2	*Schalotten*
2 Stängel	*Majoran oder*
½ TL	*gerebelter Majoran*
2 EL	*Butter*
2	*Eigelb (Größe M)*

Zubereitungszeit: 30 Minuten, ohne Quellzeit
Garzeit: etwa 10 Minuten

1. Die Brötchen in kleine Würfel schneiden und in eine Schale geben. Die Milch mit Salz und Pfeffer würzen, kurz aufkochen lassen. Die heiße Milch über die Brotwürfel gießen, mit einem Holzlöffel gut vermengen. Die Brötchenmasse mindestens 30 Minuten stehen lassen, dabei gelegentlich umrühren.

2. Kalbsleber mit Küchenpapier trocken tupfen, evtl. von Haut, Sehnen und Röhren befreien. Die Leber in kleine Würfel schneiden.

3. Schalotten abziehen und fein würfeln. Majoranstängel abspülen, trocken tupfen und die Blättchen von den Stängeln zupfen.

4. Butter in einer kleinen Pfanne zerlassen. Die Schalottenwürfel darin andünsten. Die Schalottenwürfel mit Majoranblättchen und Eigelben unter die Brotmasse rühren. Leberwürfel fein pürieren und ebenfalls unter die Brotmasse rühren.

5. Die Lebermasse mit Salz und Pfeffer abschmecken, mit angefeuchteten Händen 8 Knödel (Klöße) formen. Die Masse muss fest genug sein, um daraus Klöße formen zu können. Ist die Masse zu fest, dann kann noch etwas warme Milch hinzugegeben

werden. Ist die Masse zu weich, dann die Masse mit Semmelbröseln etwas fester machen.

6. Die Leberknödel in kochendes Salzwasser geben und dann etwa 10 Minuten gar ziehen lassen (dabei sollte sich das Wasser nur noch leicht bewegen).

7. Die Leberknödel mit einer Schaumkelle aus dem Topf nehmen und servieren.

Tipps: Stechen Sie aus der Lebermasse mit 2 Teelöffeln Nocken ab. Lassen Sie diese in kochender Fleischbrühe gar ziehen. Geben Sie noch feine Gemüsestreifen hinzu und fertig ist eine leckere Suppe. Oder Sie reichen zu den Leberknödeln eine Kräutersauce oder richten die Leberknödel auf Gemüse an.

Bayerischer Krautbraten | Deftig
4 Portionen

Pro Portion:
E: 29 g, F: 48 g, Kh: 15 g, kJ: 2721, kcal: 650

1 Kopf	*Weißkohl (etwa 1 kg)*
	Wasser
1–2 TL	*Salz*
1	*Zwiebel*
1 TL	*Kümmelsamen*
60 g	*Schweineschmalz*
	Salz
	frisch gemahlener Pfeffer
1	*Brötchen (Semmel)*
350 g	*Gehacktes vom Rind*
2	*Eier (Größe M)*
2 EL	*gehackte Petersilie*
100 g	*magere, durchwachsene*
	Speckscheiben

Zubereitungszeit: 40 Minuten
Garzeit: etwa 60 Minuten

1. Die schlechten äußeren Blätter von dem Weißkohl entfernen. Den Strunk herausschneiden. Wasser mit dem Salz in einem großen Topf zum Kochen bringen. Kohlkopf 1–2 Minuten in das kochende Salzwasser legen, bis sich die äußeren Blätter lösen lassen. Dann 1–2 Blätter ablösen und diesen Vorgang wiederholen, bis etwa 12–16 große Blätter gelöst sind. Die Blattrippen flach schneiden.

2. Den restlichen Kohl klein schneiden. Die Zwiebel abziehen und würfeln. Kümmel zerdrücken. Schweineschmalz in einem Topf zerlassen. Zwiebel, Kümmel und Kohlstreifen darin fast gar schmoren, mit Salz und Pfeffer würzen und etwas abkühlen lassen.

3. Den Backofen vorheizen.
Ober-/Unterhitze: 180–200 °C
Heißluft: 160–180 °C

4. Das Brötchen in Wasser einweichen. Die Hälfte der Weißkohlblätter in einem länglichen Bräter (gefettet) oder einer längliche Auflaufform (gefettet) etwas übereinanderlappend auslegen.

5. Das Brötchen gut ausdrücken und mit Gehacktem, Eiern, Petersilie und geschmortem Kohl vermengen, mit Salz und Pfeffer würzen.

6. Die Fleischmasse zu einem länglichen Laib formen und auf die Kohlblätter legen. Die restlichen Kohlblätter wieder etwas übereinanderlappend darauflegen, fest andrücken (evtl. das Ganze mit Küchengarn zusammenbinden) und mit den Speckscheiben belegen.

7. Die Form oder den Bräter auf dem Rost in den vorgeheizten Backofen schieben. Den Krautbraten etwa 60 Minuten garen.

8. Den Krautbraten in Scheiben schneiden und mit den Speckscheiben servieren.

Tipp: Zu dem Krautbraten nach Belieben eine **Tomatensauce** reichen. Dazu 2 Zwiebeln abziehen, würfeln und in 2 Esslöffeln heißem Speiseöl andünsten. Dann 1 Dose geschälte Tomaten (800 g) dazugeben und alles etwa 15 Minuten bei schwacher Hitze köcheln lassen. Die Sauce mit etwas Tomatenmark, Salz und Pfeffer abschmecken und pürieren. Evtl. etwas Schmand unterrühren.

Bierkotelett | Mit Alkohol – schnell
4 Portionen

Pro Portion:
E: 36 g, F: 15 g, Kh: 5 g, kJ: 1338, kcal: 319

4	Schweine-Lummerkoteletts (Kotelett mit Filetstück, je etwa 200 g)
1 TL	Paprikapulver, edelsüß
1 TL	Paprikapulver rosenscharf
8–10	kleine Schalotten
2 EL	Speiseöl, z. B. Olivenöl
1–2 Stängel	Rosmarin
1 TL	Butter
	Salz
250 ml (¼ l)	Bier
	frisch gemahlener Pfeffer
1 Prise	Zucker

Zubereitungszeit: 15 Minuten
Bratzeit: etwa 10 Minuten

1. Die Koteletts unter fließendem kalten Wasser abspülen und trocken tupfen, mit Paprika edelsüß und rosenscharf würzen. Schalotten abziehen.

2. Das Speiseöl in einer großen Pfanne erhitzen. Die Koteletts darin von jeder Seite etwa 2 Minuten braten. Rosmarin abspülen, trocken tupfen und die Stängel etwas kleiner zupfen. Rosmarin mit der Butter zu den Koteletts in die Pfanne geben und kurz mitdünsten lassen. Die Koteletts mit Salz würzen.

3. Schalotten hinzufügen. Die angebratenen Koteletts mit Bier beträufeln und 1–2 Minuten braten lassen. Dann wieder mit Bier beträufeln und weitere 1–2 Minuten braten lassen. Die Koteletts auf diese Weise insgesamt 7–8 Minuten braten, bis das Bier aufgebraucht ist. Die Koteletts während der Bratzeit ab und zu wenden.

4. Die Koteletts mit den Schalotten aus der Pfanne nehmen. Die Sauce mit Salz, Pfeffer und Zucker abschmecken.

5. Die Koteletts mit den Schalotten und der Sauce servieren.

Beilage: Petersilienkartoffeln und grüner Salat.

Tipp: Wenn es ganz schnell gehen soll, servieren Sie die Koteletts einfach mit Brot und Senf.

Bigosch | Gut vorzubereiten – deftig
4 Portionen

Pro Portion:
E: 39 g, F: 44 g, Kh: 10 g, kJ: 2452, kcal: 588

500 g	Schweinenacken
75 g	durchwachsener Speck
2	Cabanossi (je etwa 90 g)
1	rote Paprikaschote
1	Gemüsezwiebel
300 g	Weißkohl
5 EL	Speiseöl, z. B. Rapsöl
2 EL	Tomatenmark
1	Lorbeerblatt
	Salz
	frisch gemahlener Pfeffer
	Kümmelsamen
	gerebelter Majoran
500 ml (½ l)	heiße Fleischbrühe
1 Dose	gemischte Pilze
	(Einwaage etwa 200 g)

Zubereitungszeit: 30 Minuten
Garzeit: etwa 40 Minuten

1. Schweinefleisch mit Küchenpapier trocken tupfen und in etwa 3 cm große Würfel schneiden. Speck fein würfeln. Cabanossi in Scheiben schneiden.

2. Paprika halbieren, entstielen, entkernen und die weißen Scheidewände entfernen. Die Schoten abspülen, abtropfen lassen und in kleine Würfel schneiden.

3. Zwiebel abziehen und fein würfeln. Die schlechten äußeren Blätter von dem Weißkohl entfernen. Kohl in Streifen schneiden, evtl. abspülen und abtropfen lassen.

4. Speiseöl in einem Topf oder Bräter erhitzen. Die Speckwürfel darin auslassen. Dann die Fleischwürfel und Wurstscheiben darin anbraten. Paprika-, Zwiebelwürfel und Weißkohlscheiben dazugeben und unter Rühren andünsten.

5. Tomatenmark unterrühren. Lorbeerblatt hinzufügen und mit Salz, Pfeffer, Kümmel und Majoran würzen. Fleischbrühe hinzugießen und kurz aufkochen lassen. Bigosch zugedeckt etwa 40 Minuten bei mittlerer Hitze schmoren. Kurz vor Ende der Garzeit die abgetropften Pilze dazugeben und miterhitzen.

Blitzgulasch | Mit Alkohol
4 Portionen

Pro Portion:
E: 30 g, F: 26 g, Kh: 4 g, kJ: 1638, kcal: 391

500 g	*Roastbeef*
4 EL	*Olivenöl*
	Salz, frisch gemahlener Pfeffer
1 Glas	*Perlzwiebeln*
	(Abtropfgewicht 185 g)
150 g	*kleine Champignons*
40 g	*Butter*
100 ml	*Rotwein*
200 ml	*Rinderfond oder Fleischbrühe*
1 TL	*Speisestärke*
etwas	*Rotwein*

Zubereitungszeit: 30 Minuten

1. Roastbeef mit Küchenpapier trocken tupfen und in Würfel schneiden.

2. Olivenöl in einer Pfanne erhitzen. Die Fleischwürfel darin rundherum anbraten, herausnehmen, mit Salz und Pfeffer würzen. Die Fleischwürfel aus der Pfanne nehmen und warm stellen.

3. Perlzwiebeln in einem Sieb gut abtropfen lassen. Champignons putzen, mit Küchenpapier abreiben, evtl. abspülen und gut abtropfen lassen.

4. Butter in der Pfanne zerlassen. Champignons und Perlzwiebeln darin anbraten. Rotwein und Fond oder Brühe hinzugießen, kurz aufkochen und die Flüssigkeit etwa um die Hälfte einkochen lassen.

5. Speisestärke mit etwas Rotwein anrühren und in die Bratflüssigkeit einrühren. Die Sauce nochmals kurz aufkochen lassen, evtl. nochmals abschmecken.

6. Die Fleischwürfel wieder in die Sauce geben und nochmals kurz miterhitzen.

Beilage: Spätzle oder Nudeln.

Boeuf à la mode
(Rindfleisch in Rotwein) I

Mit Alkohol – dauert länger

6–8 Portionen

Pro Portion:

E: 39 g, F: 53 g, Kh: 9 g, kJ: 3264, kcal: 779

Für die Marinade:

100 g	Zwiebeln
100 g	Möhren
1 Bund	Petersilie
4	Knoblauchzehen
500 ml (½ l)	Rotwein
50 ml	Cognac
2	Lorbeerblätter
1 TL	gerebelter Thymian
	Salz, frisch gemahlener Pfeffer
1,2 kg	Rinderbraten (Schwanzrolle)
60 g	Gänseschmalz
50 g	Bauchspeck
1	Kalbsknochen
2	Tomaten
1 Stange	Porree (Lauch)
1 Stück	Speckschwarte
250 ml (¼ l)	Fleischbrühe

Für das Gemüse:

20	kleine Zwiebelchen
	(etwa 250 g)
1 Bund	Möhren (etwa 500 g)
60 g	Bauchspeck
40 g	Butter
	Zucker
2 EL	gehackte Petersilie
60 g	kalte Butter

Zubereitungszeit: 40 Minuten, ohne Marinierzeit
Garzeit: etwa 2 Stunden

1. Für die Marinade Zwiebeln abziehen und in Scheiben schneiden. Möhren putzen, schälen, abspülen, abtropfen lassen und grob zerkleinern. Die Petersilie abspülen, trocken tupfen und fein hacken. Knoblauch abziehen und zerdrücken.

2. Aus Rotwein, Cognac, Zwiebeln, Möhren, Petersilie, Knoblauch, Lorbeerblättern und Thymian eine Marinade zubereiten, mit Salz und Pfeffer würzen. Das Rindfleisch trocken tupfen, in die Marinade legen und zugedeckt über Nacht im Kühlschrank marinieren.

3. Rindfleisch aus der Marinade nehmen, abtropfen lassen und etwas trocken tupfen. In einem Bräter das Gänseschmalz erhitzen. Den Braten darin von allen Seiten anbraten. Den Bauchspeck grob würfeln und dann dazugeben. Kalbsknochen unter fließendem kalten Wasser abspülen, trocken tupfen und mit anschmoren.

4. Den Backofen vorheizen.
Ober-/Unterhitze: etwa 180 °C
Heißluft: etwa 160 °C

5. Die Tomaten abspülen, abtrocknen, vierteln und die Stängelansätze herausschneiden. Porree putzen. Die Stange längs halbieren, gründlich abspülen, abtropfen lassen und in Stücke schneiden. Porree mit den Tomaten und der Speckschwarte zum Fleisch geben.

6. Die Fleischbrühe und etwas von der durchgesiebten Marinade hinzugießen, kurz aufkochen. Den Bräter auf dem Rost in den vorgeheizten Backofen schieben. Das Fleisch zugedeckt etwa 2 Stunden garen.

7. Etwa 30 Minuten vor dem Ende der Garzeit für das Gemüse Zwiebeln abziehen, evtl. halbieren. Möhren putzen, schälen, abspülen, abtropfen lassen und in Stücke schneiden. Bauchspeck in Würfel schneiden.

8. Speckwürfel in einer Pfanne auslassen. Butter zugeben. Die Zwiebeln und Möhren darin braten, mit Salz und etwas Zucker abschmecken. Die Petersilie unterrühren.

9. Das Fleisch aus dem Bratenfond nehmen und zugedeckt etwas ruhen lassen, damit sich der Fleischsaft setzen kann.

10. Die Sauce durch ein feines Sieb gießen. Die Sauce mit kalter Butter binden, abschmecken, mit dem in Scheiben geschnittenen Fleisch und dem Gemüse servieren.

Boeuf bourguignon | Mit Alkohol
8 Portionen

Pro Portion:
E: 53 g, F: 17 g, Kh: 12 g, kJ: 1893, kcal: 452

1,8 kg	Rindfleisch (aus der Keule)
250 g	Zwiebeln
2	Knoblauchzehen
250 g	Möhren
400 g	Champignons
60 g	getrocknete Tomaten
5 EL	Olivenöl
	Salz, frisch gemahlener Pfeffer
120 g	geräucherter, gewürfelter Schinken
600 ml	trockener Rotwein, z. B. Burgunder oder Bordeaux
1 EL	Weizenmehl
1 EL	Speisestärke

Zubereitungszeit: 45 Minuten
Garzeit: etwa 4 ½ Stunden

1. Den Backofen bei Ober-/Unterhitze auf 95 °C vorheizen. Rindfleisch mit Küchenpapier trocken tupfen, evtl. Sehnen und Fett entfernen.

2. Zwiebeln und Knoblauch abziehen, in kleine Würfel schneiden. Möhren putzen, schälen, abspülen, abtropfen lassen und in etwa 1 cm dicke Scheiben schneiden. Champignons putzen, mit Küchenpapier abreiben, evtl. kurz abspülen und gut abtropfen lassen. Champignons vierteln. Getrocknete Tomaten in Stücke schneiden.

3. Olivenöl in einem Bräter erhitzen. Das Fleisch mit Salz und Pfeffer würzen und darin etwa 10 Minuten von allen Seiten gut anbraten. Nach und nach Zwiebel- und Knoblauchwürfel, Möhrenscheiben, Champignonviertel, Tomatenstücke und Schinkenwürfel hinzufügen, unterrühren und kurz mit anbraten. Rotwein hinzugießen und kurz aufkochen lassen.

4. Den Bräter auf dem Rost im unteren Drittel in den vorgeheizten Backofen schieben. Den Braten etwa 4 ½ Stunden garen, dabei 2–3-mal wenden.

5. Den Rinderbraten aus dem Bräter nehmen, auf eine vorgewärmte Platte legen und zugedeckt warm stellen.

6. Die Sauce kurz aufkochen lassen. Dann Mehl und Speisestärke in etwas kaltem Wasser anrühren, in die Sauce einrühren. Die Sauce nochmals aufkochen, etwa 5 Minuten köcheln lassen. Die Sauce mit Salz und Pfeffer abschmecken. Den Braten in Scheiben schneiden und mit der Sauce servieren.

Tipp: Hinweise zum Niedertemperaturgaren finden Sie im Ratgeberteil auf S. 277.

Boeuf Stroganoff **|** Klassisch

4 Portionen

Pro Portion:
E: 34 g, F: 15 g, Kh: 3 g, kJ: 1184, kcal: 283

600 g	*Rinderfilet*
150 g	*Zwiebeln*
150 g	*Champignons*
100 g	*Gewürzgurken*
3 EL	*Speiseöl, z. B. Sonnenblumenöl*
	Salz
	frisch gemahlener Pfeffer
200 ml	*Rinderfond oder Fleischbrühe*
1 TL	*mittelscharfer Senf*
2 EL	*Crème fraîche oder saure Sahne*

Zubereitungszeit: 45 Minuten

1. Rinderfilet mit Küchenpapier trocken tupfen und in Streifen schneiden. Zwiebeln abziehen. Champignons putzen, mit Küchenpapier abreiben, evtl. kurz abspülen und gut abtropfen lassen. Champignons und Zwiebeln in Scheiben schneiden. Gewürzgurken abtropfen lassen. Gewürzgurken in Streifen schneiden.

2. Die Hälfte des Öls in einer Pfanne erhitzen. Die Hälfte der Filetstreifen darin 2–3 Minuten unter Rühren von allen Seiten anbraten, mit Salz und Pfeffer würzen, herausnehmen und warm stellen. Das übrige Fleisch in dem restlichen Öl ebenso anbraten.

3. Zwiebel-, Champignonscheiben und Gewürzgurkenstreifen in dem verbliebenen Bratfett leicht anbraten, herausnehmen und zu dem Fleisch geben.

4. Rinderfond oder Fleischbrühe zu dem Bratensatz in die Pfanne geben und ohne Deckel bei starker Hitze etwas einkochen lassen.

5. Senf und Crème fraîche oder saure Sahne unterrühren. Fleisch und Gemüse zurück in die Sauce geben und leicht darin erhitzen (nicht mehr kochen lassen). Boeuf Stroganoff mit Salz und Pfeffer abschmecken.

Beilage: Nudeln und Gemüse wie Möhren, grüne Bohnen oder Brokkoli.

Tipps: Bei kurz gebratenen Fleischteilen, insbesondere bei Geschnetzeltem, ist es wichtig, das Fleisch erst nach dem Bratvorgang zu würzen, da sonst die Gewürze durch zu hohe Hitzeeinwirkung verbrennen und dadurch bitter schmecken würden. Das Fleisch darf in der Sauce nicht mehr kochen, da es sonst hart wird.

Böflamot
(Bayerischer Rotweinbraten) I
Dauert länger – mit Alkohol

4 Portionen

Pro Portion:
E: 43 g, F: 17 g, Kh: 8 g, kJ: 1615, kcal: 386

1–1½ l	*Wasser*
800 g	*Rindfleisch (aus der Hüfte)*
2	*Zwiebeln*
3	*Lorbeerblätter*
3	*Gewürznelken*
6	*Wacholderbeeren*
	Salz, frisch gemahlener Pfeffer
60 g	*Butter*
40 g	*Weizenmehl*
500 ml (½ l)	*Fleischbrühe*
1–2 EL	*Zitronensaft*
150 ml	*Rotwein*

Zubereitungszeit: 40 Minuten
Garzeit: etwa 2½ Stunden

1. Wasser in einem großen Topf zum Kochen bringen. Das Rindfleisch mit Küchenpapier trocken tupfen und in das kochende Wasser geben. Das Ganze wieder zum Kochen bringen. Den Schaum mit einer Schaumkelle abschöpfen.

2. Die Zwiebeln abziehen, mit den Lorbeerblättern und Gewürznelken spicken, mit Wacholderbeeren, Salz und Pfeffer in den Topf geben. Das Fleisch zugedeckt bei schwacher Hitze etwa 2 Stunden köcheln lassen.

3. Das Fleisch aus der Brühe nehmen, zugedeckt auf einer vorgewärmten Platte warm stellen.

4. Die Brühe durch ein Sieb geben, auffangen und 500 ml (½ l) davon abmessen.

5. Für die Sauce Butter in einem Topf zerlassen. Mehl unter Rühren hinzugeben und so lange darin erhitzen, bis es hellgelb ist. Die Brühe unter Rühren hinzugießen, dabei darauf achten, dass keine Klümpchen entstehen.

6. Die Sauce unter Rühren zum Kochen bringen und bei schwacher Hitze etwa 5 Minuten ohne Deckel kochen lassen. Dabei gelegentlich umrühren.

7. Zitronensaft und Rotwein in die Sauce geben, mit Salz und Pfeffer abschmecken. Sauce zugedeckt bei schwacher Hitze etwa 20 Minuten ziehen lassen, dabei gelegentlich vorsichtig durchrühren. Das Fleisch in Scheiben schneiden und mit der Sauce servieren.

Beilage: Petersilienkartoffeln und Butterbohnen oder Bohnensalat.

Brathähnchen | Für Kinder
4 Portionen

Pro Portion:
E: 39 g, F: 18 g, Kh: 4 g, kJ: 1405, kcal: 336

> 1 *küchenfertiges Hähnchen*
> *(etwa 900 g)*
> *Salz, frisch gemahlener Pfeffer*
> *Paprikapulver edelsüß*
> 1 *Zwiebel*
> 2 *Möhren*
> 2 *Tomaten*
> 1 *Lorbeerblatt*
> 125 ml (¹/₈ l) *Hühnerbrühe*

Zubereitungszeit: 20 Minuten
Bratzeit: etwa 60 Minuten

1. Den Backofen vorheizen.
Ober-/Unterhitze: etwa 200 °C
Heißluft: etwa 180 °C

2. Hähnchen innen und außen unter fließendem kalten Wasser abspülen, trocken tupfen, mit Salz, Pfeffer und Paprika einreiben.

3. Zwiebel abziehen und fein würfeln. Möhren putzen, schälen, abspülen, abtropfen lassen und in Scheiben schneiden. Die Tomaten abspülen, abtropfen lassen, kreuzweise einschneiden und kurz in kochendes Wasser legen. Tomaten mit kaltem Wasser abschrecken, enthäuten und halbieren. Die Stängelansätze herausschneiden. Tomaten vierteln.

4. Vorbereitetes Gemüse, Lorbeerblatt, Hühnerbrühe und Hähnchen in einen Bräter geben. Den Bräter auf dem Rost im unteren Drittel in den vorgeheizten Backofen schieben. Das Hähnchen etwa 60 Minuten braten.

5. Das Hähnchen aus dem Bräter nehmen und warm stellen. Oder das Hähnchen auf eine hitzebeständige Platte legen. Diese auf dem Rost in den Backofen schieben. Das Hähnchen unter dem vorgeheizten Backofengrill (etwa 240 °C) 5–10 Minuten knusprig grillen. Dabei das Hähnchen einmal wenden.

6. In der Zwischenzeit den Bratensud evtl. mit etwas Hühnerbrühe verlängern, zum Kochen bringen. Das Lorbeerblatt entfernen.

7. Die Sauce pürieren oder durch ein Sieb passieren, mit Salz, Pfeffer und Paprikapulver abschmecken. Das Hähnchen mit einer Geflügelschere in Stücke teilen und mit der Sauce servieren.

Beilage: Naturreis.

Bratwurst **| Beliebt – schnell**

4 Portionen

Pro Portion:
E: 15 g, F: 32 g, Kh: 0 g, kJ: 1427, kcal: 341

*4 vorgebrühte oder frische
Bratwürste (je etwa 120 g)*
2 EL Speiseöl, z. B. Sonnenblumenöl

Zubereitungszeit: 15 Minuten

1. Die Bratwürste mit Küchenpapier trocken tupfen. Frische Bratwürste rundherum mehrmals mit einer Gabel einstechen.

2. Öl in einer Pfanne erhitzen. Die Bratwürste darin ohne Deckel unter gelegentlichem Wenden von beiden Seiten bei mittlerer Hitze etwa 10 Minuten braun braten.

Beilage: Kartoffelpüree und Möhren-Kohlrabi-Gemüse.

Burgunderbraten I
Gut vorzubereiten – mit Alkohol
6 Portionen

Pro Portion:
E: 44 g, F: 16 g, Kh: 12 g, kJ: 1793, kcal: 428

etwa 20 rohe Perlzwiebeln
100 g Knollensellerie
100 g Möhren
100 g Porree (Lauch)
1,2 kg Rinderbraten (aus der Hüfte)
1 TL Pfefferkörner
1 Lorbeerblatt
1 TL Rosmarinnadeln
Salz, frisch gemahlener Pfeffer
500 ml (½ l) Burgunderwein
3 EL Speiseöl, z. B. Rapsöl
500 ml (½ l) Rinderfond oder -brühe
1 EL Tomatenmark
50 g kalte Butter

Zubereitungszeit: 40 Minuten, ohne Marinierzeit
Garzeit: etwa 1 ½ Stunden

1. Perlzwiebeln abziehen. Sellerie und Möhren putzen, schälen, abspülen, abtropfen lassen und in perlzwiebelgroße Stücke schneiden. Porree putzen. Die Stange längs halbieren, gut abspülen, abtropfen lassen und in etwa 3 cm lange Stücke schneiden.

2. Das Fleisch mit Küchenpapier trocken tupfen, evtl. entfetten und entsehnen. Das Fleisch in eine große Schüssel legen. Das Gemüse und die Gewürze daraufstreuen und mit Burgunder übergießen. Die Schüssel zudecken und in den Kühlschrank stellen. Das Fleisch etwa 20 Stunden marinieren, dabei das Fleisch einmal wenden.

3. Am nächsten Tag das Fleisch aus der Rotweinmarinade nehmen, abtropfen lassen und trocken tupfen. Die Marinade durch ein Sieb abgießen, dabei die Marinade auffangen und das Gemüse beiseitestellen.

4. Den Backofen vorheizen.
Ober-/Unterhitze: etwa 200 °C
Heißluft: etwa 180 °C

5. Das Öl in einem Bräter erhitzen. Das Fleisch darin von allen Seiten gut anbraten. Die Hälfte des Fonds oder der Brühe hinzugießen, kurz aufkochen lassen.

6. Den Bräter zugedeckt auf dem Rost in den vorgeheizten Backofen schieben. Fleisch etwa 1 ½ Stunden schmoren lassen. Dabei nach und nach die verdampfte Flüssigkeit durch etwas Rotweinmarinade und Fond oder Brühe ersetzen.

7. Etwa 30 Minuten vor dem Ende der Garzeit das beiseitegestellte Gemüse und Tomatenmark zum Fleisch geben, unterrühren und evtl. den restlichen Fond oder die restliche Brühe und Rotweinmarinade dazugießen.

8. Zur Garprobe eine Fleischgabel in den Braten stechen und etwas anheben. Rutscht das Fleisch langsam von der Gabel, so ist der Schmorprozess abgeschlossen. Fleisch dann herausnehmen und zugedeckt warm stellen.

9. Butter unter die Sauce rühren. Die Sauce nochmals abschmecken. Fleisch in Scheiben schneiden, mit der Sauce und dem Gemüse anrichten.

Beilage: Kroketten.

Calvados-Rouladen I Mit Alkohol
8 Portionen

Pro Portion:
E: 52 g, F: 25 g, Kh: 8 g, kJ: 2045, kcal: 489

8	*dünne Schweineschnitzel*
	(je etwa 180 g)
	Salz
	frisch gemahlener Pfeffer
2 gestr. EL	*mittelscharfer Senf*
2 gestr. EL	*Curryketchup*
8 Scheiben	*Frühstücksspeck (Bacon)*
8 Scheiben	*junger Gouda-Käse*
3	*mittelgroße Zwiebeln*
2 Stangen	*Porree (Lauch, etwa 400 g)*
2	*säuerliche Äpfel*
30 g	*Butterschmalz*
250 ml (¼ l)	*Fleischbrühe*
20 g	*Weizenmehl*
125 g	*Schlagsahne*
4 EL	*Calvados (Apfelbranntwein)*
2 EL	*gehackter Estragon*
4 Stängel	*Estragon*

Außerdem:

Küchengarn oder
Rouladennadeln

Zubereitungszeit: 45 Minuten
Garzeit: etwa 40 Minuten

1. Die Fleischscheiben mit Küchenpapier trocken tupfen und etwas flacher klopfen. Die Fleischscheiben mit Salz und Pfeffer würzen. Den Senf mit Curryketchup verrühren. Die Fleischscheiben damit bestreichen und mit jeweils 1 Scheibe Frühstücksspeck und 1 Scheibe Käse belegen.

2. Die Zwiebeln abziehen und in Würfel schneiden. Den Porree putzen, Stangen längs halbieren, gründlich abspülen, abtropfen lassen und in Ringe schneiden. Die Äpfel schälen, halbieren, entkernen und in kleine Würfel schneiden. Zwiebelwürfel mit den Porreeringen und Apfelwürfeln vermengen.

3. Die Fleischscheiben mit einem Teil der Apfel-Zwiebel-Porree-Mischung belegen. Restliche Apfel-Zwiebel-Porree-Mischung beiseitestellen.

4. Die Fleischscheiben von der schmalen Seite her aufrollen, mit Küchengarn zusammenbinden oder mit Rouladennadeln zusammenstecken.

5. Butterschmalz in einer großen Pfanne oder einem Bräter erhitzen. Die Rouladen (evtl. in 2 Portionen) von allen Seiten darin anbraten. Brühe hinzugießen, kurz aufkochen lassen und die Rouladen zugedeckt etwa 20 Minuten garen. Dann die beiseitegestellte Apfel-Zwiebel-Porree-Mischung hinzugeben und alles weitere etwa 20 Minuten garen.

6. Die garen Rouladen herausnehmen (Küchengarn oder Rouladennadeln entfernen), auf einer Platte anrichten und warm stellen.

7. Mehl mit Sahne anrühren, mit einem Schneebesen in die Gemüsesauce rühren und unter Rühren etwa 5 Minuten kochen lassen. Calvados und Estragon unterrühren.

8. Estragonstängel abspülen und trocken tupfen. Die Rouladen auf der Gemüsesauce mit dem Estragon garniert servieren.

Tipp: Die Calvados-Rouladen können auch mit Kalbsrouladen oder dünnen Putenschnitzeln zubereitet werden.

Calzone-Braten | Beliebt
6 Portionen

Pro Portion:
E: 49 g, F: 15 g, Kh: 14 g, kJ: 1662, kcal: 396

60 g	*getrocknete Tomaten in Öl*
12	*schwarze Oliven, ohne Stein*
je 1	*kleine, gelbe, rote und grüne*
	Paprikaschote (je etwa 150 g)
2	*mittelgroße Zwiebeln*
2	*Knoblauchzehen*
2 Scheiben	*Toastbrot*
3 EL	*Olivenöl*
2 Pck.	*TK-8-Kräuter-Mischung (je 25 g)*
	Salz, frisch gemahlener Pfeffer
	Paprikapulver edelsüß
1,2 kg	*Schweinefleisch*
	(aus der Oberschale)
250 ml (¼ l)	*Gemüsebrühe*
2 Dosen	*stückige Tomaten (je 400 g)*

Außerdem:
einige Holzstäbchen oder Küchengarn

Zubereitungszeit: 30 Minuten, ohne Ruhezeit
Garzeit: etwa 50 Minuten

1. Tomaten abtropfen lassen und in Streifen schneiden. Oliven halbieren oder vierteln. Paprikaschoten vierteln, entstielen, entkernen und die weißen Scheidewände entfernen. Die Schoten abspülen, abtropfen lassen und in feine Streifen schneiden. Die Zwiebeln abziehen, halbieren und in feine Streifen schneiden. Knoblauch abziehen und würfeln. Toastbrot entrinden und in kleine Würfel schneiden.

2. Den Backofen vorheizen.
Ober-/Unterhitze: etwa 250 °C
Heißluft: etwa 230 °C

3. Öl in einem Topf erhitzen. Paprikastreifen, Zwiebeln und Knoblauch darin andünsten. Brotwürfel, Kräuter, Tomatenstreifen und Oliven zugeben und alles mit Salz, Pfeffer und Paprikapulver abschmecken.

4. Das Schweinefleisch mit Küchenpapier trocken tupfen, waagerecht in der Mitte so weit einschneiden, dass es an einer Seite noch zusammenhält. Das Fleischstück auseinanderklappen, flach klopfen und mit Salz und Pfeffer bestreuen.

5. Die Hälfte der Gemüse-Brot-Masse auf eine Längsseite des Fleischstückes geben, die andere Seite darüberschlagen und die Öffnung mit Holzstäbchen feststecken oder mit Küchengarn zusammenbinden.

6. Das Fleischstück in eine große, flache Auflaufform (gefettet) oder einen Bräter (gefettet) geben und auf dem Rost in den vorgeheizten Backofen schieben. Den Braten etwa 10 Minuten garen, dann die Gemüsebrühe hinzugießen, weitere etwa 20 Minuten garen.

7. Dann die restliche Gemüse-Brot-Masse und die stückigen Tomaten hinzufügen.

8. Die Backofentemperatur um etwa 50 °C auf Ober-/Unterhitze: etwa 200 °C, Heißluft: etwa 180 °C herunterschalten. Alles noch etwa 20 Minuten garen, dabei die Gemüse-Brot-Mischung gelegentlich umrühren. Evtl. noch etwas Wasser hinzufügen.

9. Die Auflaufform oder den Bräter aus dem Backofen nehmen. Das Fleisch zugedeckt und warm gestellt etwa 10 Minuten ruhen lassen. Das Gemüse evtl. mit den Gewürzen abschmecken.

10. Zum Servieren das Fleisch in Scheiben schneiden. Dazu das Gemüse reichen.

Champagner-Fleisch I
Mit Alkohol – für die Party
12 Portionen

Pro Portion:
E: 39 g, F: 8 g, Kh: 14 g, kJ: 1398, kcal: 334

12	Schweineschnitzel
	(je 160–180 g)
1	Bio-Zitrone
	(unbehandelt, ungewachst)
3 EL	flüssiger Honig
1¹/₂ TL	grobes Salz
	frisch gemahlener Pfeffer
¹/₂ TL	Chilipulver
1 Msp.	Sambal Oelek
6 EL	Olivenöl
2 EL	gehackte Petersilie
2 EL	Schnittlauchröllchen
1 EL	gehackter Thymian,
	z. B. Zitronenthymian
1 Bund	Frühlingszwiebeln
3	Fenchelknollen (etwa 500 g)
250 ml (¹/₄ l)	Curryketchup
750 ml (³/₄ l)	Champagner oder Sekt

Zubereitungszeit: 40 Minuten, ohne Durchziehzeit
Garzeit: etwa 35 Minuten

1. Schweineschnitzel mit Küchenpapier trocken tupfen und quer halbieren. Für die Marinade Zitrone heiß abwaschen, abtrocknen, Schale abreiben. Zitrone halbieren, den Saft auspressen. Honig mit Zitronenschale, -saft, Salz, Pfeffer, Chili und Sambal Oelek verrühren. Olivenöl unterschlagen. Kräuter unterrühren.

2. Die Frühlingszwiebeln putzen, abspülen, abtropfen lassen, in etwa 1 cm dicke Ringe schneiden. Die Fenchelknollen putzen, braune Stellen und Blätter entfernen. Fenchelgrün beiseitelegen (kühl legen). Die Knollen abspülen, abtropfen lassen, halbieren, zuerst in dünne Scheiben, dann in Streifen schneiden.

3. Ein Drittel der Marinade in einem Bräter verteilen. Ein Drittel der Schnitzel darauflegen, mit etwas Marinade bestreichen. Einige Frühlingszwiebelringe und Fenchelstreifen darauf verteilen. Wieder ein Drittel der Schnitzel darauflegen, mit etwas Marinade bestreichen, mit einigen Frühlingszwiebelringen und Fenchelstreifen belegen. So weiterverfahren, bis alle Zutaten aufgebraucht sind. Die letzte Schicht sollte aus Frühlingszwiebelringen und Fenchelstreifen bestehen.

4. Die eingeschichteten Zutaten zuerst mit Ketchup und dann mit Champagner oder Sekt übergießen. Das Champagner-Fleisch zugedeckt etwa 5 Stunden im Kühlschrank durchziehen lassen.

5. Das marinierte Champagner-Fleisch in dem Bräter bei mittlerer Hitze zum Kochen bringen, einmal umrühren und etwa 5 Minuten kochen lassen.

6. Den Bräter von der Kochstelle nehmen und das Champagner-Fleisch weitere etwa 30 Minuten gar ziehen lassen. Den Sud mit Salz, Pfeffer und Chili abschmecken.

7. Beiseitegelegtes Fenchelgrün abspülen, trocken tupfen, klein schneiden. Champagner-Fleisch mit Fenchelgrün bestreuen.

Beilage: Bandnudeln, frische Pellkartoffeln oder ofenfrisches Baguette.

Chateaubriand | Schnell – etwas teurer

4 Portionen

Pro Portion:
E: 42 g, F: 11 g, Kh: 0 g, kJ: 1114, kcal: 265

> **2 Rinderfiletstücke (je etwa 400 g)**
> **40 g Butterschmalz**
> **Salz, frisch gemahlener Pfeffer**

Zubereitungszeit: 10 Minuten, ohne Ruhezeit
Bratzeit: etwa 14 Minuten

1. Die Filetstücke von der Schnittseite her etwas breit drücken, sodass ein etwa 5 cm dickes Steak entsteht. Filetsteaks mit Küchenpapier trocken tupfen.

2. Butterschmalz in einer Pfanne erhitzen. Filetsteaks hineinlegen und bei mittlerer Hitze von jeder Seite etwa 7 Minuten braten. Dabei die Filetstücke öfter wenden.

3. Die Filetsteaks etwa 5 Minuten im vorgeheizten Backofen (bei Ober-/Unterhitze: etwa 80 °C) ruhen lassen. Die Filets mit Salz und Pfeffer würzen und in Scheiben schneiden.

Beilage: Zuckerschoten-Möhren-Gemüse.

Tipp: Für das Zuckerschoten-Möhren-Gemüse 200 g geputzte Zuckerschoten und 1 Bund geputzte, geviertelte Möhren nacheinander kurz blanchieren. Dann in zerlassener Butter schwenken und würzen.

Chili con carne | Gut vorzubereiten

6 Portionen

Pro Portion:
E: 51 g, F: 10 g, Kh: 28 g, kJ: 1728, kcal: 413

375 g	rote Kidneybohnen
1 l	Wasser
1 kg	Rindfleisch
	(z. B. aus der Hüfte)
3 EL	Olivenöl
1	Gemüsezwiebel (etwa 250 g)
2–3	Knoblauchzehen
1–2	rote Chilischoten
1 TL	Kümmelsamen
1 TL	gerebelter Oregano
2	Lorbeerblätter
1 EL	Paprikapulver edelsüß
1 Dose	geschälte Tomaten (500 g)
	Chilipulver, Salz

Zubereitungszeit: 30 Minuten, ohne Einweichzeit
Garzeit: 1 ½–2 Stunden

1. Die Bohnen über Nacht in dem Wasser einweichen.

2. Das Rindfleisch mit Küchenpapier trocken tupfen und in etwa in 2 cm große Würfel schneiden.

3. Das Fleisch in 3 Portionen in jeweils 1 Esslöffel Öl in einem Bräter oder einer großen Pfanne anbraten. Zwiebel und Knoblauch abziehen und würfeln. Die Zwiebel- und Knoblauchwürfel zum Schluss mit anbraten. Das gesamte Fleisch wieder in den Bräter oder die Pfanne geben.

4. Die Chilischoten halbieren, entstielen, entkernen, abspülen, abtropfen lassen und in kleine Stücke hacken. Chilistücke mit den eingeweichten Bohnen (mit Einweichwasser) zum Fleisch geben und unterrühren. Das Ganze mit Kümmel, Oregano, Lorbeerblättern und Paprikapulver würzen.

5. Danach das Chili zugedeckt bei schwacher Hitze 1 ¼–1 ½ Stunden garen. Die Tomaten in der Dose etwas zerkleinern und mit dem Saft zum Chili geben. Das Chili weitere 15–30 Minuten garen. Zum Schluss die Lorbeerblätter entfernen. Das Chili mit Chilipulver und Salz abschmecken.

Beilage: Reis oder Baguette.

Cordon bleu | Klassisch – beliebt

4 Portionen

Pro Portion:
E: 56 g, F: 32 g, Kh: 11 g, kJ: 2338, kcal: 558

8	Kalbsschnitzel (je etwa 75 g)
	Salz
	frisch gemahlener Pfeffer
4 Scheiben	Käse (in Größe der Fleisch-scheiben, je etwa 40 g)
4 Scheiben	gekochter Schinken (in Größe der Fleischscheiben, je etwa 50 g)
2	Eier (Größe M)
60 g	Semmelbrösel
60 g	Margarine oder
	5 EL Speiseöl

Außerdem:

Holzstäbchen

Zubereitungszeit: 25 Minuten
Bratzeit: etwa 10 Minuten

1. Kalbsschnitzel mit Küchenpapier trocken tupfen. Die Schnitzel leicht klopfen und mit Salz und Pfeffer bestreuen.

2. Vier Schnitzel mit jeweils 1 Scheibe Käse und 1 Scheibe Schinken belegen, mit je einem zweiten Schnitzel belegen und mit Holzstäbchen feststecken.

3. Eier in einem tiefen Teller verschlagen. Die gefüllten Schnitzel zunächst durch die verschlagenen Eier ziehen und am Tellerrand abstreifen, dann in Semmelbröseln wenden.

4. Margarine oder Öl in einer großen Pfanne erhitzen. Die Schnitzel von beiden Seiten etwa 10 Minuten darin braten.

Beilage: Paprikareis mit Erbsen.

Tipps: Damit die in Semmelbröseln gewendeten Fleischscheiben für das Cordon bleu nicht zu schnell bräunen, sollten die nicht festhaftenden Semmelbrösel vor dem Braten leicht abgeschüttelt werden. Cordon bleu bei nicht zu starker Hitze braten.

Dicke Rippe mit Kartoffel-Bohnen-Gemüse | Deftig – dauert länger

4 Portionen

Pro Portion:
E: 46 g, F: 34 g, Kh: 19 g, kJ: 2356, kcal: 562

etwa 1 kg **Dicke Rippe**
Salz, frisch gemahlener Pfeffer
3 EL **Speiseöl, z. B. Olivenöl**

600 g **grüne Bohnen**
1 Stängel **Bohnenkraut**
Wasser
1 TL **Salz**
500 g **Kartoffeln**
1 TL **Salz**
40 g **Butterschmalz**
50 ml **Gemüsebrühe**

Zubereitungszeit: 30 Minuten
Garzeit: etwa 5 Stunden

1. Den Backofen bei Ober-/Unterhitze auf 80 °C vor-heizen. Von der dicken Rippe das Fett abschneiden. Dicke Rippe unter fließendem kalten Wasser abspülen, trocken tupfen und mit Salz und Pfeffer bestreuen.

2. Speiseöl in einem großen, flachen Bräter erhitzen. Dicke Rippe darin von allen Seiten etwa 10 Minuten gut anbraten. Dann den Bräter auf dem Rost in den vorgeheizten Backofen schieben und die Dicke Rippe etwa 5 Stunden garen.

3. Etwa 40 Minuten vor dem Ende der Garzeit von den Bohnen die Enden abschneiden, die Bohnen evtl. ab-fädeln, abspülen, abtropfen lassen und in etwa 3 cm lange Stücke schneiden. Bohnenkraut abspülen und abtropfen lassen.

4. Wasser mit Salz in einem Topf zum Kochen brin-gen. Bohnenstücke und Bohnenkraut hinzufügen, etwa 10 Minuten kochen lassen. Bohnen in ein Sieb geben, mit kaltem Wasser abschrecken und abtropfen lassen.

5. Die Kartoffeln schälen, abspülen, abtropfen lassen und in Würfel schneiden. Die Kartoffelwürfel in einem

Topf mit Salzwasser bedeckt zum Kochen bringen und etwa 15 Minuten kochen lassen. Kartoffelwürfel abgießen und warm stellen.

6. Butterschmalz in einer großen Pfanne zerlassen. Bohnenstücke und Kartoffelwürfel darin andünsten. Gemüsebrühe hinzugießen, zum Kochen bringen. Das Gemüse etwa 5 Minuten garen, mit Salz und Pfeffer abschmecken.

7. Die Dicke Rippe aus dem Backofen nehmen. Das Fleisch von den Knochen lösen, in Scheiben schneiden und mit Kartoffel-Bohnen-Gemüse servieren.

Tipp: Hinweise zum Niedertemperaturgaren finden Sie im Ratgeberteil auf Seite 277.

Eisbein mit Sauerkraut | Klassisch

4 Portionen

Pro Portion:
E: 58 g, F: 29 g, Kh: 7 g, kJ: 2226, kcal: 532

1 ½ kg *gepökeltes Eisbein*
        (4 Stück, evtl. beim Metzger
        vorbestellen)
etwa 1 ¼ l *Wasser*

Für das Sauerkraut:
750 g *frisches Sauerkraut*
1 *Zwiebel*
1 *Lorbeerblatt*
3 *Gewürznelken*
5 *Wacholderbeeren*
250 ml (¼ l) *Fleischbrühe*
1 *mehligkochende Kartoffel*
   Salz
   frisch gemahlener Pfeffer
etwas *Zucker*

Zubereitungszeit: 20 Minuten
Garzeit: 1 ½–2 Stunden

1. Eisbeine unter fließendem kalten Wasser abspülen. Wasser und Eisbein in einen Topf geben, zum Kochen bringen und zugedeckt etwa 1 ½–2 Stunden bei schwacher bis mittlerer Hitze kochen lassen.

2. In der Zwischenzeit das Sauerkraut locker zupfen. Zwiebel abziehen. Sauerkraut, Zwiebel, Lorbeerblatt, Nelken und Wacholderbeeren mit der Brühe in einen Topf geben und zum Kochen bringen. Das Sauerkraut zugedeckt etwa 30 Minuten kochen. Nach Bedarf noch etwas Brühe vom Eisbein zugeben.

3. Die Kartoffel schälen, abspülen und abtropfen lassen. Die Kartoffel reiben, zum Sauerkraut geben und nochmals kurz aufkochen, damit es sämig wird. Das Sauerkraut mit Salz, Pfeffer und Zucker würzen.

4. Die Eisbeine aus dem Topf nehmen und mit dem Sauerkraut servieren.

Beilage: Kartoffelpüree oder Salzkartoffeln.

Tipp: Sauerkraut aus dem Glas oder der Dose ist meist schon vorgegart. Das brauchen Sie nur erwärmen und abschmecken.

Elchrücken, überbacken I

Für Gäste

4–6 Portionen

Pro Portion:

E: 46 g, F: 39 g, Kh: 42 g, kJ: 2938, kcal: 703

etwa 900 g	Elchrücken ohne Knochen
	Salz
	frisch gemahlener Pfeffer
4 EL	Olivenöl
1 Bund	Frühlingszwiebeln
200 g	Doppelrahm-Frischkäse
1	Eigelb (Größe M)
150 g	Crème fraîche
30 g	geriebener Parmesan-Käse
3 EL	Semmelbrösel
1 TL	Paprikapulver edelsüß
1 Prise	Chilipulver
750 g	grüner Spargel
375 ml (³/₈ l)	Wasser
1 gestr. TL	Salz
¹/₂ TL	Zucker
20 g	Butter
750 g	TK-Rösti-Ecken

Zubereitungszeit: 35 Minuten

Garzeit: etwa 45 Minuten

1. Das Fleisch mit Küchenpapier trocken tupfen, evtl. Sehnen entfernen, mit Salz und Pfeffer würzen. Das

Öl in einem Bräter erhitzen. Den Elchrücken von allen Seiten gut anbraten, dann etwas abkühlen lassen.

2. Den Backofen vorheizen.

Ober-/Unterhitze: etwa 200 °C

Heißluft: etwa 180 °C

3. Die Frühlingszwiebeln putzen, abspülen, abtropfen lassen und in feine Ringe schneiden. Den Frischkäse mit Eigelb und Crème fraîche verrühren. Parmesan und Semmelbrösel unterrühren. Die Käsemasse mit Paprikapulver, Salz und Chilipulver würzen.

4. Den Elchrücken mit der Käsemasse bestreichen. Den Bräter auf dem Rost im unteren Drittel in den vorgeheizten Backofen schieben. Den Elchrücken etwa 45 Minuten garen. Wenn die Käsemasse zu stark bräunt, den Elchrücken mit Alufolie zudecken.

5. Vom Spargel das untere Drittel schälen und die unteren Enden abschneiden. Spargel abspülen und abtropfen lassen. Wasser mit Salz, Zucker und Butter zum Kochen bringen. Spargel darin zugedeckt etwa 7 Minuten kochen.

6. Spargel in einem Sieb abtropfen lassen und warm stellen. Die Rösti-Ecken nach Packungsanleitung in einer Pfanne zubereiten.

7. Den Elchrücken aus dem Backofen nehmen, etwa 5 Minuten ruhen lassen, dann in Scheiben schneiden und mit Rösti-Ecken und grünem Spargel servieren.

Ente I Klassisch
4 Portionen

Pro Portion:
E: 71 g, F: 33 g, Kh: 3 g, kJ: 2479, kcal: 593

> *1 küchenfertige Ente (2–2 ½ kg)*
> *Salz*
> *frisch gemahlener Pfeffer*
> *etwa 850 ml Wasser*
> *1 geh. EL Speisestärke*
> *50 ml kaltes Wasser*

Außerdem:
> *Küchengarn*

Zubereitungszeit: 30 Minuten
Bratzeit: 2 ¼–2 ½ Stunden

1. Den Backofen vorheizen.
Ober-/Unterhitze: etwa 180 °C
Heißluft: etwa 160 °C

2. Ente unter fließendem kalten Wasser von außen und innen abspülen, trocken tupfen, evtl. Fett aus der Bauchhöhle entfernen. Die Ente von innen und außen mit Salz und Pfeffer einreiben.

3. Keulen und Flügel zusammenbinden. 50 ml von dem Wasser in einen Bräter geben. Die Ente mit der Brust nach unten hineinlegen und den Bräter ohne Deckel auf dem Rost im unteren Drittel in den vorgeheizten Backofen schieben. Die Ente 2 ¼–2 ½ Stunden braten.

4. Inzwischen Magen, Herz und Hals kalt abspülen und mit 750 ml (¾ l) Wasser in einen Kochtopf geben. 1 Teelöffel Salz zufügen, zum Kochen bringen und etwa 30 Minuten bei schwacher Hitze kochen. Dann durch ein Sieb gießen, dabei die Kochbrühe auffangen.

5. Die Ente während der Bratzeit mehrmals unterhalb der Flügel und Keulen einstechen, damit das Fett besser ausbraten kann. Nach etwa 30 Minuten Bratzeit das angesammelte Fett abschöpfen (den Vorgang wiederholen). Sobald der Bratensatz bräunt, etwas von der Kochbrühe zugießen. Verdampfte Flüssigkeit nach und nach durch Kochbrühe ersetzen. Nach etwa 60 Minuten Bratzeit die Ente umdrehen.

6. 100 ml Wasser mit ½ Teelöffel Salz verrühren. Die Ente etwa 10 Minuten vor Ende der Bratzeit damit bestreichen und die Backofentemperatur um etwa 20 °C erhöhen, damit die Haut kross wird.

7. Die gegarte Ente aus dem Bräter nehmen und zugedeckt 5–10 Minuten ruhen lassen.

8. Den Bratensatz mit etwas Wasser loskochen, durch ein Sieb gießen, entfetten, mit Wasser auf 375 ml (⅜ l) auffüllen und auf der Kochstelle zum Kochen bringen. Speisestärke mit Wasser anrühren, mit einem Schneebesen in die kochende Flüssigkeit einrühren, dabei darauf achten, dass keine Klümpchen entstehen. Die Sauce zum Kochen bringen und ohne Deckel bei schwacher Hitze etwa 5 Minuten leicht kochen, dabei gelegentlich umrühren. Die Sauce mit Salz und Pfeffer abschmecken.

9. Die Ente in Portionsstücke schneiden (tranchieren), auf einer vorgewärmten Platte anrichten und mit der Sauce servieren.

Beilage: Semmelknödel, Kartoffelklöße und Spitzkohl.

Falsches Filet in dunkler Biersauce | Für Gäste
10 Portionen

Pro Portion:
E: 42 g, F: 10 g, Kh: 24 g, kJ: 1535, kcal: 367

1,8 kg	Falsches Filet (Rinderrolle von der Unterschale)
	Salz, frisch gemahlener Pfeffer
2 EL	mittelscharfer Senf
4 EL	Rapsöl
500 ml (½ l)	Malzbier
400 ml	Rinderbrühe
5	Möhren (etwa 500 g)
1	Knollensellerie (etwa 500 g)
1 kg	festkochende Kartoffeln
500 g	Frühlingszwiebeln
2 EL	Tomatenmark

Zubereitungszeit: 30 Minuten
Garzeit: 2–2 ½ Stunden

1. Das Fleisch mit Küchenpapier trocken tupfen, mit Salz und Pfeffer würzen. Fleisch von allen Seiten mit Senf bestreichen.

2. Den Backofen vorheizen.
Ober-/Unterhitze: etwa 180 °C
Heißluft: etwa 160 °C

3. Das Rapsöl in einem großen Bräter erhitzen. Das Fleisch von allen Seiten darin gut anbraten. Etwas Bier und etwas von der Brühe hinzugießen.

4. Den Bräter auf dem Rost in den vorgeheizten Backofen schieben. Das Fleisch zugedeckt 2–2 ½ Stunden garen. Das Fleisch zwischendurch mit der Bratflüssigkeit begießen. Restliches Bier und Brühe nach und nach hinzugießen.

5. In der Zwischenzeit Möhren und Knollensellerie putzen, schälen, abspülen und abtropfen lassen. Die Kartoffeln schälen, abspülen und abtropfen lassen. Dann Möhren, Knollensellerie und Kartoffeln in Würfel schneiden. Frühlingszwiebeln putzen, abspülen, abtropfen lassen und in feine Ringe schneiden.

6. Möhren-, Sellerie-, Kartoffelwürfel und Zwiebelringe nach etwa 60 Minuten Garzeit zum Fleisch in den Bräter geben. Tomatenmark unterrühren. Gemüse mit Salz und Pfeffer würzen, ab und zu umrühren.

7. Der Garpunkt des Fleisches ist erreicht, wenn es von einer eingestochenen Fleischgabel selbstständig und leicht abrutscht.

Beilage: Kräftiges Bauernbrot, Semmelklöße oder Serviettenknödel.

Filetspitzen vom Kalb
mit Waldpilzen I
Raffiniert – mit Alkohol
4 Portionen

Pro Portion:
E: 29 g, F: 26 g, Kh: 4 g, kJ: 1768, kcal: 423

2	*Schalotten*
1/2 Bund	*Schnittlauch*
1/2 Bund	*glatte Petersilie*
1–2 TL	*eingelegter, grüner Pfeffer*
150 g	*Tomaten*
150 g	*Waldpilze, z. B. Pfifferlinge oder Steinpilze*
150 g	*Champignons*
500 g	*Kalbsfiletspitzen*
2 EL	*Butterschmalz*
	Salz
	frisch gemahlener Pfeffer
125 ml (1/8 l)	*Kalbsfond oder -brühe*
8 cl	*Calvados (Apfelbranntwein)*
150 g	*Crème fraîche*

Zubereitungszeit: 40 Minuten

1. Die Schalotten abziehen und in Würfel schneiden. Schnittlauch und Petersilie abspülen und trocken tupfen. Schnittlauch in Röllchen schneiden. Petersilienblätter, bis auf einige zum Garnieren, von den Stängeln zupfen und klein schneiden. Die Pfefferkörner abtropfen lassen und hacken.

2. Tomaten abspülen, kreuzweise einschneiden und einige Sekunden in kochendes Wasser legen. Tomaten kurz in kaltes Wasser legen, enthäuten, halbieren, entkernen und die Stängelansätze herausschneiden. Tomatenhälften in kleine Würfel schneiden.

3. Die Waldpilze und Champignons putzen, evtl. mit Küchenpapier abreiben, kurz abspülen und gut abtropfen lassen. Pfifferlinge je nach Größe ganz lassen oder halbieren. Champignons und evtl. Steinpilze in Scheiben schneiden.

4. Filetspitzen mit Küchenpapier trocken tupfen und in dünne Scheiben schneiden.

5. Butterschmalz in einer Pfanne zerlassen. Die Filetscheiben darin portionsweise von beiden Seiten kurz anbraten, mit einer Schaumkelle herausnehmen, mit Salz und Pfeffer bestreuen und zugedeckt warm stellen.

6. Schalottenwürfel in dem verbliebenen Bratfett andünsten. Pilze, grünen Pfeffer, Kalbsfond oder -brühe und Calvados hinzugeben, zum Kochen bringen und etwa 10 Minuten bei schwacher Hitze köcheln lassen. Tomatenwürfel und die Hälfte der fein geschnittenen Kräuter dazugeben.

7. Etwa zwei Drittel der Crème fraîche unter die Pilzsauce rühren, mit Salz und Pfeffer abschmecken.

8. Die warm gestellten Fleischscheiben in die Sauce geben und erhitzen. Filetspitzen mit restlicher Crème fraîche anrichten und mit Kräutern garnieren.

Tipp: Statt Waldpilzen und Tomaten können Sie auch zwei Äpfel verwenden. Dafür die Äpfel schälen, vierteln, entkernen und in kleine Stücke schneiden.

Filetsteak Mustard | Schnell

4 Portionen

Pro Portion:
E: 39 g, F: 22 g, Kh: 13 g, kJ: 1687, kcal: 403

4	*Rinderfiletsteaks*
	(je etwa 150 g)
	Salz
	frisch gemahlener Pfeffer
2	*Zwiebeln*
2–4 EL	*englisches Senfpulver (Mustard)*
2	*Eier (Größe M)*
2 TL	*frisch gehackte Petersilie*
1 EL	*Crème fraîche*
2 geh. EL	
(30 g)	*Weizenmehl*
2 EL	*Butterschmalz*

Zubereitungszeit: 25 Minuten
Garzeit: etwa 16 Minuten

1. Filetsteaks mit Küchenpapier trocken tupfen. Die Filetsteaks leicht flach drücken, mit Salz und Pfeffer bestreuen.

2. Zwiebel abziehen und in kleine Würfel schneiden. Zwiebelwürfel mit Senfpulver, Eiern, Petersilie, Crème fraîche und Mehl zu einer glatten Masse verrühren. Filetsteaks darin wenden.

3. Butterschmalz in einer Pfanne erhitzen. Die Filetsteaks hinzufügen und von jeder Seite etwa 3 Minuten braten, bis sie goldgelb sind. Filetsteaks herausnehmen, auf eine Platte legen und zugedeckt im vorgeheizten Backofen bei Ober-/Unterhitze: 80 °C etwa 10 Minuten nachgaren.

4. Restliche Eier-Petersilien-Masse (Panade) in die Pfanne mit dem Bratensatz geben, goldgelb backen, herausnehmen und zu den Filetsteaks reichen.

Beilage: Pommes frites oder Röstkartoffeln und grüner Salat.

Filetsteaks mit Pfeffer | Schnell

4 Portionen

Pro Portion:
E: 32 g, F: 16 g, Kh: 1 g, kJ: 1148, kcal: 274

> 4 *Rinderfiletsteaks (je etwa 150 g)*
> 4 EL *Speiseöl, z. B. Sonnenblumenöl*
> *Salz*
> 2 TL *bunte Pfefferkörner*

Zubereitungszeit: 15 Minuten

1. Rinderfiletsteaks mit Küchenpapier trocken tupfen. Öl in einer Pfanne erhitzen. Die Steaks darin 2–4 Minuten braten. Nachdem die untere Seite gebräunt ist, das Fleisch wenden und mit Salz bestreuen.

2. Pfefferkörner etwas zerdrücken, auf den Steaks verteilen und mit einem Löffel etwas andrücken. Das Fleisch weitere 2–4 Minuten braten, dabei häufig mit dem Bratfett begießen.

3. Die Steaks auf einer vorgewärmten Platte anrichten. Das Bratfett über die Steaks geben.

Beilage: Gemischter Blattsalat, geröstetes Baguette mit Kräuterquark.

Tipps: Für perfekte Steaks (Garzeit für etwa 2 cm dicke Steaks):
Roh (raw): dünne braune Kruste, innen stark blutig. 1–2 Minuten von jeder Seite bei starker Hitze. Kerntemperatur beträgt 45–47 °C.
Blutig (rare): braune Kruste, innen rosa, blutiger Kern. 2–3 Minuten von jeder Seite bei starker Hitze. Kerntemperatur beträgt 50–52 °C.
Rosa (medium): außen braun, innen rosa. Etwa 1 Minute von jeder Seite bei starker Hitze, danach etwa 3 Minuten von jeder Seite bei mittlerer Hitze. Kerntemperatur beträgt 60 °C.
Durchgebraten (well done): innen völlig grau. Etwa 1 Minute von jeder Seite bei starker Hitze, dann wenden, weitere etwa 5 Minuten von jeder Seite. Kerntemperatur beträgt 70–85 °C.

Fleischpfanne „Asia-Art" I

Schnell – mit Alkohol
4 Portionen

Pro Portion:
E: 35 g, F: 11 g, Kh: 12 g, kJ: 1234, kcal: 295

> 600 g *Schweinefilet*
> 1 EL *Speisestärke*
> 3 EL *Sojasauce*
>
> 1 Bund *Frühlingszwiebeln*
> 4 *Möhren*
> 60 g *Ingwerwurzel*
> 3 EL *Sesamöl*
> 2 EL *Sherry*
> 100 ml *Fleischbrühe*
> *frisch gemahlener Pfeffer*

Zubereitungszeit: 25 Minuten

1. Das Schweinefilet mit Küchenpapier trocken tupfen, evtl. enthäuten, zuerst in Scheiben, dann in Streifen schneiden. Die Filetstreifen mit Speisestärke bestreu-en und mit Sojasauce beträufeln, etwa 10 Minuten zugedeckt in den Kühlschrank stellen.

2. Frühlingszwiebeln und Möhren putzen. Möhren schälen. Frühlingszwiebeln und Möhren abspülen und abtropfen lassen. Die Frühlingszwiebeln in etwa 1 cm dicke Ringe schneiden. Die Möhren in dünne Scheiben schneiden. Ingwer schälen, abspülen, ab-tropfen lassen und fein hacken.

3. Das Sesamöl in einer großen Pfanne erhitzen. Die Filetstreifen etwas trocken tupfen und in der Pfanne bei starker Hitze unter Rühren kurz anbraten, dann herausnehmen und warm stellen.

4. Frühlingszwiebelringe, Möhrenscheiben und Ingwer kurz andünsten. Sherry und Fleischbrühe hinzugeben. Die Fleischstreifen unterrühren, das Ganze kurz auf-kochen und mit Pfeffer abschmecken.

Beilage: Chinesische Reisnudeln oder Duftreis.

Tipp: Garnieren Sie die Pfanne zusätzlich mit Limet-tenscheiben und Chilifäden.

Fleischtopf, gratiniert I
Etwas teurer
4–6 Portionen

Pro Portion:
E: 39 g, F: 34 g, Kh: 12 g, kJ: 2160, kcal: 515

      2 *Auberginen (etwa 500 g)*
      2 *Zucchini (etwa 400 g)*
      2 *Zwiebeln*
      2 *Knoblauchzehen*
   je 1 *grüne und rote Paprikaschote*
   250 g *Champignons*
      4 *Tomaten*
   4 EL *Olivenöl*
   2 EL *Tomatenmark*
250 ml (¼ l) *Gemüsebrühe*
   200 g *Schlagsahne*
         Salz, frisch gemahlener Pfeffer
         gerebelter Oregano
   600 g *Roastbeef*
   6 EL *Olivenöl*
   100 g *geriebener Käse, z. B. Gouda*

Zubereitungszeit: 45 Minuten
Garzeit: 25–35 Minuten

1. Die Auberginen und Zucchini abspülen, abtrocknen. Von den Auberginen die Stängelansätze und von den Zucchinis die Enden abschneiden. Die Auberginen und Zucchini in Würfel schneiden. Die Zwiebeln und den Knoblauch abziehen und in kleine Würfel schneiden.

2. Paprika halbieren, entstielen, entkernen, die weißen Scheidewände entfernen. Die Schoten abspülen, abtropfen lassen und ebenfalls in Würfel schneiden. Champignons putzen, mit Küchenpapier abreiben, evtl. abspülen, gut abtropfen lassen und halbieren.

3. Tomaten abspülen, kreuzweise einschneiden und kurz in kochendes Wasser legen. Tomaten mit kaltem Wasser abschrecken, enthäuten und halbieren. Die Stängelansätze herausschneiden. Tomaten in kleine Stücke schneiden.

4. Das Olivenöl in einer großen Pfanne oder in einem Bräter erhitzen. Zwiebel- und Knoblauchwürfel darin

glasig dünsten. Das vorbereitete Gemüse in 2–3 Portionen nacheinander hinzugeben und jeweils etwa 5 Minuten andünsten. Tomatenmark unterrühren. Brühe und Sahne hinzugießen, mit Salz, Pfeffer und Oregano würzen. Die Gemüsemasse zum Kochen bringen und etwa 10 Minuten garen.

5. Den Backofen vorheizen.
Ober-/Unterhitze: etwa 220 °C
Heißluft: etwa 200 °C

6. Roastbeef mit Küchenpapier trocken tupfen, evtl. von Haut und Sehnen befreien. Das Fleisch zuerst in Scheiben, dann in Streifen schneiden.

7. Olivenöl in einer großen Pfanne erhitzen. Fleischstreifen evtl. in 2 Portionen von allen Seiten darin anbraten, herausnehmen und mit Salz und Pfeffer würzen. Das Fleisch mit dem Gemüse vermengen und in eine große Auflaufform (gefettet) geben. Käse daraufstreuen.

8. Die Form auf dem Rost auf mittlerer Einschubleiste in den vorgeheizten Backofen schieben. Den Fleischtopf etwa 15 Minuten gratinieren.

Tipps: Sie können den Fleischtopf auch in einem Bräter zubereiten. Dann den Bräter auf dem Rost in den Backofen schieben. Statt gerebelten Oregano können Sie frische Oreganoblättchen zum Würzen und Garnieren verwenden.

Florentiner Beefsteak | Schnell

4 Portionen

Pro Portion:
E: 67 g, F: 17 g, Kh: 2 g, kJ: 1833, kcal: 436

4	Roastbeefscheiben (je 300 g, etwa 2 ½ cm dick)
125 ml (⅛ l)	Olivenöl
	frisch gemahlener Pfeffer
1	Bio-Zitrone (unbehandelt, ungewachst)
	Salz

Zubereitungszeit: 30 Minuten, ohne Marinierzeit

1. Roastbeefscheiben mit Küchenpapier trocken tupfen und in eine flache Schale legen.

2. Olivenöl mit Pfeffer verrühren und auf den Roastbeefscheiben verteilen. Roastbeefscheiben etwa 15 Minuten marinieren, dabei gelegentlich wenden.

3. Zitrone heiß abwaschen, abtrocknen und in Spalten schneiden.

4. Die Roastbeefscheiben aus der Marinade nehmen und auf dem Rost unter den vorgeheizten Grill (etwa 240 °C) schieben.

5. Roastbeefscheiben „englisch" (halbgar) grillen, dabei einmal wenden und dann mit Salz bestreuen. Florentiner Beefsteak mit Zitronenspalten garniert sofort servieren.

Tipp: Sie können die Roastbeefscheiben auch in einer Pfanne medium braten.

Fränkischer Schmorbraten I

Preiswert
4 Portionen

Pro Portion:
E: 44 g, F: 31 g, Kh: 4 g, kJ: 2117, kcal: 505

800 g	*Rindfleisch ohne Knochen (aus der Keule)*
1 Bund	*Suppengrün (Möhre, Knollensellerie, Porree)*
1	*Zwiebel*
4 EL	*Sonnenblumenöl*
	Salz
	frisch gemahlener Pfeffer
1 EL	*Tomatenmark*
250 ml (¼ l)	*heiße Brühe*
2–3 EL	*Schlagsahne*

Zubereitungszeit: 25 Minuten
Garzeit: etwa 2 ½ Stunden

1. Rindfleisch mit Küchenpapier trocken tupfen.

2. Suppengrün putzen, abspülen und abtropfen lassen. Zwiebel abziehen und mit dem Suppengrün in kleine Stücke schneiden.

3. Sonnenblumenöl in einem Bräter erhitzen. Das Fleisch darin rundherum gut anbraten, mit Salz und Pfeffer bestreuen. Suppengrün und Zwiebel kurz mit anbraten. Tomatenmark unterrühren. Etwas Brühe hinzugießen. Das Fleisch zugedeckt etwa 2 ½ Stunden schmoren lassen, von Zeit zu Zeit wenden.

4. Die verdampfte Flüssigkeit nach und nach durch Brühe ersetzen.

5. Das gare Fleisch in Scheiben schneiden. Die Gemüsesauce durch ein Sieb streichen oder pürieren. Sahne unterrühren. Die Sauce mit Salz und Pfeffer abschmecken.

Beilage: Petersilienkartoffeln.

Frikadellen | Beliebt – preiswert
4 Portionen

Pro Portion:
E: 31 g, F: 31 g, Kh: 8 g, kJ: 1806, kcal: 431

> 1 Brötchen (Semmel) vom Vortag
> 2 Zwiebeln
> 600 g Gehacktes (halb Rind-,
> halb Schweinefleisch)
> 1 Ei (Größe M)
> Salz
> frisch gemahlener Pfeffer
> Paprikapulver edelsüß
> 2 EL Speiseöl, z. B. Olivenöl

Zubereitungszeit: 15 Minuten
Garzeit: etwa 10 Minuten

1. Brötchen in kaltem Wasser einweichen. Zwiebeln abziehen und fein würfeln.

2. Gehacktes in einer Schüssel mit ausgedrücktem Brötchen, Zwiebelwürfeln und Ei gut vermengen. Fleischmasse mit Salz, Pfeffer und Paprika würzen.

3. Aus der Masse mit angefeuchteten Händen 8 Frikadellen formen.

4. Öl in einer großen Pfanne erhitzen. Die Frikadellen darin unter gelegentlichem Wenden von beiden Seiten bei mittlerer Hitze in etwa 10 Minuten braun und gar braten.

Beilage: Kartoffelpüree und Möhrengemüse.

Tipp: Frikadellen schmecken auch kalt sehr lecker.

Rezeptvarianten: Wer mag, knetet unter die Fleischmasse gehackte Oliven oder gehackte Kräuter (Schnittlauch, Petersilie) oder Mozzarella- oder Paprikawürfel (Foto). Für **Hamburger** die Frikadellen aus Rindergehacktem zubereiten, etwas flacher drücken und von jeder Seite etwa 5 Minuten braten. 8 Hamburger-Brötchen waagerecht durchschneiden. Auf die untere Brötchenhälfte je 1 gewaschenes, trocken getupftes Salatblatt legen und je 1 Frikadelle darauflegen. 2 abgespülte, trocken getupfte Tomaten und 2 Gewürzgurken in Scheiben schneiden, mit Senf und Ketchup auf den Frikadellen verteilen. Die oberen Brötchenhälften jeweils darauflegen und servieren.

Frikadellentopf | Für die Party – raffiniert
12 Portionen

Pro Portion:
E: 34 g, F: 45 g, Kh: 15 g, kJ: 2514, kcal: 601

2	*Brötchen (Semmeln) vom Vortag*
4	*Zwiebeln (etwa 350 g)*
1 ½ kg	*Gehacktes (halb Rind-, halb Schweinefleisch)*
3	*Eier (Größe M)*
	Salz, frisch gemahlener Pfeffer
2 TL	*Paprikapulver edelsüß*

Für die Sauce:

5	*Zwiebeln (etwa 500 g)*
3 EL	*Olivenöl*
200 g	*magerer, gewürfelter Schinkenspeck*
250 g	*Schmand (Sauerrahm)*
250 g	*Crème fraîche*
250 g	*Schlagsahne*
250 ml (¼ l)	*Milch*
3 Gläser	*Champignonscheiben (Abtropfgewicht je 200 g)*
2 Pck.	*helle Bratensauce (für je 250 ml [¼ l])*

Zubereitungszeit: 45 Minuten, ohne Abkühl- und Durchziehzeit
Garzeit: etwa 2 ½ Stunden

1. Brötchen in kaltem Wasser einweichen. Zwiebeln abziehen und fein würfeln. Gehacktes in eine große Schüssel geben. Brötchen gut ausdrücken, mit Eiern und Zwiebelwürfeln hinzufügen und gut unterarbeiten. Die Masse mit Salz, Pfeffer und Paprika würzen.

2. Aus der Gehacktesmasse mit angefeuchteten Händen kleine Frikadellen (Ø 3–4 cm) formen und in einen großen Bräter legen.

3. Für die Sauce Zwiebeln abziehen und in dünne Scheiben schneiden. Öl in einem Topf erhitzen. Zwiebelscheiben und Speckwürfel darin etwa 10 Minuten unter Rühren anbraten. Schmand, Crème fraîche, Sahne und Milch hinzugeben und gut unterrühren.

4. Champignonscheiben in einem Sieb abtropfen lassen, in die Sauce geben und aufkochen lassen. Saucenpulver nach Packungsanleitung einrühren, unter Rühren nochmals aufkochen lassen. Die Frikadellen sofort mit der heißen Sauce übergießen und abkühlen lassen.

5. Den Bräter mit dem Deckel verschließen und in den Kühlschrank stellen. Danach den Frikadellentopf 5–6 Stunden durchziehen lassen.

6. Den Backofen vorheizen.
Ober-/Unterhitze: etwa 200 °C
Heißluft: etwa 180 °C

7. Den Bräter zugedeckt auf dem Rost in den vorgeheizten Backofen schieben. Den Frikadellentopf etwa 2 ½ Stunden garen. Nach etwa 1 ½ Stunden Garzeit den Frikadellentopf einmal vorsichtig umrühren und zugedeckt weitergaren. Etwa 15 Minuten vor Ende der Garzeit den Deckel abnehmen. Frikadellentopf fertig garen.

Beilage: Basmatireis.

Tipp: Netter sieht es aus, wenn Sie den Frikadellentopf mit frischen Petersilienblättchen garnieren und servieren.

Gans, gefüllt | Für Gäste
8 Portionen

Pro Portion:
E: 77 g, F: 75 g, Kh: 27 g, kJ: 4552, kcal: 1087

> 1 *küchenfertige Gans (4–4½ kg)*
> *Salz*
> *frisch gemahlener Pfeffer*
> *getrockneter, gerebelter Majoran*
> *oder Beifuß*

Für die Füllung:

> 50 g *durchwachsener Speck*
> 2 *Zwiebeln*
> 20 g *Butter oder Margarine*
> etwa 8 *Brötchen (Semmeln) vom Vortag*
> 300 ml *Milch*
> 4 *Eier (Größe M)*
> 2 EL *gehackte Petersilie*
> 2 *Äpfel*

> etwa 500 ml
> (½ l) *heißes Wasser*
> 1 Bund *Suppengrün (Sellerie, Möhren, Porree)*
> etwa 100 ml *kaltes Wasser*
> 10 g *Weizenmehl*

Außerdem:

> *Küchengarn oder Holzstäbchen*

Zubereitungszeit: 45 Minuten, ohne Abkühlzeit
Bratzeit: etwa 4½ Stunden

1. Die Gans innen und außen unter fließendem kalten Wasser abspülen und trocken tupfen. Die Gans innen mit Salz, Pfeffer, Majoran oder Beifuß einreiben.

2. Für die Füllung Speck würfeln. Zwiebeln abziehen und fein würfeln. Butter oder Margarine in einer Pfanne zerlassen. Die Speckwürfel darin knusprig braten. Zwiebelwürfel zufügen, glasig dünsten, beiseitestellen.

3. Den Backofen vorheizen.
Ober-/Unterhitze: etwa 200 °C
Heißluft: etwa 180 °C

4. Brötchen in kleine Würfel schneiden und in eine Schüssel geben. Milch in einem Topf erhitzen, über die Brötchenwürfel gießen und gut verrühren. Speck-Zwiebel-Masse unterrühren und die Masse etwas abkühlen lassen.

5. Eier und Petersilie unterrühren, die Masse mit Salz würzen. Äpfel schälen, halbieren, entkernen, raspeln und mit der Masse vermengen. Die Gans mit der Masse füllen. Die Öffnung mit Küchengarn zunähen oder mit Holzstäbchen verschließen. Die Gans außen mit Salz, Pfeffer und Majoran oder Beifuß einreiben.

6. Eine Fettpfanne im unteren Drittel in den Backofen schieben. 125 ml (⅛ l) heißes Wasser hineingießen. Die Gans mit der Brust nach unten auf einen Rost legen und den Rost oberhalb der Fettpfanne in den vorgeheizten Backofen schieben. Gans etwa 1½ Stunden braten. Die Gans während der Bratzeit mehrmals unterhalb der Flügel und Keulen einstechen, damit das Fett besser ausbraten kann. Das gesammelte Fett abschöpfen.

7. Sobald der Bratensatz bräunt, so viel heißes Wasser dazugießen, dass das Wasser in der Fettpfanne etwa 1 cm hoch steht. Die Gans ab und zu mit dem Bratensatz begießen. Verdampfte Flüssigkeit nach und nach durch heißes Wasser ersetzen.

8. Inzwischen Sellerie und Möhren schälen, abspülen und abtropfen lassen. Porree putzen, die Stange längs halbieren, gründlich abspülen und abtropfen lassen. Suppengrün in Stücke schneiden.

9. Die Gans nach etwa 1½ Stunden Bratzeit wenden. Das Suppengrün in die Fettpfanne geben und etwa 3 Stunden mitgaren.

10. 50 ml kaltes Wasser mit ½ Teelöffel Salz verrühren. Die Gans etwa 10 Minuten vor Ende der Bratzeit damit bestreichen und die Backofentemperatur um etwa 20 °C erhöhen, damit die Haut schön kross wird. Gans vom Rost nehmen und zugedeckt 5–10 Minuten ruhen lassen, damit sich der Fleischsaft setzt.

11. Den Bratensatz mit etwas heißem Wasser lösen. Bratensatz durch ein Sieb streichen, mit Wasser auf

600 ml Flüssigkeit auffüllen und in einen Topf geben. Bratenfond zum Kochen bringen.

12. Das Mehl mit 50 ml Wasser anrühren und mit einem Schneebesen in den kochenden Bratenfond rühren. Dabei darauf achten, dass keine Klümpchen entstehen. Die Sauce zum Kochen bringen und ohne Deckel bei schwacher Hitze etwa 5 Minuten leicht kochen, dabei gelegentlich umrühren. Sauce mit Salz, Pfeffer und Majoran abschmecken.

13. Die Gans in Portionsstücke schneiden (tranchieren), auf einer vorgewärmten Platte anrichten und mit der Sauce servieren.

Beilage: Kartoffelklöße und Rotkohl oder Rosenkohl.

Tipp: Bei einer größeren Gans verlängert sich die Garzeit pro Kilogramm Gewicht um etwa 30 Minuten.

Rezeptvariante: Für eine **Gans mit Aprikosen-Birnen-Füllung** 2 Zwiebeln abziehen, fein hacken. 400 g Birnen schälen, entkernen und fein würfeln. 200 g getrocknete Aprikosen klein würfeln. 100 g Sahne mit 4 Esslöffeln Williamsgeist verrühren. 200 g entrindetes Toastbrot zerkleinern und darin einweichen. Birnen-, Aprikosen-, Zwiebelwürfel in 2 Esslöffeln Öl dünsten, 125 g gewürfelte Geflügelleber zugeben, mitdünsten, etwas abkühlen lassen. Toastbrot ausdrücken, zu der Birnenmasse geben. 1 Ei (Größe M) zugeben, mit gemahlenem Zimt, Salz und Pfeffer kräftig würzen. Gans mit der Masse füllen, wie im Rezept beschrieben braten.

Gefüllter Nackenbraten I

Für die Party – mit Alkohol
12 Portionen

Pro Portion:
E: 55 g, F: 30 g, Kh: 3 g, kJ: 2165, kcal: 518

3 kg	*Schweinefleisch ohne Knochen (Nacken)*
	Salz, frisch gemahlener Pfeffer
	Paprikapulver edelsüß
4–5 EL	*Weinbrand oder Rum*
3	*Gemüsezwiebeln*
1	*rote Chilischote*
250 g	*Frühstücksspeck (Bacon), in Scheiben*

Außerdem:

*2–3 Schaschlikspieße
evtl. Küchengarn*

Zubereitungszeit: 40 Minuten, ohne Durchziehzeit
Garzeit: etwa 3 Stunden

1. Schweinefleisch mit Küchenpapier trocken tupfen. Das Schweinefleisch in gleichmäßigen Abständen mit einem scharfen Messer etwa 5 cm tief einschneiden, jedoch nicht durchschneiden, sodass Scheiben entstehen.

2. Das Fleisch kräftig mit Salz, Pfeffer und Paprika würzen, mit Weinbrand oder Rum beträufeln.

3. Gemüsezwiebeln abziehen, halbieren und in etwa 1 cm dicke Scheiben schneiden. Chilischote halbieren, entstielen, entkernen, abspülen, abtropfen lassen und in kleine Würfel schneiden. Die Zwiebelscheiben mit Chiliwürfeln bestreuen. Die Zwiebelscheiben mit jeweils 1 Scheibe Frühstücksspeck umwickeln und senkrecht in die Fleischeinschnitte stecken. Das Fleisch nochmals mit Salz, Pfeffer und Paprika würzen. Nach Belieben nochmals mit Weinbrand oder Rum beträufeln. Das Fleisch mit Schaschlikspießen zusammenstecken oder mit Küchengarn zusammenbinden.

4. Den gefüllten Nackenbraten in einen Bräter legen und mit dem Deckel verschließen. Das Fleisch im Kühlschrank über Nacht durchziehen lassen.

5. Den Backofen vorheizen.
Ober-/Unterhitze: etwa 200 °C
Heißluft: etwa 180 °C

6. Den Bräter mit Deckel auf dem Rost im unteren Drittel in den vorgeheizten Backofen schieben. Das Fleisch etwa 3 Stunden garen.

Beilage: Kartoffelgratin, Bohnensalat und Paprikasalat.

Geschnetzeltes vom Rumpsteak **❙** Einfach
4 Portionen

Pro Portion:
E: 39 g, F: 22 g, Kh: 4 g, kJ: 1523, kcal: 363

2	Zwiebeln
1	Knoblauchzehe
500 g	Austernpilze
250 g	Mini-Roma-Tomaten oder Cocktailtomaten
4	Rumpsteaks (je etwa 150 g)
	Salz
	frisch gemahlener Pfeffer
6 EL	Olivenöl
einige	Salatblätter, z. B. Lollo bionda
3 Stängel	glatte Petersilie

Zubereitungszeit: 30 Minuten
Garzeit: etwa 15 Minuten

1. Den Backofen bei Ober-/Unterhitze auf 80 °C vorheizen. Einen feuerfesten Teller oder eine Auflaufform mit niedrigem Rand auf die mittlere Einschubleiste auf dem Rost miterwärmen.

2. Zwiebeln und Knoblauch abziehen, halbieren und fein würfeln. Austernpilze putzen, evtl. mit Küchenpapier abreiben und große Pilze etwas kleiner schneiden. Tomaten abspülen und abtropfen lassen.

3. Rumpsteaks mit Küchenpapier trocken tupfen, das Fett abschneiden. Fleisch in fingerdicke, etwa 3 cm lange Streifen schneiden, mit Salz und Pfeffer würzen. Etwa 3 Esslöffel von dem Olivenöl in einer Pfanne erhitzen. Die Fleischstreifen darin etwa 5 Minuten unter Rühren gut anbraten, dann auf dem vorgewärmten Teller oder in der Auflaufform in den vorgeheizten Backofen schieben und etwa 15 Minuten garen.

4. Restliches Olivenöl in der Pfanne erhitzen und die Austernpilze darin anbraten, dann etwa 6 Minuten schmoren lassen. Zwiebel- und Knoblauchwürfel unterrühren. Tomaten kurz miterwärmen.

5. Salatblätter abspülen und gut abtropfen lassen. Petersilie abspülen, trocken tupfen und die Blättchen von den Stängeln zupfen. Blättchen fein schneiden. Die Fleischstreifen mit Pilzgemüse vermengen, mit den Salatblättern auf Tellern anrichten und mit Petersilie bestreuen.

Tipp: Hinweise zum Niedertemperaturgaren finden Sie im Ratgeberteil auf Seite 277.

Gulasch I Gut vorzubereiten

4 Portionen

Pro Portion:
E: 28 g, F: 16 g, Kh: 8 g, kJ: 1183, kcal: 283

500 g	*Zwiebeln*
500 g	*mageres Rindfleisch ohne Knochen (aus der Unterschale)*
4 EL	*Speiseöl, z. B. Rapsöl*
	Salz, frisch gemahlener Pfeffer
	Paprikapulver edelsüß
2 EL	*Tomatenmark*
250 ml (¼ l)	*Fleischbrühe*
einige Spritzer	*Tabasco (Chilisauce)*
2 Stängel	*Petersilie*

Zubereitungszeit: 20 Minuten
Garzeit: 1–1 ½ Stunden

1. Die Zwiebeln abziehen, halbieren und in Scheiben schneiden. Rindfleisch mit Küchenpapier trocken tupfen. Das Fleisch in Würfel schneiden.

2. Speiseöl in einem Bratentopf erhitzen. Rindfleischwürfel darin in 2 Portionen von allen Seiten gut anbraten. Zwiebeln hinzufügen und mitbräunen lassen.

3. Das Ganze mit Salz, Pfeffer und Paprika würzen. Tomatenmark unterrühren. Brühe hinzugießen. Das Fleisch zum Kochen bringen, zugedeckt 1–1 ½ Stunden gar schmoren lassen. Gulasch mit Salz, Pfeffer, Paprika und Tabasco abschmecken.

4. Die Petersilie abspülen, trocken tupfen und das Gulasch damit garnieren.

Beilage: Kartoffeln oder Spätzle und Salat.

Tipps: Anstelle von Salz, Pfeffer und Paprika kann auch ein fertiges Gulaschgewürz verwendet werden. Raffinierter wird das Gulasch, wenn die Hälfte des Wassers durch Rotwein ersetzt wird. Zusätzlich 1 Glas abgetropfte Champignons (Abtropfgewicht 210 g) unter das Gulasch rühren und kurz miterwärmen. Anstelle von Rindfleisch kann auch mageres Schweinefleisch verwendet werden. Die Schmorzeit verkürzt sich dann auf etwa 45 Minuten. Gulasch kann gut vorbereitet und portionsweise eingefroren werden.

Rezeptvariante: Für eine **Gulaschsuppe** jeweils nur 250 g Rindfleisch und Zwiebeln wie angegeben verarbeiten. Das Wasser oder die Brühe auf 1 Liter erhöhen. Etwa 30 Minuten vor dem Ende der Garzeit je 1 rote und gelbe, gewürfelte Paprikaschote in die Suppe geben und mitgaren.

Gyros-Braten | Beliebt – dauert länger

4 Portionen

Pro Portion:
E: 51 g, F: 42 g, Kh: 30 g, kJ: 3091, kcal: 739

750 g	*Schweinefleisch (aus der Keule)*
	Salz
	frisch gemahlener Pfeffer
100 g	*Feta-Käse*
400 g	*Krautsalat*
5 EL	*Olivenöl*
1–2 TL	*Gyros-Gewürzmischung*
2	*Gemüsezwiebeln*
400 g	*Zaziki*

Außerdem:

Küchengarn

Zubereitungszeit: 30 Minuten
Garzeit: etwa 5 ½ Stunden

1. Den Backofen bei Ober-/Unterhitze auf 80 °C vorheizen. Fleisch mit Küchenpapier trocken tupfen, evtl. vorhandenes Fett abschneiden. Das Fleisch der Länge nach waagerecht so einschneiden, dass es an der anderen Seite noch zusammenhält.

2. Das Fleisch aufklappen und etwas flach klopfen. Fleisch mit Salz und Pfeffer bestreuen. Feta-Käse in etwa 1 cm breite Streifen schneiden. Das Fleisch mit der Hälfte vom Krautsalat und den Feta-Streifen belegen. Das Fleisch von der längeren Seite her fest aufrollen und mit Küchengarn zusammenbinden.

3. Öl in einem großen, flachen Bräter erhitzen. Die Fleischrolle mit der Gyros-Gewürzmischung bestreuen und in der Pfanne von allen Seiten etwa 10 Minuten gut anbraten. Zwiebeln abziehen, halbieren und in Scheiben schneiden. Zwiebelscheiben in den Bräter geben und mitbraten.

4. Den Bräter auf dem Rost im unteren Drittel in den vorgeheizten Backofen schieben. Den Braten etwa 5 ½ Stunden garen.

5. Etwa 1 ½ Stunden vor dem Ende der Garzeit restlichen Krautsalat und Zaziki mit in den Bräter geben. Den Bräter zurück in den Backofen schieben. Den Gyros-Braten zu Ende garen. Das Küchengarn entfernen. Den Braten in Scheiben schneiden und mit dem Zaziki-Kraut servieren.

Tipp: Hinweise zum Niedertemperaturgaren finden Sie im Ratgeberteil auf Seite 277.

Hackbällchen auf Gemüsestreifen I

Zubereitung im Bambusdämpfer (Ø etwa 26 cm)

4 Portionen

Pro Portion:

E: 30 g, F: 28 g, Kh: 10 g, kJ: 1716, kcal: 410

2 Scheiben	Toastbrot
1	rote Zwiebel
2	Knoblauchzehen
1 Topf	Majoran
500 g	Gehacktes vom Rind
1	Ei (Größe M)
1 EL	körniger Senf
	Salz, frisch gemahlener Pfeffer
2	dicke Möhren
1 Stange	Porree (Lauch)
1 EL	Butter
2 EL	Sonnenblumenkerne

Außerdem:

20 kleine Pergamentpapierstücke

Zubereitungszeit: 35 Minuten
Dämpfzeit: etwa 15 Minuten

1. Toastbrot in kaltem Wasser einweichen. Zwiebel und Knoblauch abziehen und fein würfeln. Majoran abspülen, trocken tupfen und einige Stängel zum Garnieren beiseitelegen. Von den restlichen Stängeln die Blätter abzupfen. Blätter fein schneiden. Abgezupfte Stängel beiseitelegen.

2. Toastbrot ausdrücken, mit Gehacktem, Ei, Senf, Zwiebel-, Knoblauchwürfel und der Hälfte der Majoranblätter vermengen. Die Gehacktesmasse mit Salz und Pfeffer würzen.

3. Aus der Gehacktesmasse mit angefeuchteten Händen etwa 20 gleich große Bällchen formen. Diese in den restlichen Majoranblättchen wälzen.

4. Von den Hackbällchen jeweils 10 Stück auf den Pergamentpapierstücken in je einen Dämpfeinsatz legen. Einsätze aufeinanderstellen und mit dem Deckel verschließen.

5. Eine große Pfanne oder einen Wok etwa 3 cm hoch mit Wasser füllen, die abgezupften Majoranstängel hinzufügen und zum Kochen bringen. Den Bambusdämpfer hineinsetzen. Hackbällchen etwa 15 Minuten dämpfen.

6. Möhren und Porree putzen. Porree längs halbieren. Das Gemüse abspülen, abtropfen lassen und in dünne Streifen schneiden. Butter in einer Pfanne zerlassen. Gemüsestreifen darin andünsten, evtl. etwas Wasser hinzufügen und das Gemüse etwa 5 Minuten dünsten, dann mit Salz und Pfeffer abschmecken.

7. Sonnenblumenkerne in einer Pfanne ohne Fett hellbraun rösten und unter die Gemüsestreifen rühren. Die Hackbällchen auf dem Gemüse anrichten und mit den beiseitegelegten Majoranstängeln garniert servieren.

Hackbällchen mit Bohnenragout I Einfach
4 Portionen

Pro Portion:
E: 46 g, F: 34 g, Kh: 32 g, kJ: 2565, kcal: 611

600 g	*Gehacktes (halb Rind-,*
	halb Schweinefleisch)
1	*Ei (Größe M)*
	Salz, frisch gemahlener Pfeffer
	Knoblauchpulver
2–3 EL	*Rapsöl*
1 Dose	*Chili-Bohnen*
	(Abtropfgewicht 250 g)
1 Dose	*Kidney-Bohnen*
	(Abtropfgewicht 250 g)
1 Dose	*dicke, weiße Bohnen*
	(Abtropfgewicht 250 g)
1 TL	*Paprikapulver edelsüß*
1 TL	*gemahlener Koriander*
1 Bund	*Petersilie*
370 g	*stückige Tomaten (Tetra Pak®)*

Zubereitungszeit: 30 Minuten
Garzeit: etwa 50 Minuten

1. Gehacktes in eine Rührschüssel geben, Ei unterarbeiten und mit Salz, Pfeffer und Knoblauch würzen.

2. Aus der Gehacktesmasse mit angefeuchteten Händen kleine Bällchen (je etwa 30 g) formen.

3. Speiseöl in einer großen Pfanne erhitzen. Hackbällchen darin von allen Seiten anbraten.

4. Chili- und Kidney-Bohnen mit dem Saft und weiße Bohnen ohne Saft in einer Schüssel mischen. Bohnenmischung mit Salz, Pfeffer, Paprika, Koriander und Knoblauch würzen.

5. Die Petersilie abspülen und trocken tupfen. Einige Stängel zum Garnieren beiseitelegen. Die Blättchen von den Stängeln zupfen und klein schneiden.

6. Tomatenstücke und Petersilie unter die Bohnenmischung rühren und in einen gewässerten Römertopf® (3-Liter-Inhalt) geben, dabei die Herstelleranleitung beachten. Angebratene Hackbällchen auf dem Bohnenragout verteilen.

7. Den Römertopf® mit dem Deckel verschließen und auf dem Rost im unteren Drittel in den kalten Backofen schieben.
Ober-/Unterhitze: etwa 200 °C
Heißluft: etwa 180 °C
Die Hackbällchen mit Bohnenragout etwa 50 Minuten garen.

8. Das Gericht mit den beiseitegelegten Petersilienstängeln garnieren.

Tipp: Das Bohnenragout kann mit kleinen Kartoffelwürfeln angereichert werden. Dann verlängert sich die Garzeit um 10–15 Minuten, je nach Größe der Kartoffelwürfel.

Hackbraten auf Kartoffelgratin I
Preiswert
4 Portionen

Pro Portion:
E: 32 g, F: 27 g, Kh: 38 g, kJ: 2196, kcal: 523

Für den Hackbraten:

        1 Brötchen (Semmel) vom Vortag
    500 g Gehacktes (halb Rind-,
          halb Schweinefleisch)
        1 Ei (Größe M)
     1 TL mittelscharfer Senf
          Salz, frisch gemahlener Pfeffer
1 geh. TL Kräuter der Provence

Für das Gratin:

     1 kg mehligkochende Kartoffeln
          frisch geriebene Muskatnuss
   200 ml Milch

Zubereitungszeit: 30 Minuten
Garzeit: etwa 60 Minuten

1. Brötchen in kaltem Wasser einweichen. Gehacktes in eine Schüssel geben.

2. Eingeweichtes Brötchen gut ausdrücken, mit Ei und Senf zum Gehackten geben. Die Zutaten gut vermengen. Die Masse mit Salz und Pfeffer kräftig würzen. Die Gehacktesmasse mit angefeuchteten Händen zu einem flachen, länglichen Laib formen.

3. Den Backofen vorheizen.
Ober-/Unterhitze: 180–200 °C
Heißluft: 160–180 °C

4. Für das Gratin Kartoffeln schälen, abspülen, abtropfen lassen und in dünne Scheiben hobeln. Die Kartoffelscheiben mit Salz, Pfeffer und Muskat kräftig würzen.

5. Die Kartoffelscheiben in eine große Auflaufform (gefettet) einschichten. Die Milch zu den Kartoffelscheiben gießen. Die Form auf dem Rost in den vorgeheizten Backofen schieben. Gratin etwa 15 Minuten vorgaren.

6. Dann in die Mitte des Gratins eine leichte, längliche Vertiefung eindrücken. Den Fleischlaib in die Vertiefung legen und mit Kräutern der Provence bestreuen. Die Form wieder zurück in den Backofen schieben und das Ganze weitere etwa 45 Minuten garen.

7. Den Hackbraten aus der Form nehmen und in Scheiben schneiden. Die Fleischscheiben wieder auf das Gratin legen und das Ganze servieren.

Tipps: Bestreuen Sie das Gratin nach etwa 40 Minuten Garzeit mit 100 g geriebenem Käse und garen Sie dann den Hackbraten zu Ende. Sehr lecker schmeckt ein Tomatensalat dazu.

Hackbraten „Falscher Hase" I

Klassisch

6 Portionen

Pro Portion:
E: 33 g, F: 29 g, Kh: 18 g, kJ: 1948, kcal: 465

> 2 *Brötchen (Semmeln) vom Vortag*
> 2 *mittelgroße Zwiebeln*
> 750 g *Gehacktes (halb Rind-,*
> *halb Schweinefleisch)*
> 2 *Eier (Größe M)*
> 1 geh. TL *mittelscharfer Senf*
> 1 EL *gehackte Petersilie*
> *Salz, frisch gemahlener Pfeffer*
> 1 EL *Semmelbrösel*
> 3 *weich gekochte Eier*
> 40 g *durchwachsener Speck,*
> *in dünne Scheiben geschnitten*
> 500 ml (¹/₂ l) *Fleischbrühe*
> 1 *mittelgroße Zwiebel*
> 1 *mittelgroße Tomate*
> 25 g *Speisestärke*

Zubereitungszeit: 25 Minuten
Garzeit: etwa 60 Minuten

1. Brötchen in kaltem Wasser einweichen. Zwiebeln abziehen und in kleine Würfel schneiden. Gehacktes in eine Schüssel geben. Brötchen gut ausdrücken, Zwiebelwürfel, Eier, Senf und Petersilie hinzugeben, gut vermengen und mit Salz und Pfeffer würzen.

2. Den Backofen vorheizen.
Ober-/Unterhitze: etwa 200 °C
Heißluft: etwa 180 °C

3. Semmelbrösel auf die Arbeitsfläche streuen. Die Fleischmasse daraufgeben, zu einem Rechteck (etwa 20 x 30 cm) formen. Die gekochten Eier pellen und längs hintereinander in die Mitte des Fleischteiges geben. Den Fleischteig von der längeren Seite her aufrollen. Das Ganze zu einem Laib formen und in einen Bräter (gefettet) legen.

4. Die Speckscheiben nebeneinander auf den Fleischlaib legen und etwas eindrücken. Den Bräter auf dem

Rost im unteren Drittel in den vorgeheizten Backofen schieben. Den Hackbraten etwa 60 Minuten garen.

5. Sobald der Bratensatz anfängt zu bräunen, heiße Brühe hinzugießen. Den Fleischlaib ab und zu mit dem Bratensatz begießen, verdampfte Flüssigkeit nach und nach durch heiße Brühe ersetzen.

6. Zwiebel abziehen, vierteln. Tomate abspülen, abtropfen lassen, vierteln, Stängelansatz herausschneiden. Zwiebel- und Tomatenviertel nach etwa 30 Minuten Garzeit zum Fleisch geben und mitgaren.

7. Den garen Hackbraten aus dem Bräter nehmen und zugedeckt warm stellen.

8. Den Bratensatz evtl. mit etwas Wasser loskochen, durch ein Sieb gießen, mit Wasser auf etwa 500 ml (¹/₂ l) auffüllen, in einem Topf zum Kochen bringen. Speisestärke mit 3 Esslöffeln Wasser anrühren, in die Sauce einrühren. Die Sauce unter Rühren aufkochen, mit Salz und Pfeffer würzen und mit dem in Scheiben geschnittenen Hackbraten servieren.

Hackbraten mit Kürbiskernen I
Für Gäste
8–10 Portionen

Pro Portion:
E: 50 g, F: 54 g, Kh: 13 g, kJ: 3338, kcal: 797

2	Brötchen (Semmeln) vom Vortag
200 g	rote Zwiebeln
1 ½ kg	Gehacktes vom Schwein
	Salz, frisch gemahlener Pfeffer
4	Eier (Größe M)
90 g	geschälte Kürbiskerne
2 EL	mittelscharfer Senf
200 g	geraspelter Mozzarella-Käse
4 EL	Semmelbrösel
1 TL	gerebelter Thymian
700 g	Tomaten
1 Bund	Frühlingszwiebeln
1 Bund	Basilikum

Zubereitungszeit: 50 Minuten
Garzeit: etwa 1 ½ Stunden

1. Den Backofen vorheizen.
Ober-/Unterhitze: etwa 180 °C
Heißluft: etwa 160 °C

2. Brötchen in kaltem Wasser einweichen. Zwiebeln abziehen und in feine Würfel schneiden. Gehacktes in eine große Schüssel geben, mit Salz und Pfeffer würzen.

3. Die Brötchen gut ausdrücken, mit Zwiebelwürfeln, Eiern, Kürbiskernen und Senf zu dem Fleisch geben und kräftig durchmengen.

4. Mozzarella, Semmelbrösel und Thymian untermischen. Die Masse zu einem Laib formen und in eine Fettpfanne (gefettet) legen. Die Fettpfanne im unteren Drittel in den vorgeheizten Backofen schieben. Den Hackbraten etwa 50 Minuten garen.

5. In der Zwischenzeit Tomaten abspülen, abtrocknen, vierteln, die Stängelansätze herausschneiden und Tomaten in grobe Würfel schneiden.

6. Frühlingszwiebeln putzen, abspülen, abtropfen lassen und in feine Ringe schneiden. Basilikum abspülen und trocken tupfen. Die Blättchen von den Stängeln zupfen und in feine Streifen schneiden.

7. Die Backofentemperatur um etwa 20 °C reduzieren. Die Tomatenwürfel zum Braten geben und alles noch weitere 40 Minuten garen.

8. Den garen Braten aus der Fettpfanne nehmen, auf eine vorgewärmte Platte legen, zugedeckt etwa 10 Minuten ruhen lassen. Frühlingszwiebelringe in die Fettpfanne geben und im ausgeschalteten Backofen etwa 10 Minuten miterwärmen.

9. Tomaten-Zwiebel-Gemüse mit Salz und Pfeffer abschmecken. Basilikumstreifen daraufstreuen. Den Hackbraten in Scheiben schneiden und mit dem Gemüse servieren.

Tipp: Dazu Nudeln oder Brot servieren.

Hackbraten, mit Sauerkraut gefüllt I

Für Gäste

4–6 Portionen

Pro Portion:
E: 37 g, F: 35 g, Kh: 5 g, kJ: 2021, kcal: 483

1 kleine Dose	Sauerkraut (Abtropfgewicht 285 g)
2	eingelegte Paprikahälften
1	Zwiebel
750 g	Gehacktes (halb Rind-, halb Schweinefleisch)
2	Eier (Größe M)
1 TL	mittelscharfer Senf
	Salz, frisch gemahlener Pfeffer
1 TL	gemahlener Kümmel
	Zucker
1 EL	Semmelbrösel
7 Scheiben	Frühstücksspeck (Bacon, etwa 125 g)

Zubereitungszeit: 20 Minuten
Garzeit: 45–50 Minuten

1. Den Backofen vorheizen.
Ober-/Unterhitze: etwa 200 °C
Heißluft: etwa 180 °C

2. Das Sauerkraut in einem Sieb abtropfen lassen. Paprikahälften abtropfen lassen, fein würfeln. Zwiebel abziehen und fein würfeln.

3. Gehacktes mit Eiern, Zwiebelwürfeln, Senf, Salz und Pfeffer vermengen. Sauerkraut mit Paprikawürfeln vermengen und mit Kümmel, Salz, Zucker und Pfeffer abschmecken.

4. Die Semmelbrösel auf die Arbeitsfläche streuen, die Fleischmasse daraufgeben und zu einem Rechteck (etwa 20 x 30 cm) formen. Die Sauerkrautmasse längs auf eine Fleischteighälfte geben und den Fleischteig anschließend von der belegten Seite der Länge nach aufrollen.

5. Hackbraten evtl. mit einer Palette auf ein Backblech (gefettet) oder in eine Auflaufform (gefettet) legen. Hackbraten gitterförmig mit den Baconscheiben belegen. Das Backblech oder die Form auf dem Rost im unteren Drittel in den vorgeheizten Backofen schieben. Den Hackbraten 45–50 Minuten garen.

Hackbraten mit Schafkäse I

Raffiniert – mit Alkohol

4 Portionen

Pro Portion:
E: 47 g, F: 46 g, Kh: 9 g, kJ: 2663, kcal: 636

1	*Brötchen (Semmel) vom Vortag*
1	*Zwiebel*
2	*Knoblauchzehen*
600 g	*Gehacktes (halb Rind-,*
	halb Schweinefleisch)
2	*Eier (Größe M)*
2 EL	*Tomatenmark*
	Salz, frisch gemahlener Pfeffer
	Paprikapulver edelsüß
	gerebelter Oregano
1 Bund	*Basilikum*
200 g	*Schafkäse*
8 Scheiben	*durchwachsener Speck (120 g)*
125 ml (⅛ l)	*Rotwein*

Zubereitungszeit: 25 Minuten, ohne Ruhezeit
Garzeit: etwa 50 Minuten

1. Den Backofen vorheizen.
Ober-/Unterhitze: etwa 200 °C
Heißluft: etwa 180 °C

2. Brötchen in kaltem Wasser einweichen. Zwiebel und Knoblauch abziehen und dann in kleine Würfel schneiden.

3. Gehacktes in eine Schüssel geben. Eingeweichtes Brötchen gut ausdrücken, mit den Zwiebel- und Knoblauchwürfeln, Eiern und Tomatenmark hinzugeben. Die Zutaten gut vermengen, mit Salz, Pfeffer, Paprika und Oregano würzen.

4. Basilikum abspülen und trocken tupfen. Die Blättchen von den Stängeln zupfen und in feine Streifen schneiden. Danach den Schafkäse in kleine Würfel schneiden.

5. Basilikum und Schafkäse unter den Fleischteig arbeiten. Den Fleischteig zu einem ovalen Laib formen und in einen Bräter (gefettet) legen. Speckscheiben darauflegen und Rotwein hinzugießen.

6. Den Bräter auf dem Rost im unteren Drittel in den vorgeheizten Backofen schieben. Den Hackbraten etwa 50 Minuten garen. Während der Garzeit evtl. etwas Wasser hinzugießen.

7. Den garen Hackbraten aus dem Bräter nehmen und etwa 10 Minuten ruhen lassen. Hackbraten in Scheiben schneiden.

Hackfleisch-Pizza | Raffiniert

4 Portionen

Pro Portion:
E: 39 g, F: 43 g, Kh: 17 g, kJ: 2711, kcal: 648

Für den Fleischteig:

1	Brötchen (Semmel) vom Vortag
1 Dose	Gemüsemais (Abtropfgewicht 140 g)
1 Glas	ganze Champignons (Abtropfgewicht 115 g)
1	Zwiebel
500 g	Gehacktes (halb Rind-, halb Schweinefleisch)
1	Ei (Größe M)
	Salz
	frisch gemahlener Pfeffer
	Paprikapulver edelsüß
1 Msp.	Cayennepfeffer

Für den Belag:

2 EL	Zigeunersauce (aus der Flasche)
4	mittelgroße Tomaten
	gerebelter Oregano
125 g	Mozzarella-Käse
50 g	geraspelter Gratin-Käse
einige	
	Stängel Basilikum

Zubereitungszeit: 25 Minuten
Garzeit: etwa 30 Minuten

1. Für den Fleischteig Brötchen in Wasser einweichen und gut ausdrücken. Mais in einem Sieb abtropfen lassen. Die Champignons abtropfen lassen, die Hälfte davon klein schneiden, die restlichen Champignons in Scheiben schneiden und für den Belag beiseitestellen. Zwiebel abziehen und in Würfel schneiden.

2. Gehacktes in eine Schüssel geben. Ei, Brötchen, Champignonstücke, Mais, Zwiebelwürfel, Salz, Pfeffer, Paprika und Cayennepfeffer hinzufügen und alles gut vermischen. Die Masse in ein rundes Pizzablech (gefettet) oder eine Tarteform (Ø 30 cm, gefettet) geben und verteilen.

3. Den Backofen vorheizen.
Ober-/Unterhitze: etwa 180 °C
Heißluft: etwa 160 °C

4. Für den Belag Zigeunersauce auf die Gehacktesmasse streichen. Tomaten abspülen, abtrocknen, halbieren und die Stängelansätze herausschneiden. Tomaten in Scheiben schneiden, darauf verteilen und mit Salz, Pfeffer und Oregano bestreuen. Die beiseitegelegten Champignonscheiben darauflegen.

5. Mozzarella abtropfen lassen, in Scheiben schneiden und ebenfalls darauf verteilen. Gratinkäse in die Zwischenräume streuen. Die Form auf dem Rost auf mittlerer Einschubleiste in den vorgeheizten Backofen schieben. Die Hackfleisch-Pizza etwa 30 Minuten garen.

6. Basilikum abspülen, trocken tupfen. Die Blättchen von den Stängeln zupfen und auf der fertig gebackenen Hackfleisch-Pizza verteilen.

Tipp: Wenn Sie kein Pizzablech oder keine Tarteform haben, können Sie auch eine Springform verwenden. Die Form dann von außen gut in Alufolie einschlagen, so kann keine Flüssigkeit in den Backofen tropfen.

Hähnchenfilets in Pilz-Marsala-Sauce | Mit Alkohol

4 Portionen

Pro Portion:
E: 38 g, F: 30 g, Kh: 5 g, kJ: 1988, kcal: 475

½	Zitrone
2	große, doppelte Hähnchenbrustfilets mit Haut (ohne Knochen, je etwa 325 g) Salz frisch gemahlener Pfeffer
3	Zwiebeln
250 g	Pfifferlinge
400 g	braune Champignons
1 EL	Speiseöl, z. B. Rapsöl
1 TL	gerebelter Thymian
125 ml (⅛ l)	halbtrockener Marsala (Süßwein)
150 g	Schlagsahne

Zubereitungszeit: 20 Minuten
Garzeit: 45–50 Minuten

1. Den Backofen vorheizen.
Ober-/Unterhitze: etwa 200 °C
Heißluft: etwa 180 °C

2. Die Zitrone schälen und in dünne Scheiben schneiden. Scheiben in einer Auflaufform (gefettet) verteilen. Hähnchenbrustfilets unter fließendem kalten Wasser abspülen, mit Küchenpapier trocken tupfen und mit Salz und Pfeffer einreiben. Die Filets auf den Zitronenscheiben verteilen. Die Form auf dem Rost in den vorgeheizten Backofen schieben. Die Filets etwa 20 Minuten garen.

3. In der Zwischenzeit die Zwiebeln abziehen und in Spalten schneiden. Die Pilze putzen, evtl. mit Küchenpapier abreiben bzw. kurz abspülen und gut abtropfen lassen. Große Pilze halbieren oder vierteln.

4. Öl in einer großen Pfanne erhitzen. Zwiebeln darin anbraten. Pilze dazugeben. Alles mit Thymian würzen, bei starker Hitze unter Wenden etwa 5 Minuten kräftig braten, mit Salz und Pfeffer würzen. Gut die Hälfte des Marsalas dazugießen und kurz aufkochen lassen. Sahne ebenfalls dazugießen.

5. Auflaufform aus dem Ofen nehmen. Die Pilze um die Hähnchenbrustfilets verteilen. Restlichen Marsala auf die Filets gießen. Das Ganze zurück in den Backofen schieben und weitere 25–30 Minuten garen.

Tipp: Dazu schmecken Kartoffelkroketten, Bandnudeln oder eine Langkorn-Wildreis-Mischung.

Hasenfilet mit Pfifferling-Weintrauben-Sauce I Mit Alkohol
4 Portionen

Pro Portion:
E: 36 g, F: 29 g, Kh: 14 g, kJ: 2060, kcal: 494

600 g	*Hasenfilet*
	Salz, frisch gemahlener Pfeffer
5 EL	*Speiseöl, z.B. Rapsöl*
4	*Schalotten*
150 g	*Pfifferlinge*
250 g	*grüne, kernlose Weintrauben*
250 ml (¼ l)	*trockener Rotwein*
1–2 Stängel	*Rosmarin*
150 g	*Crème fraîche*
1 EL	*mittelscharfer Senf*
½ TL	*gerebelter Thymian*

Zubereitungszeit: 30 Minuten
Garzeit: etwa 30 Minuten

1. Den Backofen bei Ober-/Unterhitze auf 80 °C vorheizen. Einen feuerfesten Teller oder eine Auflaufform mit niedrigem Rand auf mittlerer Einschubleiste auf dem Rost miterwärmen.

2. Das Hasenfilet mit Küchenpapier trocken tupfen, evtl. vorhandenes Fett und Sehnen abschneiden. Das Filet mit Salz und Pfeffer würzen.

3. Speiseöl in einer Pfanne erhitzen. Das Hasenfilet darin etwa 10 Minuten von allen Seiten gut anbraten. Dann das Filet auf dem vorgewärmten Teller oder in der Auflaufform in den vorgeheizten Backofen schieben und etwa 30 Minuten garen. Pfanne mit dem Bratensatz beiseitestellen.

4. Schalotten abziehen und in Scheiben schneiden. Pfifferlinge putzen, evtl. kurz abspülen und gut abtropfen lassen. Größere Pfifferlinge etwas kleiner schneiden. Weintrauben waschen, abtropfen lassen und entstielen.

5. Beiseitegestellte Pfanne erhitzen. Die Schalottenscheiben darin anbraten. Pfifferlinge hinzufügen, diese ebenfalls kurz anbraten. Rotwein einrühren und die Sauce etwa 10 Minuten köcheln lassen.

6. Rosmarin abspülen, trocken tupfen und die Nadeln von den Stängeln zupfen. Die Nadeln hacken. Crème fraîche und Senf in die Sauce einrühren. Sauce mit Thymian, Salz und Pfeffer abschmecken. Weintrauben unterrühren und kurz miterwärmen. Das Hasenfilet in Scheiben schneiden, mit Sauce und Rosmarin bestreut servieren.

Beilage: Kartoffelpüree.

Tipp: Hinweise zum Niedertemperaturgaren finden Sie im Ratgeberteil auf Seite 277.

Hirschrollbraten
mit Kirschsauce | Raffiniert
4 Portionen

Pro Portion:
E: 48 g, F: 42 g, Kh: 30 g, kJ: 2922, kcal: 697

800 g	*Hirschkalbskeule*
	ohne Knochen
80 g	*geräucherter Bauchspeck*
100 g	*Feta-Käse*
	Salz
	frisch gemahlener Pfeffer
5 EL	*Speiseöl, z. B. Rapsöl*
1	*Zwiebel*
1 Glas	*Schattenmorellen*
	(Abtropfgewicht 350 g)
400 ml	*Wildfond*
1 EL	*Honig*
1 TL	*gerebelter Thymian*
1–2 EL	*Speisestärke*
2 EL	*kaltes Wasser*
1 EL	*gehackte Thymianblättchen*

Außerdem:

Küchengarn

Zubereitungszeit: 35 Minuten
Garzeit: etwa 1 ½ Stunden

1. Hirschfleisch mit Küchenpapier trocken tupfen. Das Fleisch mit einem scharfen Messer waagerecht fast durchschneiden und aufklappen.

2. Speck und Feta-Käse in etwa 1 cm dicke Streifen schneiden. Diese abwechselnd auf das aufgeklappte Fleisch legen. Das Fleisch von der schmaleren Seite her fest aufrollen und mit Küchengarn zusammenbinden, mit Salz und Pfeffer bestreuen.

3. Den Backofen vorheizen.
Ober-/Unterhitze: etwa 180 °C
Heißluft: etwa 160 °C

4. Speiseöl in einem Bräter erhitzen. Den Hirschrollbraten von allen Seiten gut darin anbraten. Zwiebel abziehen, fein würfeln und im Bräter mit anbraten.

5. Die Kirschen in einem Sieb abtropfen lassen, dabei den Saft auffangen und 200 ml abmessen. Fond und abgemessenen Kirschsaft in den Bräter gießen, zum Kochen bringen. Den Bräter zugedeckt auf dem Rost im unteren Drittel in den vorgeheizten Backofen schieben. Den Braten etwa 1 ½ Stunden garen.

6. Den Hirschrollbraten aus dem Backofen nehmen und warm gestellt kurz ruhen lassen. Die Sauce zum Kochen bringen, mit Honig, Salz, Pfeffer und Thymian abschmecken. Speisestärke mit Wasser anrühren und unter Rühren zur Sauce gießen, kurz aufkochen lassen. Kirschen ebenfalls in die Sauce geben und miterwärmen.

7. Das Küchengarn vom Braten entfernen. Den Braten in Scheiben schneiden, mit Thymianblättchen bestreuen und mit der Sauce servieren.

Beilage: Schupfnudeln oder Rösti-Ecken.

Honigente auf Spitzkohl | Raffiniert
4 Portionen

Pro Portion:
E: 40 g, F: 44 g, Kh: 13 g, kJ: 2551, kcal: 609

> 1 *Spitzkohl (etwa 800 g)*
> 1 *Zwiebel (etwa 100 g)*
> 40 g *Butter oder Butterschmalz*
> *Salz*
> *frisch gemahlener Pfeffer*
> 2 *große oder 4 kleine*
> *Entenbrustfilets (etwa 800 g)*
> 1 EL *Speiseöl, z. B. Olivenöl*
> 2 EL *flüssiger Honig*
> 100 ml *Gemüsebrühe oder -fond*
>
> 2 EL *Crema di Balsamico*
> einige *Kerbelblättchen*

Zubereitungszeit: 45 Minuten
Garzeit: etwa 70 Minuten

1. Spitzkohl putzen, vierteln und den Strunk herausschneiden. Spitzkohl in Streifen schneiden, abspülen
und gut abtropfen lassen. Zwiebel abziehen und in
kleine Würfel schneiden.

2. Butter oder Butterschmalz in einem Topf zerlassen.
Zwiebelwürfel und Spitzkohlstreifen darin etwa 3 Minuten andünsten, mit Salz und Pfeffer würzen.

3. Den Spitzkohl in einen gewässerten Römertopf®
(3-Liter-Inhalt) geben, dabei die Herstelleranleitung
beachten.

4. Entenbrustfilets unter fließendem kalten Wasser
abspülen, trocken tupfen und die Haut der Länge nach
in schmalen Abständen einritzen. Entenbrustfilets mit
Salz und Pfeffer würzen.

5. Speiseöl in einer Pfanne erhitzen. Entenbrustfilets
darin zuerst auf der Hautseite kräftig anbraten, wenden und ebenfalls kräftig anbraten. Entenbrustfilets
herausnehmen, auf den Spitzkohl legen und dann mit
Honig bestreichen oder beträufeln. Brühe oder Fond
hinzugießen.

6. Den Römertopf® mit dem Deckel verschließen
und auf dem Rost im unteren Drittel in den kalten
Backofen schieben.
Ober-/Unterhitze: etwa 220 °C
Heißluft: etwa 200 °C

7. Die Honigente etwa 70 Minuten garen. (Wenn die
Entenbrustfilets saftiger und noch rosa sein sollen,
dann nur etwa 45 Minuten bei der angegebenen
Backofentemperatur garen.)

8. Die Entenbrustfilets mit etwas Crema di Balsamico
beträufeln und mit abgespülten, trocken getupften
Kerbelblättchen garnieren.

Tipp: Für dieses Gericht eignen sich auch Gänsebrustfilets (die Garzeit verlängert sich um 10–15 Minuten, falls die Gänsebrustfilets dicker sein sollten)
oder Brustfilets von der Maispoularde (Garzeit etwa
45 Minuten).

Hüftbraten mit Balsamico-Sauce und Frühlingszwiebeln | Mit Alkohol

6 Portionen

Pro Portion:
E: 52 g, F: 22 g, Kh: 15 g, kJ: 2017, kcal: 483

1,4 kg	**Rindfleisch (aus der Hüfte)**
	Salz
	frisch gemahlener Pfeffer
4 EL	**Speiseöl, z. B. Olivenöl**
2	**Zwiebeln**
250 ml (¼ l)	**Balsamico-Essig**
200 ml	**trockener Rotwein**
400 ml	**Fleischbrühe**
4 Bund	**Frühlingszwiebeln**
70 g	**Butter**
1 EL	**Zucker**

Zubereitungszeit: 25 Minuten
Garzeit: etwa 5 Stunden

1. Den Backofen bei Ober-/Unterhitze auf 80 °C vorheizen. Einen großen, feuerfesten Teller oder eine Auflaufform mit flachem Rand auf mittlerer Einschubleiste auf dem Rost miterwärmen.

2. Rindfleisch mit Küchenpapier trocken tupfen, mit Salz und Pfeffer bestreuen.

3. Das Speiseöl in einer Pfanne erhitzen. Das Fleisch darin etwa 10 Minuten von allen Seiten gut anbraten, herausnehmen, auf dem vorgewärmten Teller oder in der Auflaufform in den vorgeheizten Backofen schieben und etwa 5 Stunden garen. Die Pfanne mit Bratensatz beiseitestellen.

4. Etwa 45 Minuten vor dem Ende der Garzeit die Zwiebeln abziehen und in kleine Würfel schneiden. Beiseitegestellte Pfanne mit Bratensatz erhitzen.

5. Die Zwiebelwürfel darin andünsten. Balsamico-Essig, Rotwein und Fleischbrühe unter Rühren hinzugießen. Die Sauce zum Kochen bringen und um die Hälfte einkochen lassen.

6. Frühlingszwiebeln putzen, abspülen, abtropfen lassen und in etwa 10 cm lange Stücke schneiden. Butter in einer Pfanne zerlassen. Zucker darin unter Rühren auflösen. Frühlingszwiebelstücke hinzufügen und unter gelegentlichem Wenden 3–5 Minuten garen.

7. Den Braten aus dem Backofen nehmen. Den ausgetretenen Bratensaft in die Sauce rühren. Die Sauce mit Salz und Pfeffer abschmecken. Das Fleisch in Scheiben schneiden, mit Zwiebeln und Balsamico-Sauce servieren.

Beilage: Bandnudeln.

Tipp: Hinweise zum Niedertemperaturgaren finden Sie im Ratgeberteil auf S. 277.

Hühnerfrikassee I Klassisch – Alkohol

4–6 Portionen – mit Alkohol

Pro Portion:
E: 40 g, F: 18 g, Kh: 7 g, kJ: 1488, kcal: 356

1 ½ l *Wasser*
1 Bund *Suppengrün (Möhre, Porree, Sellerie)*
1 *Zwiebel*
1 *Lorbeerblatt*
1 *Gewürznelke*
1 *küchenfertiges Hähnchen (1–1,2 kg)*
1 ½ TL *Salz*

Für die Sauce:
25 g *Butter*
30 g *Weizenmehl*
500 ml (½ l) *Hühnerbrühe*
1 Glas *Spargelstücke (Abtropfgewicht 175 g)*
1 Glas *Champignons (Abtropfgewicht 150 g)*
4 EL *Weißwein*
etwa 1 EL *Zitronensaft*
1 TL *Zucker*
2 *Eigelb (Größe M)*
4 EL *Schlagsahne*
Salz, frisch gemahlener Pfeffer
Worcestersauce

Zubereitungszeit: 45 Minuten, ohne Abkühlzeit
Garzeit: etwa 65 Minuten

1. Wasser in einem Topf zum Kochen bringen. In der Zwischenzeit Suppengrün putzen, abspülen, abtropfen lassen und in Stücke schneiden. Die Zwiebel abziehen und mit Lorbeerblatt und Nelke spicken.

2. Hähnchen von innen und außen unter fließendem kalten Wasser abspülen, mit dem Salz in das kochende Wasser geben, wieder zum Kochen bringen und abschäumen.

3. Das vorbereitete Gemüse in den Topf geben. Das Hähnchen zugedeckt etwa 60 Minuten bei schwacher Hitze gar kochen.

4. Das Hähnchen aus der Brühe nehmen und etwas abkühlen lassen. Die Brühe durch ein Sieb gießen, evtl. entfetten und 500 ml (½ l) davon für die Sauce abmessen. Das Fleisch von den Knochen lösen und die Haut entfernen, dann das Fleisch in große Stücke schneiden.

5. Für die Sauce die Butter in einem Topf zerlassen. Das Mehl unter Rühren so lange darin erhitzen, bis es hellgelb ist. Die abgemessene Brühe hinzugießen und mit einem Schneebesen gut durchschlagen. Dabei darauf achten, dass keine Klümpchen entstehen. Die Sauce zum Kochen bringen und anschließend etwa 5 Minuten ohne Deckel leicht kochen lassen, dabei gelegentlich umrühren.

6. Spargelstücke und Champignons in einem Sieb abtropfen lassen, mit dem Fleisch in die Sauce geben und kurz aufkochen. Weißwein, 1 Esslöffel Zitronensaft und Zucker hinzufügen.

7. Eigelb mit Sahne verschlagen und vorsichtig unter das Frikassee rühren (abziehen). Frikassee nicht mehr kochen lassen. Das Frikassee mit Salz, Pfeffer, Worcestersauce und Zitronensaft abschmecken.

Beilage: Reis oder Nudeln.

Tipp: Wenn Kinder mitessen den Wein durch Brühe ersetzen.

Jägerbällchen | Für die Party
8–10 Portionen

Pro Portion:
E: 46 g, F: 51 g, Kh: 22 g, kJ: 3041, kcal: 726

Für die Hackfleischbällchen:

6 Scheiben	Toastbrot (120 g)
300 ml	Milch
2	Gemüsezwiebeln (etwa 400 g)
etwa 150 ml	Sonnenblumenöl
1½ kg	Gehacktes (halb Rind-, halb Schweinefleisch)
3	Eier (Größe M)
	Salz
	frisch gemahlener Pfeffer
120 g	Semmelbrösel
500 g	kleine Champignons
500 g	Austernpilze
2 Dosen	stückige Tomaten (je 400 g)
	Knoblauchpulver
50 g	TK-Kräuter der Provence
100 g	geriebener Parmesan-Käse

Zubereitungszeit: 60 Minuten
Garzeit: etwa 30 Minuten

1. Für die Hackfleischbällchen Toastbrot grob zerkleinern, in eine flache Schale geben, mit Milch übergießen und etwas stehen lassen.

2. Gemüsezwiebeln abziehen und in Würfel schneiden. Ewas von dem Sonnenblumenöl in einer Pfanne erhitzen. Zwiebelwürfel darin glasig dünsten, etwas abkühlen lassen.

3. Gehacktes in eine Schüssel geben. Die eingeweichten, ausgedrückten Toastbrotstücke, Eier und Zwiebelwürfel hinzugeben und miteinander vermengen. Die Masse mit Salz und Pfeffer würzen.

4. Aus der Gehacktesmasse 24 kleine, flache Bällchen formen, diese in Semmelbröseln wälzen. Jeweils etwas von dem Sonnenblumenöl in einer großen Pfanne erhitzen. Die Hackfleischbällchen portionsweise von allen Seiten darin anbraten.

5. Den Backofen vorheizen.
Ober-/Unterhitze: etwa 200 °C
Heißluft: etwa 180 °C

6. Die Champignons und Austernpilze putzen, mit Küchenpapier abreiben, evtl. abspülen, gut abtropfen lassen und grob zerkleinern. Restliches Sonnenblumenöl in einem großen Bräter erhitzen. Champignons und Austernpilze darin etwa 10 Minuten anbraten. Stückige Tomaten hinzugießen, mit Salz, Pfeffer und Knoblauchpulver würzen. Kräuter unterrühren. Hackfleischbällchen drauflegen.

7. Den Bräter auf dem Rost im unteren Drittel in den vorgeheizten Backofen schieben und etwa 30 Minuten garen. Vor dem Servieren die Hackbällchen mit Parmesan-Käse bestreuen oder nach Belieben damit kurz überbacken.

Beilage: Ofenwarmes Baguette.

Tipp: Nach Belieben noch 2–3 gehäutete, in Stücke geschnittene Fleischtomaten unter die stückigen Tomaten geben.

Jägerschnitzel | Klassisch

4 Portionen

Pro Portion:
E: 49 g, F: 26 g, Kh: 6 g, kJ: 1905, kcal: 457

1	*Zwiebel*
250 g	*Champignons*
4	*Schweineschnitzel*
	(je etwa 200 g)
	Salz
	frisch gemahlener Pfeffer
	Paprikapulver edelsüß
40 g	*Weizenmehl*
5 EL	*Speiseöl, z. B. Sonnenblumenöl*
150 g	*Crème fraîche*
1 EL	*gehackte Petersilie*

Zubereitungszeit: 35 Minuten
Bratzeit: 10–12 Minuten

1. Zwiebel abziehen und würfeln. Champignons putzen, evtl. mit Küchenpapier abreiben, kurz abspülen und gut abtropfen lassen. Champignons in Scheiben schneiden.

2. Die Schweineschnitzel mit Küchenpapier trocken tupfen, mit Salz, Pfeffer und Paprikapulver würzen. Schnitzel in Mehl wenden. Nicht anhaftendes Mehl abschütteln.

3. Öl in einer großen Pfanne erhitzen. Die Schnitzel darin bei mittlerer Hitze 10–12 Minuten (je nach Dicke der Schnitzel) von beiden Seiten braten, dabei gelegentlich wenden. Die Schnitzel aus der Pfanne nehmen und warm stellen.

4. Die Zwiebelwürfel in dem verbliebenen Bratfett unter Rühren andünsten. Champignonscheiben dazugeben und mitdünsten. Crème fraîche unterrühren. Sauce mit Salz und Pfeffer würzen, 2–3 Minuten bei schwacher Hitze köcheln lassen. Die Petersilie unterrühren. Die Sauce zu den Schnitzeln reichen.

Beilage: Pommes frites oder Salzkartoffeln und Blattsalat.

Rezeptvariante: Für **Zigeunerschnitzel** die Schnitzel wie unter Punkt 2 und 3 beschrieben zubereiten. Dann 1 Glas Zigeunersauce (500 g) in den Bratensatz geben, erhitzen und zu den Schnitzeln reichen.

Kalbsbraten, gefüllt I

Etwas aufwendiger

4 Portionen

Pro Portion:

E: 35 g, F: 30 g, Kh: 15 g, kJ: 1971, kcal: 470

800 g *Kalbfleisch (vom Nacken,*
mit eingeschnittener Tasche,
beim Metzger vorbestellen)
Salz
frisch gemahlener Pfeffer

Für die Füllung:

je 1 *kleine, rote und grüne*
Paprikaschote
Salzwasser
½ *kleine Zucchini (etwa 120 g)*
1 *Zwiebel*
1 *Knoblauchzehe*
5 *grüne Oliven, mit Paprikafüllung*
3 EL *Olivenöl*
1 EL *Tomatenmark*
1 EL *Rotweinessig*
40 g *Salzstangen oder -brezeln*
Cayennepfeffer
3 EL *Olivenöl*

Für die Sauce:

1 *kleine Gemüsezwiebel*
1 *rote Paprikaschote*
125 g *Schlagsahne*

Außerdem:

Küchengarn oder Holzstäbchen

Zubereitungszeit: 40 Minuten
Garzeit: etwa 1 ½ Stunden

1. Kalbfleisch mit Küchenpapier trocken tupfen, innen und außen mit Salz und Pfeffer einreiben.

2. Für die Füllung die Paprikaschoten halbieren, entstielen, entkernen und die weißen Scheidewände entfernen. Die Schoten abspülen abtropfen lassen und vierteln. Salzwasser in einem Topf zum Kochen bringen. Die Paprikaviertel darin 6–8 Minuten garen.

Anschließend in ein Sieb geben, mit kaltem Wasser übergießen, abtropfen lassen, enthäuten und in Würfel schneiden. Zucchini abspülen, abtrocknen und die Enden abschneiden. Zucchini würfeln. Zwiebel und Knoblauch abziehen, klein würfeln. Oliven abtropfen lassen und vierteln.

3. Olivenöl in einem Topf erhitzen. Zwiebel- und Knoblauchwürfel darin andünsten. Zucchini- und Paprikawürfel hinzufügen, kurz mit andünsten. Tomatenmark, Essig und Olivenviertel unterrühren. Die Masse etwas abkühlen lassen.

4. Salzstangen oder -brezeln zerbröseln und unter die Gemüsemasse heben, mit Salz, Pfeffer und Cayennepfeffer abschmecken. Die Füllung in die Fleischtasche geben. Die Öffnung mit Küchengarn zunähen oder mit Holzstäbchen feststecken. Fleisch mit Olivenöl beträufeln und in den gewässerten Römertopf® (4-Liter-Inhalt) geben, dabei die Herstelleranleitung beachten.

5. Den Römertopf® mit dem Deckel verschließen und auf dem Rost in den kalten Backofen schieben.
Ober-/Unterhitze: etwa 200 °C
Heißluft: etwa 180 °C
Den Kalbsbraten etwa 65 Minuten garen.

6. In der Zwischenzeit für die Sauce Gemüsezwiebel abziehen und in Achtel schneiden. Paprikaschote halbieren, entstielen, entkernen und die weißen Scheidewände entfernen. Die Schote abspülen, trocken tupfen und vierteln.

7. Nach der angegebenen Garzeit die Backofentemperatur auf Ober-/Unterhitze: etwa 160 °C, Heißluft: etwa 140 °C herunterschalten. Die Zwiebel- und Paprikastücke und etwas Wasser zu dem Kalbsbraten in den Römertopf® geben. Den Kalbsbraten ohne Deckel weitere etwa 25 Minuten garen.

8. Den garen Kalbsbraten herausnehmen, auf eine vorgewärmte Platte legen, zugedeckt etwa 10 Minuten ruhen lassen. Die Gemüsesauce in einen Topf geben, nach Belieben pürieren. Sahne unterrühren, kurz erwärmen, mit Salz und Pfeffer abschmecken. Den Kalbsbraten in Scheiben schneiden mit der Sauce servieren.

Kalbsbraten mit Brokkoli und Gnocchi **I** Dauert länger

6 Portionen

Pro Portion:
E: 50 g, F: 22 g, Kh: 47 g, kJ: 2469, kcal: 587

1,2 kg	*Kalbsnuss*
	Salz
	frisch gemahlener Pfeffer
1	*Zwiebel*
3	*Tomaten*
1 Stängel	*Rosmarin*
1 Stängel	*Salbei*
4 EL	*Speiseöl, z. B. Olivenöl*
1 kg	*Brokkoli*
1 gestr. TL	*Salz*
750 g	*frische Gnocchi*
	(aus dem Kühlregal)
80 g	*Butter*
	frisch geriebene Muskatnuss
250 ml (¼ l)	*Fleischbrühe*

Zubereitungszeit: 20 Minuten
Garzeit: etwa 5 Stunden

1. Den Backofen bei Ober-/Unterhitze auf 80 °C vorheizen. Kalbfleisch evtl. enthäuten, mit Küchenpapier trocken tupfen, mit Salz und Pfeffer bestreuen.

2. Zwiebel abziehen und in kleine Würfel schneiden. Tomaten abspülen, abtropfen lassen und halbieren. Die Stängelansätze herausschneiden. Tomatenhälften in Würfel schneiden. Kräuterstängel abspülen und trocken tupfen. Die Blättchen oder Nadeln von den Stängeln zupfen. Blättchen und Nadeln fein hacken.

3. Speiseöl in einem großen, flachen Bräter erhitzen. Das Fleisch darin etwa 10 Minuten von allen Seiten gut anbraten. Zwiebelwürfel ebenfalls in den Bräter geben und kurz mit anbraten. Tomatenwürfel und Kräuter unter die Zwiebelwürfel rühren.

4. Den Bräter auf dem Rost im unteren Drittel in den vorgeheizten Backofen schieben. Das Fleisch etwa 5 Stunden garen.

5. Etwa 40 Minuten vor dem Ende der Garzeit vom Brokkoli die Blätter entfernen. Brokkoli in Röschen teilen, waschen und abtropfen lassen. Wasser mit Salz in einem Topf zum Kochen bringen. Die Brokkoliröschen etwa 6 Minuten darin garen. Anschließend mit einer Schaumkelle herausnehmen und warm stellen.

6. Gnocchi nach Packungsanleitung zubereiten. Butter in einer kleinen Pfanne zerlassen, mit Muskatnuss würzen und über die Brokkoliröschen gießen.

7. Kalbsbraten aus dem Backofen nehmen, warm stellen. Fleischbrühe in den Bratenfond einrühren und aufkochen lassen. Sauce pürieren und evtl. mit Salz und Pfeffer abschmecken.

8. Kalbsbraten in Scheiben schneiden, mit Sauce, Gnocchi und Brokkoliröschen auf vorgewärmten Tellern servieren.

Tipp: Hinweise zum Niedertemperaturgaren finden Sie im Ratgeberteil auf S. 277.

Kalbsbraten mit Petersilien-Pesto | Mit Alkohol

4 Portionen

Pro Portion:
E: 54 g, F: 61 g, Kh: 7 g, kJ: 3476, kcal: 830

3	*Zwiebeln*
800 g	*Kalbfleisch (aus der Keule)*
	Salz, frisch gemahlener Pfeffer
5 EL	*Olivenöl*
250 ml (¹⁄₄ l)	*trockener Weißwein*
150 ml	*Fleischbrühe*
80 g	*Schlagsahne*

Für das Pesto:

50 g	*Pinienkerne*
2	*Knoblauchzehen*
1 Bund	*glatte Petersilie*
1 Bund	*Schnittlauch*
80 g	*geriebener Parmesan-Käse*
100 ml	*Olivenöl*
1 EL	*Weizenmehl*
2 EL	*kaltes Wasser*

Zubereitungszeit: 30 Minuten
Garzeit: etwa 5 Stunden

1. Den Backofen bei Ober-/Unterhitze auf 80 °C vorheizen. Zwiebeln abziehen, halbieren und fein würfeln.

2. Kalbfleisch mit Küchenpapier trocken tupfen, evtl. vorhandenes Fett und Sehnen abschneiden. Fleisch mit Salz und mit Pfeffer bestreuen. Das Öl in einem großen, flachen Bräter erhitzen. Das Fleisch darin von allen Seiten etwa 10 Minuten gut anbraten.

3. Zwiebelwürfel hinzufügen und kurz unter Rühren anbraten. Wein, Brühe und Sahne unterrühren, kurz aufkochen lassen. Den Bräter auf dem Rost im unteren Drittel in den vorgeheizten Backofen schieben. Das Fleisch etwa 5 Stunden garen.

4. Für das Pesto die Pinienkerne in einer Pfanne ohne Fett goldbraun rösten und auf einen Teller legen. Den Knoblauch abziehen und fein würfeln.

5. Petersilie und Schnittlauch abspülen und trocken tupfen. Petersilienblättchen von den Stängeln zupfen. Einige Blättchen zum Garnieren beiseitelegen. Restliche Petersilienblättchen und Schnittlauch fein hacken oder schneiden.

6. Pinienkerne, Knoblauch, Petersilie, Schnittlauch, Parmesan und Olivenöl in einen hohen Rührbecher geben und mit einem Stabmixer pürieren.

7. Den Kalbsbraten aus dem Bräter nehmen und warm stellen. Mehl mit Wasser anrühren und in die Sauce einrühren. Sauce kurz aufkochen, etwa 5 Minuten köcheln lassen und mit Salz und Pfeffer abschmecken.

8. Braten in Scheiben schneiden, mit Sauce, Petersilien-Pesto und den beiseitegelegten Petersilienblättchen garniert servieren.

Beilage: Petersilienkartoffeln.

Tipp: Hinweise zum Niedertemperaturgaren finden Sie im Ratgeberteil auf S. 277.

Kalbsbrust, gefüllt | Mit Alkohol

6 Portionen

Pro Portion:
E: 68 g, F: 28 g, Kh: 14 g, kJ: 2426, kcal: 579

Für die Füllung:

2	Brötchen (Semmeln) vom Vortag
100 ml	heiße Milch
2	Eier (Größe M)
25 g	Butter
3	fein gewürfelte Schalotten
120 g	Champignons
1 TL	gehackter Thymian
1 EL	gehackte glatte Petersilie
	Salz
	frisch gemahlener Pfeffer
	geriebene Muskatnuss
2 kg	Kalbsbrust ohne Knochen
25 g	Butterschmalz
1 Bund	Suppengrün (Porree, Sellerie, Möhren)
1	große, gewürfelte Zwiebel
1 EL	Tomatenmark
etwas	Wasser oder Rindfleischbrühe
2–3 EL	trockener Rotwein
30 g	kalte Butter

Außerdem:

	Küchengarn

Zubereitungszeit: 45 Minuten
Garzeit: etwa 1 ½ Stunden

1. Für die Füllung die Brötchen in Würfel schneiden und mit der heißen Milch übergießen. Milch etwas abkühlen lassen. Die Mischung mit den Eiern gut vermengen. Butter in einer Pfanne zerlassen. Die Schalottenwürfel darin glasig dünsten.

2. Die Champignons putzen, evtl. kurz abspülen, gut abtropfen lassen, klein schneiden und mit Schalottenwürfeln und Kräutern dazugeben. Alles gut mit der Brötchenmasse vermengen. Die Masse mit Salz, Pfeffer und Muskat würzen und in den Kühlschrank stellen.

3. Den Backofen vorheizen.
Ober-/Unterhitze: etwa 180 °C
Heißluft: etwa 160 °C

4. Die Kalbsbrust mit Küchenpapier trocken tupfen. In die Kalbsbrust eine Tasche schneiden, von innen und außen mit Salz und Pfeffer würzen. Die Füllung hineingeben, aber nicht zu viel, damit die Tasche nicht aufplatzt. Die Tasche mit Küchengarn zunähen.

5. Butterschmalz in einem Bräter erhitzen. Die Kalbsbrust darin bei starker Hitze rundherum gut anbraten. Suppengrün putzen, schälen, abspülen, klein schneiden, mit den Zwiebelwürfeln dazugeben und kurz mitbraten lassen. Tomatenmark unterrühren. Etwas Wasser oder Brühe und den Rotwein dazugießen.

6. Den Bräter auf dem Rost zugedeckt im unteren Drittel in den vorgeheizten Backofen schieben. Die Kalbsbrust etwa 1 ½ Stunden garen. Falls nötig, immer etwas Wasser oder Brühe nachgießen. Wenn das Fleisch gar ist, es herausnehmen, in Alufolie wickeln, etwa 10 Minuten ruhen lassen.

7. In der Zwischenzeit die Schmorflüssigkeit durch ein feines Sieb gießen. Das Fett abschöpfen. Die Sauce etwas einkochen lassen. Kalte Butter langsam einrühren und die Sauce mit Salz und Pfeffer abschmecken.

Kalbs-Cordon-bleu mit Preiselbeeren und Feldsalat I

Klassisch

4 Portionen

Pro Portion:
E: 49 g, F: 45 g, Kh: 32 g, kJ: 3092, kcal: 738

Für den Salat:

250 g	Feldsalat
2	Schalotten
1	Knoblauchzehe
2 EL	Sherryessig
	Salz
	frisch gemahlener Pfeffer
4 EL	Traubenkernöl
1 TL	Zucker

1 Stängel	Thymian
150 g	Wild-Preiselbeeren (aus dem Glas)
1	Bio-Zitrone (unbehandelt, ungewachst)
einige Stängel	Kerbel

4	Kalbskoteletts ohne Knochen (je etwa 140 g)
4 Scheiben	gekochter Schinken
4 Scheiben	Bergkäse
2	Eier (Größe M)
etwas	Weizenmehl
60 g	Semmelbrösel
2 EL	Schweineschmalz

Zubereitungszeit: 30 Minuten
Garzeit: etwa 12 Minuten

1. Für den Salat von dem Feldsalat die Wurzelenden abschneiden. Schlechte Blätter entfernen. Feldsalat mehrmals gründlich waschen und trocken tupfen oder trocken schleudern.

2. Schalotten und Knoblauch abziehen, fein würfeln, in eine große Schüssel geben. Essig, Salz und Pfeffer unterrühren. Das Traubenkernöl nach und nach unterschlagen und mit Zucker abschmecken.

3. Den Thymian abspülen, trocken tupfen, Blätter abzupfen und fein hacken. Thymian und Preiselbeeren verrühren. Zitrone heiß abspülen, trocken tupfen und in Spalten schneiden. Kerbel abspülen und trocken tupfen.

4. Kalbskoteletts mit Küchenpapier trocken tupfen und waagerecht so einschneiden, dass sie an einer Seite noch zusammenhängen.

5. Kalbskoteletts zwischen zwei Lagen Frischhaltefolie legen und etwas flach klopfen. Koteletts aufklappen. Je 1 Scheibe Schinken und 1 Scheibe Käse auf die untere Koteletthälfte legen (die Schinken- und Käsescheiben sollten knapp so groß sein wie die Fleischscheiben). Die Koteletts zusammenklappen und die Fleischränder etwas andrücken. Koteletts von beiden Seiten mit Salz und Pfeffer bestreuen.

6. Eier verschlagen. Koteletts zuerst in Mehl wenden, dann durch die Eiermasse ziehen, am Schüsselrand etwas abstreifen und in den Semmelbröseln wenden. Panade fest andrücken.

7. Schweineschmalz in einer Pfanne erhitzen. Die Cordon bleus darin von beiden Seiten je etwa 6 Minuten bei mittlerer Hitze goldbraun backen.

8. Den Feldsalat mit der Salatsauce mischen und portionsweise anrichten. Cordon bleus mit Zitronenspalten und Kerbel anrichten, mit Preiselbeeren und Salat servieren.

Kalbsfilet in Senfsauce I

Etwas teurer – mit Alkohol

4 Portionen

Pro Portion:

E: 42 g, F: 29 g, Kh: 4 g, kJ: 1944, kcal: 464

800 g	*Kalbsfilet*
	Salz, frisch gemahlener Pfeffer
1 TL	*gerebelter Thymian*
4 EL	*Olivenöl*
3	*Schalotten*
75 ml	*trockener Wermut,*
	z. B. Noilly Prat
150 g	*Schlagsahne*
2 EL	*Senf, z. B. Dijon-Senf*

1 Topf *Estragon*

Zubereitungszeit: 30 Minuten
Garzeit: etwa 75 Minuten

1. Den Backofen bei Ober-/Unterhitze auf 80 °C vorheizen. Eine Auflaufform mit niedrigem Rand auf dem
Rost auf mittlerer Einschubleiste miterwärmen.

2. Kalbsfilet mit Küchenpapier trocken tupfen, evtl.
vorhandenes Fett und Sehnen abschneiden. Filet mit
Salz, Pfeffer und Thymian bestreuen. Olivenöl in einer
Pfanne erhitzen. Das Filet darin von allen Seiten etwa
8 Minuten gut anbraten.

3. Das Kalbsfilet in die vorgewärmte Auflaufform
legen. Die Form auf dem Rost in den vorgeheizten
Backofen schieben. Das Filet etwa 15 Minuten garen.

4. In der Zwischenzeit Schalotten abziehen, halbieren
und in Würfel schneiden. Die Schalottenwürfel in der
Pfanne mit dem Bratensatz unter Rühren anbraten.
Wermut, Sahne und Senf einrühren und kurz aufkochen lassen.

5. Sauce zum Kalbsfilet in die Auflaufform gießen.
Die Form zurück in den Backofen schieben. Das Filet
weitere etwa 60 Minuten garen.

6. Estragon abspülen, trocken tupfen und die Blättchen von den Stängeln zupfen. Blättchen fein schneiden und in die Sauce rühren.

Beilage: Nudeln.

Tipps: Statt Kalbsfilet können Sie auch Schweinefilet
nehmen. Die Garzeit beträgt dann etwa 60 Minuten.
Hinweise zum Niedertemperaturgaren finden Sie im
Ratgeberteil auf S. 277.

Kalbsfilet mit Gorgonzola-Spinat und Bratkartoffeln I

Raffiniert

4 Portionen

Pro Portion:
E: 50 g, F: 35 g, Kh: 39 g, kJ: 2862, kcal: 679

800 g	*Kalbsfilet*
	Salz
	frisch gemahlener Pfeffer
3 EL	*Speiseöl, z. B. Rapsöl*

900 g	*kleine, fest kochende Kartoffeln*
50 g	*Schweineschmalz*
2 Pck.	*TK-Blattspinat mit Gorgonzola (je 300 g)*
etwa 20	*Cocktailtomaten*

Zubereitungszeit: 40 Minuten
Garzeit: etwa 60 Minuten

1. Den Backofen bei Ober-/Unterhitze auf 80 °C vorheizen. Einen großen, feuerfesten Teller oder eine Auflaufform mit niedrigem Rand auf mittlerer Einschubleiste auf dem Rost miterwärmen.

2. Kalbsfilet mit Küchenpapier trocken tupfen, evtl. enthäuten. Fleisch mit Salz und Pfeffer bestreuen.

3. Speiseöl in einer Pfanne erhitzen. Das Fleisch darin etwa 10 Minuten von allen Seiten gut anbraten. Dann das Fleisch auf dem vorgewärmten Teller oder in der Auflaufform in den vorgeheizten Backofen schieben und etwa 60 Minuten garen. Die Pfanne mit dem Bratensatz beiseitestellen.

4. In der Zwischenzeit Kartoffeln schälen, abspülen, abtropfen lassen und in etwa 2 cm große Würfel schneiden. Beiseitegestellte Pfanne mit dem Bratensatz erhitzen. Schmalz darin zerlassen und Kartoffelwürfel hinzufügen.

5. Die Kartoffelwürfel mit Salz und Pfeffer würzen, zugedeckt bei mittlerer Hitze etwa 30 Minuten garen. Evtl. etwas Wasser hinzugeben. Die Bratkartoffeln gelegentlich umrühren. Kurz vor dem Ende der Kartoffelgarzeit den Deckel entfernen, damit die Kartoffeln schön braun werden.

6. Den Spinat nach Packungsanleitung zubereiten. Tomaten abspülen, abtropfen lassen, in den fertigen Spinat geben und kurz miterwärmen.

7. Kalbsfilet aus dem Backofen nehmen, aufschneiden, mit Bratkartoffeln und Gorgonzola-Spinat servieren.

Tipp: Hinweise zum Niedertemperaturgaren finden Sie im Ratgeberteil auf S. 277.

Kalbsgeschnetzeltes mit Oliven I

Mit Alkohol

8 Portionen

Pro Portion:
E: 28 g, F: 20 g, Kh: 16 g, kJ: 1574, kcal: 376

1 kg	Kalbsgeschnetzeltes (aus der Schulter)
200 g	kleine Schalotten oder Perlzwiebeln
800 g	festkochende Kartoffeln
1 Glas	Oliven, ohne Stein (Abtropfgewicht 170 g)
4 EL	Olivenöl
2 EL	Tomatenmark
750 ml (¾ l)	Gemüsebrühe
	Salz
	frisch gemahlener Pfeffer
200 ml	trockener Roséwein
1 Bund	Kerbel
200 g	Schlagsahne

Zubereitungszeit: 65 Minuten
Garzeit: etwa 35 Minuten

1. Geschnetzeltes mit Küchenpapier trocken tupfen. Die Schalotten oder Perlzwiebeln abziehen. Kartoffeln schälen, abspülen, abtropfen lassen und in gleich große Würfel schneiden. Oliven in einem Sieb abtropfen lassen.

2. Olivenöl in einem Bräter erhitzen. Geschnetzeltes evtl. in 2 Portionen kräftig darin anbraten. Schalotten oder Perlzwiebeln hinzugeben und kurz mit anbraten. Tomatenmark unterrühren.

3. Kartoffelwürfel hinzufügen und kurz mit andünsten. Brühe hinzugießen, mit Salz und Pfeffer würzen. Die Zutaten zum Kochen bringen und bei schwacher Hitze unter gelegentlichem Rühren zugedeckt etwa 35 Minuten garen. Wein und Oliven hinzugeben.

4. Kerbel abspülen und trocken tupfen. Die Blättchen von den Stängeln zupfen. Die Hälfte der Blättchen klein schneiden. Sahne und die klein geschnittenen Kerbelblättchen zum Geschnetzelten geben und kurz aufkochen.

5. Kalbsgeschnetzeltes mit den restlichen Kerbelblättchen garniert servieren.

Kalbshaxe auf italienische Art I
Dauert länger – mit Alkohol
4 Portionen

Pro Portion:
E: 59 g, F: 19 g, Kh: 8 g, kJ: 1958, kcal: 468

    1 **Kalbshaxe (1 ¹/₂–2 kg)**
    Salz, frisch gemahlener Pfeffer
    gerebelter Rosmarin
    gerebelter Thymian
    4 **Tomaten**
    2 **Zwiebeln**
    2 **Knoblauchzehen**
    gerebeltes Basilikum
125 ml (¹/₈ l) **Weißwein**

Für die Sauce:
    1–2 EL **Weizenmehl**
    3–4 EL **kaltes Wasser**
    2 EL **Schlagsahne**
    Weißwein
    1 Prise **Zucker**

Zubereitungszeit: 30 Minuten
Garzeit: etwa 2 Stunden

1. Den Backofen vorheizen.
Ober-/Unterhitze: 180–200 °C
Heißluft: 160–180 °C

2. Kalbshaxe unter fließendem kalten Wasser abspülen, trocken tupfen, mit Salz, Pfeffer, Rosmarin und Thymian würzen und in einen Bräter legen.

3. Tomaten abspülen, trocken tupfen, vierteln und die Stängelansätze herausschneiden. Zwiebeln und Knoblauch abziehen und vierteln.

4. Tomaten-, Zwiebel- und Knoblauchviertel um die Haxe legen, mit Salz, Pfeffer und Basilikum bestreuen. Weißwein hinzugießen. Den Bräter zugedeckt auf dem Rost im unteren Drittel in den vorgeheizten Backofen schieben. Die Kalbshaxe etwa 2 Stunden garen.

5. Die verdampfte Flüssigkeit nach und nach durch Wasser ersetzen. Nach etwa 60 Minuten Garzeit den Deckel entfernen. Die Haxe während der Garzeit ab und zu wenden, damit sie gleichmäßig bräunt.

6. Die gare Haxe herausnehmen, vom Knochen lösen, auf einer vorgewärmten Platte anrichten und warm stellen.

7. Für die Sauce den Bratensatz mit Wasser loskochen, durch ein Sieb streichen und in einen Topf geben. Evtl. mit Wasser auffüllen und zum Kochen bringen. Mehl mit Wasser anrühren, unter Rühren in die Flüssigkeit geben und zum Kochen bringen. Die Sauce unter mehrmaligem Rühren etwa 5 Minuten kochen lassen. Sahne unterrühren.

8. Die Sauce mit Salz, Pfeffer, Thymian, Wein und Zucker abschmecken. Die Kalbshaxe mit der Sauce servieren.

Beilage: Kartoffelpüree, Brokkoli.

Kalbshaxe in Rotwein-Zwiebel-Sauce | Mit Alkohol – dauert länger

6 Portionen

Pro Portion:
E: 69 g, F: 29 g, Kh: 13 g, kJ: 2765, kcal: 662

1	*Zwiebel*
2	*Möhren*
300 g	*Knollensellerie*
1 Stange	*Porree (Lauch)*
je 3 Stängel	*Thymian und Rosmarin*
2	*Knoblauchzehen*
2	*Kalbshaxen (je etwa 1 1/2 kg)*
	Salz, frisch gemahlener Pfeffer
40 g	*Butterschmalz*
2	*Lorbeerblätter*
1 EL	*Pfefferkörner*
2 EL	*Tomatenmark*
250 ml (1/4 l)	*Rotwein*
1 l	*Geflügelbrühe*
4	*rote Zwiebeln*
500 ml (1/2 l)	*Rotwein*
1–2 EL	*Zucker*
60 g	*kalte Butter*

Zubereitungszeit: 60 Minuten
Garzeit: 2 1/2–3 Stunden

1. Die Zwiebel abziehen. Möhren und Sellerie putzen, schälen, abspülen, abtropfen lassen. Porree putzen, die Stange längs halbieren, gründlich abspülen und abtropfen lassen. Das vorbereitete Gemüse in Stücke schneiden. Thymian und Rosmarin abspülen und trocken tupfen. Knoblauch abziehen.

2. Kalbshaxen unter fließendem kalten Wasser abspülen, trocken tupfen, mit Salz und Pfeffer einreiben. Butterschmalz in einem Bräter erhitzen. Die Haxen darin nacheinander von allen Seiten anbraten und herausnehmen. Zwiebel, Möhren- und Selleriestücke in den Bräter geben, in dem verbliebenen Bratfett unter mehrmaligem Wenden anbraten. Porreestücke hinzufügen und ebenfalls anbraten. Lorbeerblätter, Pfefferkörner, Tomatenmark, Kräuter und Knoblauch zum angebratenen Gemüse geben, kurz anrösten.

3. Das Gemüse mit so viel Rotwein und Geflügelbrühe ablöschen, dass es etwa halbhoch in Rotwein-Geflügel-Brühe liegt. Das Ganze bei starker Hitze einkochen lassen, bis die Flüssigkeit verdampft ist. Den Backofen auf Ober-/Unterhitze: etwa 160 °C vorheizen.

4. Das Gemüse ein zweites Mal kurz rösten. Wieder die gleiche Menge Rotwein und Geflügelbrühe angießen und einkochen lassen. Das Gemüse nochmals anrösten. Restlichen Wein und restliche Geflügelbrühe hinzugeben und aufkochen.

5. Die Kalbshaxen auf das Gemüse legen. So viel Wasser hinzugießen, dass die Haxen zur Hälfte bedeckt ist. Den Bräter auf dem Rost in den vorgeheizten Backofen schieben und 2 1/2–3 Stunden garen.

6. Zwiebeln abziehen, fein würfeln, mit Rotwein, etwas Salz, Pfeffer und Zucker in einen Topf geben und aufkochen. So lange im offenen Topf kochen lassen, bis keine Flüssigkeit mehr vorhanden ist. Den Topf von der Kochstelle nehmen.

7. Die garen Haxen herausnehmen und zugedeckt warm stellen. Den Bratensud durch ein feines Sieb in einen Topf gießen. Den Sud um die Hälfte einkochen lassen. Die Zwiebelmasse zum Haxensud geben und aufkochen. Die Sauce mit Salz und Pfeffer abschmecken. Topf von der Kochstelle nehmen. Butter in kleinen Stücken in die Sauce rühren. Die Haxen mit der Sauce servieren.

Kalbshaxe mit jungen Gemüsen I

Für Kinder – dauert länger

4 Portionen

Pro Portion:
E: 49 g, F: 21 g, Kh: 7 g, kJ: 1749, kcal: 420

1	Kalbshaxe mit Knochen (etwa 1 ½ kg)
	Salz
	frisch gemahlener Pfeffer
2 EL	Speiseöl, z. B. Sonnenblumenöl
1 Bund	junge Möhren (etwa 300 g)
2	Kohlrabi (etwa 300 g)
2	Knollensellerie (etwa 300 g)
1 Bund	Petersilie
einige Stängel	Oregano
40 g	Knoblauchbutter
200 ml	Kalbsfond oder Fleischbrühe

Zubereitungszeit: 45 Minuten
Garzeit: etwa 2 Stunden

1. Kalbshaxe unter fließendem kalten Wasser abspülen, trocken tupfen, mit Salz und Pfeffer würzen.

2. Speiseöl in einer Pfanne erhitzen. Die Kalbshaxe darin von allen Seiten kräftig anbraten.

3. Möhren, Kohlrabi und Sellerie putzen, schälen, abspülen, abtropfen lassen. Sellerie und Kohlrabi halbieren und in Spalten schneiden. Die Möhren in Scheiben schneiden. Petersilie und Oregano abspülen und trocken tupfen. Oreganostängel und einige Petersilienstängel beiseitelegen. Von der Petersilie die Blättchen von den Stängeln zupfen.

4. Die Gemüsewürfel mit den Petersilienblättchen in einer Schüssel mischen, mit Salz und Pfeffer würzen. Die Gemüsewürfelmischung so in einen gewässerten Römertopf® (3-Liter-Inhalt) geben, dass eine Mulde entsteht, dabei die Herstelleranleitung beachten.

5. Die angebratene Kalbshaxe in die Mulde legen, mit dem verbliebenen Bratfett und der Knoblauchbutter bestreichen. Kalbsfond oder Brühe hinzugießen

und einige der beiseitegelegten Oreganostängel hinzufügen.

6. Den Römertopf® mit dem Deckel verschließen und auf dem Rost im unteren Drittel in den kalten Backofen schieben.
Ober-/Unterhitze: etwa 220 °C
Heißluft: etwa 200 °C
Die Kalbshaxe etwa 2 Stunden garen.

7. Das fertige Gericht mit den restlichen beiseitegelegten Oregano- und Petersilienstängeln garnieren.

Tipps: Sie können die Haxe nach Ende der Garzeit kurz übergrillen, dann wird sie knuspriger. Statt der ganzen Haxe können Sie auch Haxenscheiben verwenden. Evtl. beim Metzger vorbestellen.

Kalbshaxe mit Semmelknödeln I

Dauert länger – deftig

4 Portionen

Pro Portion:
E: 76 g, F: 30 g, Kh: 53 g, kJ: 3317, kcal: 791

    1   *Kalbshaxe (etwa 2 kg*
        mit Knochen)
        Salz
        frisch gemahlener Pfeffer
1 TL   *gerebelter Thymian*
4 EL   *Speiseöl, z. B. Olivenöl*
1 TL   *Tomatenmark*
    8   *küchenfertige Semmelknödel*
        (im Kochbeutel)

Für die Salatbeilage:
    2   *gelbe Paprikaschoten*
    2   *Tomaten*
einige
Blätter Lollo bionda
1 EL   *Weißweinessig*
2 EL   *Olivenöl*

400 ml   *Kalbsfond*
1 EL   *gehackte Petersilienblättchen*

Zubereitungszeit: 25 Minuten
Garzeit: etwa 4 Stunden

1. Den Knochen der Kalbshaxe vom Metzger entfernen lassen. Kalbshaxe entsehnen, unter fließendem kalten Wasser abspülen und trocken tupfen. Kalbshaxe mit Salz, Pfeffer und Thymian bestreuen.

2. Den Backofen bei Ober-/Unterhitze auf 80 °C vorheizen. Speiseöl in einem großen, flachen Bräter erhitzen. Die Kalbshaxe darin etwa 12 Minuten von allen Seiten gut anbraten. Den Bräter auf dem Rost im unteren Drittel in den vorgeheizten Backofen schieben. Die Kalbshaxe etwa 4 Stunden garen.

3. Während der Garzeit die Kalbshaxe zweimal wenden. Nach etwa 3 Stunden Garzeit das Tomatenmark in den Bratensatz einrühren. Die Kalbshaxe fertig garen.

4. Etwa 40 Minuten vor dem Ende der Garzeit die Semmelknödel nach Packungsanleitung zubereiten.

5. Für die Salatbeilage die Paprikaschoten halbieren, entstielen, entkernen und die weißen Scheidewände entfernen. Schoten abspülen, abtropfen lassen und in Würfel schneiden. Tomaten abspülen, abtrocknen, halbieren und Stängelansätze herausschneiden. Tomaten in Scheiben schneiden. Salatblätter waschen, trocken tupfen und in kleine Stücke zupfen.

6. Für das Salatdressing Essig mit Salz und Pfeffer verrühren. Olivenöl unterschlagen.

7. Kalbshaxe aus dem Backofen nehmen, warm stellen. Kalbsfond in den Bratensatz einrühren und etwas einkochen lassen. Die Salatbeilage mit Salatdressing beträufeln und mit Petersilie bestreuen. Kalbshaxe in Scheiben schneiden, mit Semmelknödeln und Sauce servieren.

Tipp: Hinweise zum Niedertemperaturgaren finden Sie im Ratgeberteil auf S. 277.

Kalbshaxe nach bayerischer Art I

Beliebt – deftig

4 Portionen

Pro Portion:
E: 42 g, F: 26 g, Kh: 10 g, kJ: 1865, kcal: 445

1	*Kalbshaxe (etwa 1 1/2 kg)*
	Salz
	frisch gemahlener Pfeffer
	gemahlener Kümmel
5 EL	*Speiseöl,*
	z. B. Sonnenblumenöl
2 EL	*grobe Speckwürfel*
200 g	*abgezogene Perlzwiebeln*
400 ml	*Kalbsfond oder -brühe*
1 EL	*Tomatenmark*
	frisch gemahlener,
	grober Pfeffer
	frisch geriebener Meerrettich
2 EL	*gehackte Petersilie*

Zubereitungszeit: 30 Minuten
Garzeit: etwa 1 1/2 Stunden

1. Den Backofen vorheizen.
Ober-/Unterhitze: 180–200 °C
Heißluft: 160–180 °C

2. Kalbshaxe unter fließendem kalten Wasser abspülen und trocken tupfen. Haxe mit Salz, Pfeffer und Kümmel würzen.

3. Speiseöl in einem Bräter erhitzen. Die Haxe darin von allen Seiten scharf anbraten. Den Bräter auf dem Rost im unteren Drittel in den vorgeheizten Backofen schieben. Die Haxe etwa 30 Minuten schmoren.

4. Dann die Speckwürfel und Perlzwiebeln hinzufügen, etwa 15 Minuten mitschmoren. Kalbsfond oder -brühe hinzugeben, Tomatenmark unterrühren und das Ganze weitere etwa 45 Minuten schmoren lassen.

5. Die Kalbshaxe aus dem Bräter nehmen und auf einer vorgewärmten Platte anrichten. Die Sauce mit Salz, Pfeffer und Meerrettich würzen. Gehackte Petersilie unterrühren.

Beilage: Kartoffelklöße, mit Petersilie bestreut.

Kalbsleber in Balsamico-Oregano-Sauce | Einfach – schnell

4 Portionen

Pro Portion:
E: 26 g, F: 15 g, Kh: 9 g, kJ: 1146, kcal: 274

500 g	*Kalbsleber, in Scheiben*
2	*Frühlingszwiebeln*
1 kleines	
Bund	*Oregano*
2 EL	*Olivenöl*
	Salz
	frisch gemahlener Pfeffer
20 g	*Butter*
2 EL	*dunkler Balsamico-Essig*
200 ml	*Rindfleischfond oder -brühe*
4 EL	*Crema di Balsamico*
einige	*vorbereitete Oreganoblättchen*

Zubereitungszeit: 25 Minuten

1. Leberscheiben mit Küchenpapier trocken tupfen, evtl. von Haut, Sehnen und Röhren befreien, in kleine Stücke schneiden.

2. Die Frühlingszwiebeln putzen, abspülen, abtropfen lassen und in Ringe schneiden. Oregano abspülen und trocken tupfen. Die Blättchen von den Stängeln zupfen. Einige Blättchen zum Garnieren beiseitelegen. Restliche Blättchen grob zerkleinern.

3. Den Backofen vorheizen.
Ober-/Unterhitze: etwa 80 °C
Heißluft: etwa 60 °C

4. Olivenöl in einer Pfanne erhitzen. Die Leberstücke darin von allen Seiten anbraten, herausnehmen, mit Salz und Pfeffer bestreuen. Leberstücke auf einen vorgewärmten Teller legen, auf dem Rost in den vorgeheizten Backofen schieben und warm halten.

5. Die Butter in dem verbliebenen Bratfett zerlassen. Die Zwiebelringe und den Oregano darin andünsten. Balsamico-Essig und Fond oder Brühe hinzugießen. Die Sauce zum Kochen bringen und um etwa die Hälfte einkochen lassen.

6. Die Sauce mit Salz, Pfeffer und Crema di Balsamico abschmecken. Die warm gestellten Leberstücke nochmals in der Sauce erwärmen (nicht kochen lassen, da die Leber sonst hart wird). Die Leber mit den beiseitegelegten Oreganoblättchen bestreut servieren.

Beilage: Frische oder TK-Rösti oder Kartoffelpüree.

Tipp: Wem die Sauce zu dünn erscheint, kann sie mit etwas angerührter Speisestärke andicken.

Kalbsleber mit Zwiebeln und Tomaten | Schnell – klassisch

4 Portionen

Pro Portion:
E: 26 g, F: 31 g, Kh: 11 g, kJ: 1808, kcal: 432

4 Scheiben	Kalbsleber (je etwa 125 g)
1 EL	Weizenmehl
2 große	Zwiebeln
4 EL	Speiseöl, z. B. Olivenöl
	Salz
	gerebelter Salbei
	gerebelter Majoran
2 große	Tomaten
200 g	Schlagsahne

Zubereitungszeit: 35 Minuten

1. Leber mit Küchenpapier trocken tupfen, evtl. von Haut, Sehnen und Röhren befreien. Leber in Streifen schneiden und mit Mehl bestäuben.

2. Die Zwiebeln abziehen und in Würfel schneiden. Etwas von dem Speiseöl in einer Pfanne erhitzen. Zwiebelwürfel darin anbraten, herausnehmen und beiseitestellen.

3. Restliches Speiseöl in der Pfanne erhitzen. Leberstreifen in 2 Portionen unter mehrmaligem Wenden darin anbraten. Leber mit Salz, Salbei und Majoran würzen. Beiseitegestellte Zwiebelwürfel hinzufügen.

4. Tomaten abspülen, kreuzweise einschneiden und einige Sekunden in kochendes Wasser legen. Tomaten kurz mit kaltem Wasser abschrecken, enthäuten, halbieren, entkernen und Stängelansätze herausschneiden. Fruchtfleisch in Würfel schneiden und zu den Leberstreifen geben.

5. Sahne hinzugießen. Die Zutaten unter Rühren einmal aufkochen lassen, mit Salz, Salbei und Majoran abschmecken und sofort servieren.

Beilage: Risotto mit Erbsen und gehackter Petersilie.

Kalbsleber, venezianisch | Schnell

4 Portionen

Pro Portion:
E: 32 g, F: 17 g, Kh: 16 g, kJ: 1439, kcal: 344

> 500 g **Zwiebeln**
> 60 ml **Speiseöl, z. B. Olivenöl**
> 600 g **Kalbsleber**
> 20 g **Weizenmehl**
> **Salz, frisch gemahlener Pfeffer**

Zubereitungszeit: 35 Minuten

1. Die Zwiebeln abziehen und in dünne Scheiben schneiden. Etwas Speiseöl in einer Pfanne erhitzen. Zwiebelscheiben darin unter Rühren etwa 10 Minuten goldbraun dünsten. Zwiebelscheiben herausnehmen und warm stellen.

2. Leber mit Küchenpapier trocken tupfen, evtl. von Haut, Sehnen und Röhren befreien. Leber in Streifen schneiden und mit Mehl bestäuben.

3. Zwei Esslöffel von dem Speiseöl in der Pfanne erhitzen. Die Hälfte der Leberstreifen darin unter Rühren 1–2 Minuten braten, mit Salz und Pfeffer bestreuen, herausnehmen und warm stellen. Restliche Leberstreifen mit dem restlichen Speiseöl auf die gleiche Weise zubereiten.

4. Leberstreifen mit den Zwiebelscheiben servieren.

Beilage: Reis, Baguette oder Kartoffelpüree.

Kalbsnierenbraten | Klassisch
4–6 Portionen

Pro Portion:
E: 34 g, F: 32 g, Kh: 5 g, kJ: 1840, kcal: 440

1 kg	gerollter Kalbsnierenbraten
	(beim Metzger vorbestellen)
	Salz, frisch gemahlener Pfeffer
1	Zwiebel
1	Möhre
1	Knoblauchzehe
4 EL	Speiseöl, z. B. Sonnenblumenöl
250 ml (¼ l)	heißes Wasser
1	Lorbeerblatt
5 g	getrocknete Pilze,
	z. B. Pfifferlinge
20 g	Weizenmehl

Zubereitungszeit: 30 Minuten
Garzeit: etwa 1 ½ Stunden

1. Den Backofen vorheizen.
Ober-/Unterhitze: 200–220 °C
Heißluft: 180–200 °C

2. Kalbsnierenbraten mit Küchenpapier trocken tupfen, mit Salz und Pfeffer einreiben.

3. Die Zwiebel abziehen und würfeln. Die Möhre putzen, schälen, abspülen, abtropfen lassen und in Würfel schneiden. Den Knoblauch abziehen und fein hacken.

4. Öl in einem Bräter erhitzen. Das Fleisch darin von allen Seiten anbraten. Die Zwiebel-, Knoblauch- und Möhrenwürfel hinzugeben und unter gelegentlichem Rühren etwa 5 Minuten mitbraten.

5. Wasser hinzugießen. Lorbeerblatt und Pilze hinzugeben. Den Bräter auf dem Rost in den vorgeheizten Backofen schieben und den Braten etwa 1 ½ Stunden garen. Dabei den Braten ab und zu mit der Bratenflüssigkeit begießen.

6. Den garen Braten aus dem Bräter nehmen und zugedeckt warm stellen. Bratensatz mit etwas Wasser loskochen und durch ein Sieb gießen. Evtl. noch mit etwas Wasser auffüllen, zum Kochen bringen. Etwas Mehl mit kaltem Wasser anrühren und in die Sauce einrühren. Die Sauce etwa 5 Minuten köcheln lassen, mit Salz und Pfeffer abschmecken.

7. Das Fleisch in Scheiben schneiden und mit der Sauce servieren.

Beilage: Kleine Röstkartoffeln und Rahmwirsing.

Kalbsragout
(Blanquette vom Kalb) ❙ Für Gäste
8–10 Portionen

Pro Portion:
E: 48 g, F: 32 g, Kh: 8 g, kJ: 2166, kcal: 518

3 l	kaltes Wasser
2 kg	Kalbsschulter ohne Knochen
2	mittelgroße Zwiebeln
2	Lorbeerblätter
4	Gewürznelken
	Salz
einige	Pfefferkörner

400 g	kleine Champignons
2 Gläser	Spargelstücke
	(Abtropfgewicht je 175 g)
400 g	Schlagsahne
120 g	Butter
80 g	Weizenmehl
	frisch gemahlener Pfeffer
	frisch geriebene Muskatnuss

Zubereitungszeit: 45 Minuten, ohne Abkühlzeit
Garzeit: etwa 1 ½ Stunden

1. Wasser in einem großen Topf zum Kochen bringen. Kalbsschulter mit Küchenpapier trocken tupfen und in das kochende Wasser geben. Das Ganze wieder zum Kochen bringen. Den Schaum mit einer Schaumkelle abschöpfen.

2. Die Zwiebeln abziehen, mit Lorbeerblättern und Gewürznelken spicken und mit Salz und Pfefferkörnern in den Topf geben.

3. Das Kalbfleisch zugedeckt bei schwacher Hitze etwa 1–1 ½ Stunden köcheln lassen.

4. Die Champignons putzen, mit Küchenpapier abreiben, evtl. kurz abspülen und gut abtropfen lassen. Die Spargelstücke in einem Sieb abtropfen lassen.

5. Nach der Garzeit eine Garprobe beim Fleisch machen (beim Drücken zwischen Daumen und Zeigefinger sollte das Fleisch problemlos nachgeben).

Das Fleisch in dem Kochsud etwas abkühlen lassen, herausnehmen und in Würfel schneiden.

6. Den Kochsud durch ein Sieb abgießen, auffangen, davon etwa 600 ml abmessen und mit Sahne auf 1 l auffüllen. Butter in einem Topf zerlassen. Mehl hinzufügen, unter Rühren so lange erhitzen, bis es hellgelb ist.

7. Kochsud-Sahne-Flüssigkeit hinzugießen, mit einem Schneebesen durchschlagen, darauf achten, dass keine Klümpchen entstehen. Die Sauce zum Kochen bringen, Champignons unterrühren und etwa 5 Minuten köcheln lassen.

8. Spargelstücke und Fleischwürfel in die Sauce geben, unter Rühren erwärmen. Ragout mit Salz, Pfeffer und Muskat würzen.

Beilage: Reis oder in Butter geschwenkte Bandnudeln.

Tipp: Das fertige Ragout kann nach dem Kochen mit einem Eigelb legiert und mit frisch gehackten Küchenkräutern und gewürfelter Paprikaschote verfeinert werden.

Kalbsröllchen mit Roquefort-Sauce I

Zubereitung im Topf mit Dämpfeinsatz (Ø etwa 24 cm)

4 Portionen

Pro Portion:
E: 43 g, F: 16 g, Kh: 9 g, kJ: 1481, kcal: 353

16	getrocknete Tomaten in Öl
100 g	Rucola (Rauke)
8	dünne Kalbsschnitzel
	(je etwa 80 g)
	Salz, frisch gemahlener Pfeffer
250 ml (¼ l)	Hühnerbrühe
100 g	Roquefort-Käse

Außerdem:
8 Holzstäbchen

Zubereitungszeit: 25 Minuten
Dämpfzeit: 24–30 Minuten

1. Die Tomaten in einem Sieb abtropfen lassen. Den Rucola abspülen, trocken tupfen und dickere Stängel abschneiden.

2. Kalbsschnitzel mit Küchenpapier trocken tupfen, jeweils von beiden Seiten mit Salz und Pfeffer be-streuen. Schnitzel mit Rucola und jeweils 2 Tomaten belegen. Schnitzel von der kurzen Seite her aufrollen und mit je 1 Holzstäbchen feststecken.

3. Die Hühnerbrühe in einem Topf bei mittlerer Hitze zum Kochen bringen und dann leicht köcheln lassen. 4 Kalbsröllchen in den Dämpfeinsatz (dünn mit Speiseöl ausgestrichen) legen. Den Einsatz in den Topf hängen. Den Topf mit einem Deckel verschließen und die Kalbsröllchen 12–15 Minuten dämpfen.

4. Kalbsröllchen vorsichtig aus dem Dampf nehmen, warm stellen und die restlichen Kalbsröllchen auf die gleiche Weise zubereiten, evtl. etwas Wasser nachgießen. Den Dämpfeinsatz aus dem Topf nehmen.

5. Roquefort-Käse in kleine Stücke schneiden und in die köchelnde Hühnerbrühe geben. Sauce pürieren, je nach Saucenkonsistenz noch etwas heiße Brühe oder Wasser nachgießen. Sauce mit Salz und Pfeffer abschmecken.

6. Die Holzspießchen aus den Kalbsröllchen entfernen. Die Kalbsröllchen mit der Roquefort-Sauce servieren.

Beilage: Blattspinat und cremige Polenta oder Petersilienkartoffeln.

Kalbsroulade mit Schinken-Parmesan-Füllung **|** Etwas teurer

6 Portionen

Pro Portion:
E: 70 g, F: 31 g, Kh: 10 g, kJ: 2521, kcal: 603

1 1/2 kg	Kalbfleisch (aus der Oberschale)
1 Glas	Pesto Calabrese (etwa 190 g)
100 g	geriebener Parmesan-Käse
250 g	gekochter Schinken, in Scheiben
180 g	Zwiebeln
5 EL	Olivenöl
	Salz
	frisch gemahlener Pfeffer
1 TL	gerebelter Thymian
1 EL	Tomatenmark
400 ml	Kalbsfond
1–2 EL	Crème fraîche

Außerdem:

Küchengarn

Zubereitungszeit: 40 Minuten
Garzeit: 3 1/2–4 Stunden

1. Den Backofen bei Ober-/Unterhitze auf 95 °C vorheizen. Das Kalbfleisch trocken tupfen. Das Fleisch an der Längsseite im unteren Drittel waagerecht bis fast zur Kante einschneiden (nicht durchschneiden). Das Fleisch aufklappen und die dicke Seite von der Mitte aus waagerecht einschneiden (nicht durchschneiden) und aufklappen, sodass eine möglichst große, flache, rouladenartige Fläche entsteht. Fleisch evtl. noch etwas flach klopfen.

2. Die Roulade mit Pesto bestreichen, mit Parmesan bestreuen und mit Schinken belegen. Die Roulade von der schmalen Seite her aufrollen und mit Küchengarn verschnüren (wie bei einem Rollbraten).

3. Zwiebeln abziehen und in feine Würfel schneiden. Das Öl in einem Bräter erhitzen. Die Roulade mit Salz, Pfeffer und Thymian würzen und in dem Bräter etwa 10 Minuten rundherum anbraten. Die Zwiebelwürfel hinzufügen und mit anbraten. Tomatenmark unterrüh-

ren. Den Kalbsfond hinzugießen und kurz aufkochen lassen.

4. Den Bräter auf dem Rost im unteren Drittel in den vorgeheizten Backofen schieben. Die Kalbsroulade 3 1/2–4 Stunden garen, dabei die Roulade 2–3-mal wenden.

5. Die Roulade aus dem Bräter nehmen und warm stellen.

6. Die Sauce kurz aufkochen lassen. Crème fraîche einrühren und evtl. nochmals mit den Gewürzen abschmecken.

7. Das Küchengarn von der Roulade entfernen. Die Roulade in Scheiben schneiden und mit der Sauce servieren.

Beilage: Gnocchi und Brokkoli, nach Belieben mit gehobeltem Parmesan bestreut.

Tipp: Hinweise zum Niedertemperaturgaren finden Sie im Ratgeberteil auf S. 277.

Kalbsrouladen mit Salbeisauce I

Raffiniert – mit Alkohol

4 Portionen

Pro Portion:

E: 52 g, F: 34 g, Kh: 74 g, kJ: 3631, kcal: 867

etwa 20	frische Salbeiblätter
4	Kalbsrouladen (je etwa 100 g)
	Salz
	frisch gemahlener Pfeffer
4 Scheiben	Knochenschinken
4 Scheiben	Butterkäse
4 EL	Speiseöl, z. B. Olivenöl
180 ml	trockener Sherry
100 g	Schlagsahne

4 l	Wasser
400 g	Spätzle
4 gestr. TL	Salz

½ Kopf	Lollo bionda
8 große	Erdbeeren
1–2 EL	Weißweinessig
½ gestr. TL	Salz
1 Prise	Zucker
1 EL	Olivenöl

Außerdem:

Holzstäbchen

Zubereitungszeit: 50 Minuten

1. Den Backofen bei Ober-/Unterhitze auf 80 °C vorheizen. Einen großen, feuerfesten Teller oder eine Auflaufform mit niedrigem Rand auf mittlerer Einschubleiste auf dem Rost miterwärmen.

2. Die Salbeiblätter abspülen und trocken tupfen. 8 Salbeiblätter fein schneiden und beiseitelegen. Die Kalbsrouladen mit Küchenpapier trocken tupfen, von beiden Seiten mit Salz und Pfeffer bestreuen.

3. Kalbsrouladen mit je 1 Scheibe Schinken, Käse und 3 Salbeiblättern belegen. Die Kalbsrouladen von der schmalen Seite her fest aufrollen und mit Holzstäbchen feststecken.

4. Öl in einer Pfanne erhitzen. Die Kalbsrouladen darin von allen Seiten etwa 4 Minuten gut anbraten. Dann die Kalbsrouladen auf dem vorgewärmten Teller oder der Auflaufform in den vorgeheizten Backofen schieben und etwa 30 Minuten garen.

5. In der Zwischenzeit Sherry in den Bratensatz einrühren, zum Kochen bringen und etwas einkochen lassen. Sahne einrühren. Sauce mit Salz, Pfeffer und beiseitegelegtem Salbei abschmecken.

6. Wasser in einem großen Topf zum Kochen bringen. Spätzle und Salz hinzufügen, die Spätzle nach Packungsanleitung zubereiten. Dann die Spätzle in ein Sieb geben, mit warmen Wasser abspülen, abtropfen lassen und warm stellen.

7. Vom Salat die äußeren welken Blätter entfernen. Salat waschen, trocken schleudern und in mundgerechte Stücke zupfen. Erdbeeren abspülen, abtropfen lassen, entstielen und in Scheiben schneiden.

8. Essig mit Salz, Zucker und Pfeffer verrühren, Öl unterschlagen. Dressing mit den Salatblättern vermengen. Den Salat auf Tellern anrichten. Jeweils einige Erdbeerscheiben auf den Salat geben und diese mit Pfeffer bestreuen.

9. Kalbsrouladen in Scheiben schneiden, mit Sauce, Spätzle und Salat servieren.

Tipp: Hinweise zum Niedertemperaturgaren finden Sie im Ratgeberteil auf S. 277.

Kalbsrücken mit Kräuterkruste I

Etwas teurer – dauert länger

8 Portionen

Pro Portion:
E: 46 g, F: 27 g, Kh: 10 g, kJ: 1948, kcal: 466

> 1,6 kg **Kalbsrücken ohne Knochen**
> **Salz, frisch gemahlener Pfeffer**
> 2 EL **Butterschmalz**
>
> 2 kg **weißer Spargel**
> 60 g **Butter**
> **Zucker**

Für die Kräuterkruste:

> 1 Bund **glatte Petersilie**
> 6 Stängel **Thymian**
> 1 Bund **Kerbel**
> 1 Bund **Schnittlauch**
> 80 g **weiche Butter**
> 2 **Eigelb (Größe M)**
> 50 g **Semmelbrösel**
> **frisch gemahlene Muskatnuss**

Zubereitungszeit: 45 Minuten
Garzeit: etwa 3 Stunden

1. Den Backofen bei Ober-/Unterhitze auf 95 °C vorheizen. Den Kalbsrücken trocken tupfen, mit Salz und Pfeffer würzen.

2. Butterschmalz in einem Bräter erhitzen. Den Kalbsrücken darin von allen Seiten gut anbraten. Den Bräter auf dem Rost im unteren Drittel in den vorgeheizten Backofen schieben. Den Kalbsrücken etwa 3 Stunden garen.

3. Etwa 40 Minuten vor dem Ende der Garzeit Spargel von oben nach unten schälen. Darauf achten, dass die Schalen vollständig entfernt, die Köpfe aber nicht verletzt werden. Die unteren Enden abschneiden, holzige Stellen vollständig entfernen. Spargel abspülen, abtropfen lassen und schräg in Stücke schneiden.

4. Für die Kräuterkruste die Kräuter abspülen und trocken tupfen. Einige Kerbelstängel beiseitelegen.

Restliche Kräuterblättchen von den Stängeln zupfen und hacken. Schnittlauch in feine Röllchen schneiden.

5. Die Butter in einer Rührschüssel mit Handrührgerät mit Rührbesen schaumig schlagen. Eigelb nach und nach unterrühren. Kräuter und Semmelbrösel hinzufügen und unterarbeiten. Mit Salz, Pfeffer und Muskat würzen.

6. Für den Spargel die Butter in einer Pfanne zerlassen. Spargelstücke in die Pfanne geben, mit etwas Salz und Zucker bestreuen und 5–8 Minuten bei schwacher Hitze darin braten, gelegentlich umrühren.

7. Den Kalbsrücken aus dem Bräter nehmen und auf eine hitzebeständige Platte legen. Die Kräutermasse auf den Kalbsrücken streichen und auf dem Rost in den Backofen schieben. Den Kalbsrücken unter dem vorgeheizten Backofengrill (etwa 240 °C) so lange grillen, bis die Kruste goldbraun ist.

8. Den Spargel in den Bräter geben und unter den Bratensatz rühren. Von den beiseitegelegten Kerbelstängeln die Blättchen abzupfen. Den Kalbsrücken aufschneiden, auf den Spargel legen und mit Kerbelblättchen bestreuen.

Beilage: Schwarzbrot.

Tipps: Für die Kräuterkruste können auch andere frische Kräuter verwendet werden. Hinweise zum Niedertemperaturgaren finden Sie im Ratgeberteil auf S. 277.

Kalbsrücken, mit Mett gefüllt I

Raffiniert – dauert länger
8 Portionen

Pro Portion:
E: 58 g, F: 28 g, Kh: 4 g, kJ: 2088, kcal: 499

1,8 kg	**Kalbsrücken ohne Knochen**
350 g	**Schweinemett**
120 g	**Schalotten**
200 g	**Fenchel**
60 g	**geriebener Parmesan-Käse**
1 Glas	**Pesto Genovese (etwa 90 g)**
5 EL	**Olivenöl**
	Salz
	frisch gemahlener Pfeffer
1 EL	**Tomatenmark**
500 ml (½ l)	**Kalbsfond**
1	**Bio-Zitrone**
	(unbehandelt, ungewachst)
1 EL	**Speisestärke**

Außerdem:

Alufolie
Küchengarn

Zubereitungszeit: 40 Minuten
Garzeit: etwa 4 Stunden

1. Den Backofen bei Ober-/Unterhitze auf 95 °C vorheizen. Den Kalbsrücken trocken tupfen. Den Kalbsrücken längs an der schmalen Seite mit einem Messer etwa zwei Drittel tief einschneiden, sodass eine Tasche entsteht.

2. Das Schweinemett in eine Schüssel geben. Die Schalotten abziehen. Fenchel putzen, abspülen und abtropfen lassen. Etwas Fenchelgrün zum Garnieren beiseitelegen. Schalotten und Fenchel in feine Würfel schneiden. Etwa die Hälfte der Schalotten- und der Fenchelwürfel mit dem Parmesan-Käse zum Schweinemett geben. Knapp die Hälfte vom Pesto hinzufügen. Das Ganze gut vermengen und die eingeschnittene Tasche im Kalbsrücken damit füllen.

3. Die Mettfüllung mit einem mehrfach gefalteten Streifen Alufolie zudecken. Den Kalbsrücken mit

Küchengarn verschnüren, sodass die Füllung nicht herausfallen kann.

4. Olivenöl in einem Bräter erhitzen. Den Kalbsrücken mit Salz und Pfeffer bestreuen und von allen Seiten darin etwa 10 Minuten anbraten. Restliche Schalotten- und Fenchelwürfel hinzufügen und kurz mit anbraten. Tomatenmark unterrühren. Kalbsfond hinzugießen. Zitrone heiß abwaschen, abtrocknen, halbieren und mit in den Bräter geben.

5. Den Bräter auf dem Rost im unteren Drittel in den vorgeheizten Backofen schieben. Den Kalbsrücken etwa 4 Stunden garen. Nach etwa 2 Stunden Garzeit den Kalbsrücken einmal wenden und das restliche Pesto auf den Kalbsrücken streichen.

6. Den Kalbsrücken aus dem Bräter nehmen und warm stellen. Zitrone herausnehmen. Die Speisestärke in etwas kaltem Wasser anrühren und in die Sauce einrühren. Die Sauce kurz aufkochen lassen, mit Salz und Pfeffer abschmecken. Küchengarn und Alufolie vom Kalbsrücken entfernen. Das Fleisch in Scheiben schneiden, mit Sauce und beiseitegelegtem Fenchelgrün garniert servieren.

Beilage: Breite Bandnudeln (Parpadelle).

Tipp: Hinweise zum Niedertemperaturgaren finden Sie im Ratgeberteil auf S. 277.

Kalbsrücken mit Pfifferlingen I

Etwas aufwendiger

6–8 Portionen

Pro Portion:
E: 59 g, F: 31 g, Kh: 21 g, kJ: 2530, kcal: 605

3	*Brötchen (Semmeln) vom Vortag (etwa 180 g)*
200 ml	*Kokosmilch*
2	*Eier (Größe M)*
80 g	*Parmaschinken, in Streifen*
je 1 EL	*gehackte Petersilien-, Basilikum- und Minzeblättchen*
1	*kleine, gewürfelte Chilischote*
	Salz, frisch gemahlener Pfeffer
1,6 kg	*Kalbsrücken ohne Knochen*
3 EL	*Speiseöl, z. B. Olivenöl*
1 EL	*Sesamöl*
200 ml	*Kalbsfond*
1 1/4 kg	*Pfifferlinge*
2	*Zwiebeln*
2	*Knoblauchzehen*
2 Stangen	*Zitronengras*
3 EL	*Speiseöl, z. B. Olivenöl*
1 EL	*Sesamöl*
1	*kleine, gewürfelte Chilischote*
100 g	*gewürfelter Parmaschinken*
200 ml	*Kokosmilch*
200 ml	*Kalbsfond*
100 ml	*Sweet Chickensauce*
1 EL	*Speisestärke*
	Küchengarn

Zubereitungszeit: 60 Minuten
Garzeit: etwa 4 Stunden

1. Den Backofen bei Ober-/Unterhitze auf 95 °C vorheizen. Die Brötchen in dünne Scheiben schneiden und in eine Schüssel geben. Kokosmilch, Eier, Schinkenstreifen, Kräuter und Chili verrühren. Die Mischung mit den Brötchenscheiben gut vermengen, mit Salz und Pfeffer abschmecken.

2. Kalbsrücken trocken tupfen und waagerecht mit einem Messer etwa zwei Drittel tief einschneiden, sodass eine Tasche entsteht (evtl. bereits vom Metzger einschneiden lassen). Die Tasche aufklappen, mit Salz und Pfeffer würzen. Die Brötchenmasse daraufgeben. Fleisch aufrollen und mit Küchengarn verschnüren.

3. Das Speise- und Sesamöl in einem großen Bräter erhitzen. Die Kalbfleischrolle von außen mit Salz und Pfeffer würzen, in dem Bräter etwa 10 Minuten von allen Seiten anbraten. Kalbsfond hinzugießen und kurz aufkochen lassen. Den Bräter auf dem Rost im unteren Drittel in den vorgeheizten Backofen schieben. Den Kalbsrücken etwa 4 Stunden garen.

4. Etwa 40 Minuten vor Ende der Garzeit Pfifferlinge putzen, evtl. kurz abspülen und auf Küchenpapier gut abtropfen lassen. Zwiebeln und Knoblauch abziehen und in kleine Würfel schneiden. Zitronengras von der äußeren Schale befreien. Stangen abspülen und abtropfen lassen, evtl. halbieren.

5. Das Speise- und Sesamöl in einer großen Pfanne erhitzen. Zwiebel- und Knoblauchwürfel darin anbraten. Pfifferlinge, Chilischotenwürfel und Zitronengras hinzufügen und unter gelegentlichem Rühren etwa 5 Minuten mitbraten lassen. Die Schinkenwürfel und Kokosmilch unterrühren, zum Kochen bringen und bei schwacher Hitze etwa 5 Minuten köcheln lassen.

6. Das Kalbfleisch aus dem Bräter nehmen und warm stellen. Kalbsfond und Chickensauce zum Bratensaft geben, unterrühren und zum Kochen bringen. Speisestärke mit etwas kaltem Wasser anrühren und in die Sauce rühren, unter Rühren kurz aufkochen lassen. Die Sauce mit Salz und Pfeffer abschmecken.

7. Küchengarn vom Kalbfleisch entfernen. Kalbfleisch in Scheiben schneiden. Zitronengras aus dem Pfifferlingsgemüse nehmen. Die Fleischscheiben auf den Pfifferlingen anrichten und mit der Sauce angießen. Dazu die restliche Sauce reichen.

Beilage: Sellerie-Ingwer-Salat und Basmatireis.

Tipp: Hinweise zum Niedertemperaturgaren finden Sie im Ratgeberteil auf S. 277.

Kalbsschnitzel mit Zitronenverbene | Etwas teurer

4 Portionen

Pro Portion:
E: 38 g, F: 23 g, Kh: 4 g, kJ: 1589, kcal: 379

12	*kleine Kalbsschnitzel (aus dem Filet, je etwa 60 g)*
	Salz
	frisch gemahlener Pfeffer
einige	
Stängel	*Zitronenverbene*
je 1	*Bio-Limette und Bio-Orange (unbehandelt, ungewachst)*
2 EL	*Olivenöl*
300 ml	*Kalbsfond oder -brühe*
60 g	*kalte Butter*

Zubereitungszeit: 40 Minuten

1. Kalbsschnitzel mit Küchenpapier trocken tupfen, mit Salz und Pfeffer würzen. Verbenenstängel abspülen, trocken tupfen und die Blättchen von den Stängeln zupfen. Einige Blättchen zum Garnieren beiseitelegen. Restliche Blättchen fein schneiden.

2. Limette und Orange heiß abwaschen, abtrocknen, mit der Schale zuerst in dicke Scheiben, dann in kleine Stücke schneiden.

3. Olivenöl in einer Pfanne erhitzen. Die Kalbsschnitzel darin von beiden Seiten scharf anbraten. Limetten-, Orangenstücke und Verbene hinzufügen, bei schwacher Hitze etwa 5 Minuten mitbraten lassen.

4. Kalbsschnitzel herausnehmen, auf einen vorgewärmten Teller legen und die Kalbsschnitzel zugedeckt warm stellen.

5. Den Bratensatz mit Fond oder Brühe ablöschen, mit Salz und Pfeffer würzen. Die Sauce etwa 5 Minuten einkochen lassen. Klein geschnittene Butter unterrühren. Die Sauce mit Salz und Pfeffer abschmecken.

6. Die Kalbsschnitzel mit der Sauce und den Zitrusfrüchten auf einer Platte anrichten, mit den beiseitegelegten Verbenenblättchen garnieren.

Beilage: Gnocchi.

Tipp: Statt Kalbsschnitzel können Sie auch Schweinefilet oder Hähnchenbrustfilet verwenden.

Kalbssteaks, scharf gewürzt I

Für Gäste
4 Portionen

Pro Portion:
E: 34 g, F: 15 g, Kh: 8 g, kJ: 1254, kcal: 300

4	*Kalbssteaks (je etwa 160 g)*
1 EL	*mittelscharfer Senf*
2 TL	*frisch gemahlener, grober,*
	bunter Pfeffer
1	*fein gehackte Peperoni*
40 g	*Weizenmehl*
4 EL	*Speiseöl, z. B. Rapsöl*
200 g	*bunte Paprikaschotenwürfel*
	Salz

Zubereitungszeit: 30 Minuten
Bratzeit: 6–8 Minuten

1. Kalbssteaks mit Küchenpapier trocken tupfen. Kalbssteaks mit Senf bestreichen, mit Pfeffer und Peperoni bestreuen und in Mehl wenden.

2. In der Zwischenzeit etwas von dem Speiseöl in einem Topf erhitzen. Paprikawürfel darin andünsten, mit Salz würzen und warm stellen.

3. Restliches Speiseöl in einer Pfanne erhitzen. Die Kalbssteaks darin von beiden Seiten 6–8 Minuten braten, herausnehmen und mit Salz würzen.

4. Kalbssteaks auf einem vorgewärmten Teller mit dem Paprikagemüse anrichten.

Kalbsvögel | Beliebt – mit Alkohol

4 Portionen

Pro Portion:

E: 59 g, F: 32 g, Kh: 5 g, kJ: 2405, kcal: 574

4	*hart gekochte Eier*
4	*Kalbsschnitzel*
	(je etwa 150 g)
	Salz
	frisch gemahlener Pfeffer
1 EL	*süßer Senf*
4 Scheiben	*Kochschinken*
4 Scheiben	*Schnittkäse*
40 g	*Margarine*
125 ml (⅛ l)	*Weißwein*
250 ml (¼ l)	*Fleischbrühe*
1 EL	*Speisestärke*
125 g	*saure Sahne*

Außerdem:

        Küchengarn

Zubereitungszeit: 30 Minuten
Garzeit: 30–40 Minuten

1. Eier pellen. Kalbsschnitzel mit Küchenpapier trocken tupfen, leicht klopfen, mit Salz und Pfeffer würzen und mit Senf bestreichen.

2. Auf jedes Kalbschnitzel je 1 Scheibe Schinken, 1 Scheibe Käse und 1 Ei legen. Die Schnitzel von der schmalen Seite her aufrollen, mit Küchengarn verschnüren.

3. Margarine in einem Bräter zerlassen. Die Kalbsvögel darin von allen Seiten gut anbraten. Den Weißwein und die Fleischbrühe hinzugießen, kurz aufkochen lassen und die Kalbsvögel zugedeckt 30–40 Minuten garen. Die Kalbsvögel aus dem Bräter nehmen und warm stellen.

4. Speisestärke mit etwas kaltem Wasser anrühren und mit der sauren Sahne in die Sauce einrühren. Zum Kochen bringen und etwa 5 Minuten köcheln lassen. Die Sauce mit Salz und Pfeffer abschmecken.

5. Das Küchengarn von den Kalbsvögeln entfernen. Die Kalbsvögel mit der Sauce servieren.

Beilage: Kartoffeln und Möhren-Sellerie-Gemüse.

Kaninchen | Mit Alkohol
4–6 Portionen

Pro Portion:
E: 51 g, F: 27 g, Kh: 5 g, kJ: 2026, kcal: 485

>1 *Kaninchen (etwa 1 ½ kg,*
>*in 5 Teile zerlegt,*
>*(siehe Tipp)*
>*Salz*
>*frisch gemahlener Pfeffer*

>1–2 Stängel *Rosmarin*
>200 g *Möhren*
>100 g *Knollensellerie*
>2 *Zwiebeln*
>150 g *Tomaten*
>4 EL *Olivenöl*
>125 ml (⅛ l) *Weißwein*
>250 ml (¼ l) *Hühner- oder Gemüsebrühe*
>75–150 g *Crème fraîche*

Zubereitungszeit: 20 Minuten
Garzeit: etwa 50 Minuten

1. Kaninchenteile unter fließendem kalten Wasser abspülen, trocken tupfen. Vom Rücken die Bauchlappen abschneiden und den Rücken enthäuten. Die Kaninchenteile mit Salz und Pfeffer würzen.

2. Rosmarin abspülen, trocken tupfen und die Nadeln von den Stängeln zupfen. Möhren und Sellerie putzen, schälen, abspülen, abtropfen lassen und in Stücke schneiden. Zwiebeln abziehen und würfeln.

3. Tomaten abspülen, abtropfen lassen, kreuzweise einschneiden, kurz in kochendes Wasser legen und in kaltem Wasser abschrecken. Tomaten enthäuten, halbieren, die Stängelansätze herausschneiden. Tomaten grob würfeln.

4. Das Öl in einem Bräter erhitzen. Die Kaninchenteile darin unter Wenden von allen Seiten anbraten. Kaninchenteile herausnehmen.

5. Das vorbereitete Gemüse und Rosmarin in den Topf geben und 2–3 Minuten andünsten.

6. Weißwein und Brühe zugießen. Alles zum Kochen bringen. Die Kaninchenteile hinzufügen und zugedeckt etwa 50 Minuten schmoren.

7. Die Fleischstücke herausnehmen, auf einer Platte anrichten und zugedeckt warm stellen. Die Sauce pürieren. Crème fraîche unterrühren. Die Sauce nochmals mit Salz und Pfeffer abschmecken und zu dem Kaninchen reichen.

Beilage: Bandnudeln oder Ciabatta und Brokkoli.

Tipp: Zerlegen von Kaninchen. Legen Sie das küchenfertig vorbereitete Kaninchen mit dem Rücken auf ein Küchenbrett. Schneiden Sie die Vorder- und Hinterläufe (Keulen) mit einem scharfen Messer im Schulter- oder Hüftgelenk ein und trennen Sie diese ab. Durchtrennen Sie dabei das Gelenk mit einem kräftigen Druck nach unten. Trennen Sie die Bauchlappen entlang des Rückens mit einem scharfen Messer oder einer Küchenschere ab.

Kaninchen mit Oliven und Tomaten | Für Gäste – mit Alkohol

8 Portionen

Pro Portion:
E: 49 g, F: 21 g, Kh: 6 g, kJ: 2071, kcal: 495

1	küchenfertiges Kaninchen (etwa 1 ½ kg)
4	Kaninchenkeulen (je etwa 200 g)
	Salz
	frisch gemahlener Pfeffer
1–2 EL	Weizenmehl
6 EL	Olivenöl
4	Knoblauchzehen
einige	
Stängel	Rosmarin
1 l	Weißwein
1 Bund	Frühlingszwiebeln
400 g	Cocktailtomaten
je etwa 25 g	entsteinte, schwarze und grüne Oliven

Zubereitungszeit: 60 Minuten
Garzeit: etwa 60 Minuten

1. Das Kaninchen in Portionsstücke zerteilen. Kaninchenteile unter fließendem kalten Wasser abspülen und trocken tupfen. Vom Rücken die Bauchlappen abschneiden und den Rücken enthäuten. Die Kaninchenteile mit Salz und Pfeffer würzen und mit Mehl bestäuben.

2. Den Backofen vorheizen.
Ober-/Unterhitze: etwa 200 °C
Heißluft: etwa 180 °C

3. Das Olivenöl in einem großen Bräter erhitzen. Die Kaninchenteile portionsweise von allen Seiten darin anbraten.

4. Knoblauch abziehen und fein hacken. Rosmarin abspülen und trocken tupfen. Einige Nadeln abzupfen und beiseitelegen. Knoblauch und Rosmarinstängel zu den Kaninchenteilen geben. Weißwein hinzugießen.

5. Den Bräter zugedeckt auf dem Rost im unteren Drittel in den vorgeheizten Backofen schieben. Die Kaninchenteile etwa 45 Minuten garen.

6. In der Zwischenzeit die Frühlingszwiebeln putzen, abspülen, abtropfen lassen und in etwa 5 cm lange Stücke schneiden. Tomaten abspülen und abtrocknen, evtl. die Stängelansätze herausschneiden.

7. Frühlingszwiebelstücke, Tomaten und abgetropfte Oliven zu den Kaninchenteilen in den Bräter geben. Das Ganze weitere etwa 15 Minuten garen.

8. Das Kaninchen mit dem Gemüse vor dem Servieren vorsichtig umrühren und nochmals mit Salz und Pfeffer würzen.

Beilage: Kleine, gebratene Rosmarinkartoffeln.

Tipps: Statt der Cocktailtomaten können 1 kg in Scheiben geschnittene Gemüsezwiebeln mitgeschmort werden. Gut schmeckt das Gericht auch mit Hähnchenschenkeln. Man rechnet 1 Hähnchenschenkel pro Person.

Kaninchen nach Bauernart I

Für Kinder

4–6 Portionen

Pro Portion:

E: 50 g, F: 18 g, Kh: 5 g, kJ: 1621, kcal: 388

1	*küchenfertiges Kaninchen*
	(etwa 1 ½ kg)
	Salz
	frisch gemahlener Pfeffer
3 EL	*Sonnenblumenöl*
2	*Knoblauchzehen*
1	*Lorbeerblatt*
2 TL	*gerebelter Thymian*
250 ml (¼ l)	*Fleischbrühe*
1	*dicke Möhre*
100 g	*Staudensellerie*
6	*Frühlingszwiebeln*
1–2 EL	*Tomatenmark*
einige	
Stängel	*Thymian*

Zubereitungszeit: 30 Minuten

Garzeit: etwa 60 Minuten

1. Das Kaninchen in Portionsstücke zerteilen. Kaninchenteile unter fließendem kalten Wasser abspülen und trocken tupfen. Vom Rücken die Bauchlappen abschneiden und den Rücken enthäuten. Die Kaninchenteile mit Salz und Pfeffer würzen.

2. Öl in einem Bräter erhitzen. Kaninchenstücke von allen Seiten darin anbraten. Knoblauch abziehen, mit Lorbeerblatt und Thymian in den Bräter geben. Etwa die Hälfte der Fleischbrühe hinzugießen und zugedeckt etwa 40 Minuten schmoren. Nach und nach die restliche Brühe hinzugießen.

3. In der Zwischenzeit die Möhren putzen, schälen, abspülen, abtropfen lassen und in etwa 1 cm große Würfel schneiden. Staudensellerie putzen und die harten Außenfäden abziehen. Frühlingszwiebeln putzen. Sellerie und Frühlingszwiebeln abspülen, abtropfen lassen und in dünne Ringe schneiden.

4. Das Gemüse mit in den Bräter geben. Tomatenmark unterrühren. Das Ganze zugedeckt weitere etwa 20 Minuten schmoren.

5. Thymian abspülen, trocken tupfen und die Blättchen von den Stängeln zupfen. Das Kaninchen nach Bauernart mit Salz, Pfeffer, Zucker und Tomatenmark abschmecken. Mit Thymianblättchen bestreut servieren.

Beilage: Rosenkohl und Röstkartoffeln.

Kasseler auf Gemüsestreifen I

Einfach

4 Portionen

Pro Portion:
E: 35 g, F: 21 g, Kh: 13 g, kJ: 1601, kcal: 382

1 Bund	*Möhren*
2	*mittelgroße Fenchelknollen*
2 EL	*Olivenöl*
je 1 TL	*gerebelter Thymian und Rosmarin*
	frisch gemahlener Pfeffer
	Salz
750 g	*Kasseler Kotelettstück*
	ohne Knochen (Lummer-
	oder Stielkotelett)
150 ml	*Wasser*

Zubereitungszeit: 20 Minuten
Garzeit: etwa 35 Minuten

1. Den Backofen vorheizen.
Ober-/Unterhitze: etwa 200 °C
Heißluft: etwa 180 °C

2. Möhren schälen, putzen, abspülen und abtropfen lassen. Von den Fenchelknollen die Stiele dicht oberhalb der Knollen abschneiden. Braune Stellen und Blätter entfernen. Die Knollen abspülen, abtropfen lassen und halbieren. Möhren und Fenchel in Streifen schneiden.

3. Öl in einem Bräter erhitzen. Möhren- und Fenchelstreifen unter Rühren etwa 5 Minuten darin dünsten, mit Thymian, Rosmarin, Pfeffer und Salz würzen.

4. Kasseler mit Küchenpapier trocken tupfen und auf die Möhren- und Fenchelstreifen legen. Das Wasser hinzugießen. Den Bräter zugedeckt im unteren Drittel auf dem Rost in den vorgeheizten Backofen schieben. Das Kasseler etwa 35 Minuten garen.

5. Kasseler einige Minuten ruhen lassen, dann aus der Form nehmen und in Scheiben schneiden. Möhren- und Fenchelgemüse nochmals mit Salz und Pfeffer abschmecken. Kasselerscheiben darauf anrichten und sofort servieren.

Beilage: Salzkartoffeln.

Kasseler „Italienische Art" I

Gut vorzubereiten

4–5 Portionen

Pro Portion:
E: 33 g, F: 31 g, Kh: 10 g, kJ: 1884, kcal: 450

	1 mittelgroße Gemüsezwiebel
	2 Knoblauchzehen
	4 mittelgroße Fleischtomaten (ersatzweise 1 Dose Pizza-Tomaten, Einwaage 400 g)
einige	
Stängel	Rosmarin, Salbei und Thymian
750 g	Kasseler Kotelett ohne Knochen
1 EL	Butterschmalz
1	Lorbeerblatt
	Salz
	frisch gemahlener Pfeffer

Für den Basilikum-Dip:

150 g Crème fraîche
100 g saure Sahne
1 Bund Basilikum

Zubereitungszeit: 20 Minuten
Garzeit: etwa 40 Minuten

1. Zwiebel und Knoblauch abziehen. Zwiebel halbieren. Zwiebelhälften und 1 Knoblauchzehe in Würfel schneiden. Die Tomaten abspülen, abtropfen lassen, kreuzweise einschneiden, kurz in kochendes Wasser legen und mit kaltem Wasser abschrecken. Tomaten enthäuten, halbieren, entkernen und die Stängelansätze herausschneiden. Tomaten in Würfel schneiden. Kräuter abspülen und trocken tupfen.

2. Kasseler mit Küchenpapier trocken tupfen. Butterschmalz in einem Schmortopf erhitzen. Das Kasseler darin von allen Seiten leicht braun anbraten. Kräuter, Lorbeerblatt, Zwiebel- und Knoblauchwürfel hinzugeben, unter Wenden mit anbraten und mit 200 ml Wasser ablöschen.

3. Tomatenwürfel oder Tomaten aus der Dose hinzugeben, mit etwas Salz und Pfeffer würzen. Kasseler zugedeckt etwa 40 Minuten bei mittlerer Hitze garen, dabei gelegentlich wenden.

4. Für den Dip Crème fraîche und saure Sahne glatt rühren. Die restliche Knoblauchzehe durch eine Knoblauchpresse drücken und unterrühren.

5. Das Basilikum abspülen und trocken tupfen. Die Blättchen von den Stängeln zupfen. Blättchen in feine Streifen schneiden, unter den Dip rühren. Den Dip mit Salz und Pfeffer abschmecken.

6. Das Kasseler aus dem Schmortopf nehmen und zugedeckt warm stellen. Tomaten-Zwiebel-Gemüse bei starker Hitze kräftig einkochen und mit Salz und Pfeffer abschmecken.

7. Das Kasseler in Scheiben schneiden, auf einer vorgewärmten Platte anrichten, mit dem Tomaten-Zwiebel-Gemüse und Basilikum-Dip servieren.

Beilage: Kartoffel-Wedges, Polenta oder Ciabatta.

Tipp: Ein Sommer-Sonntagsessen, bei dem Sie das Fleisch und Schmorgemüse warm oder kalt servieren können. Das ist auch prima, falls Reste bleiben.

Kasseler Koteletts **|** Schnell – einfach

4 Portionen

Pro Portion:
E: 29 g, F: 16 g, Kh: 3 g, kJ: 1142, kcal: 272

> 4 *Kasseler Koteletts*
> *(je etwa 200 g)*
> 1 EL *mittelscharfer Senf*
> *frisch gemahlener Pfeffer*
> 2 EL *Olivenöl*
>
> 1 *Zwiebel*
> 3 EL *Orangensaft*

Zubereitungszeit: 15 Minuten

1. Kasseler Koteletts mit Küchenpapier trocken tupfen, mit Senf einstreichen und mit Pfeffer bestreuen. Das Öl in einer Pfanne erhitzen. Die Koteletts darin von beiden Seiten etwa 5 Minuten braten.

2. In der Zwischenzeit Zwiebel abziehen, reiben und mit Orangensaft verrühren. Die Koteletts nach der Hälfte der Garzeit mit der Hälfte der Zwiebel-Orangen-Mischung bestreichen. Die Koteletts wenden und mit der restlichen Mischung bestreichen.

Beilage: Bratkartoffeln und Möhrengemüse.

Kasseler mit Kräuter-Pesto I

Dauert länger – raffiniert

6 Portionen

Pro Portion:
E: 42 g, F: 45 g, Kh: 4 g, kJ: 2457, kcal: 586

> 1 ¼ kg **Kasseler-Kotelett ohne Knochen**
> **frisch gemahlener Pfeffer**
> 2 EL **Speiseöl, z. B. Olivenöl**

Für das Pesto:
> 50 g **Pinienkerne**
> 60 g **getrocknete Tomaten in Öl**
> 1 Bund **Petersilie**
> 1 Topf **Basilikum**
> 1 Bund **Schnittlauch**
> 2 **Knoblauchzehen**
> 60 g **Parmesan-Käse**
> 100 ml **Olivenöl**
> **Salz**
> **Paprikapulver edelsüß**

Zubereitungszeit: 20 Minuten
Garzeit: etwa 3 Stunden

1. Den Backofen bei Ober-/Unterhitze auf 80 °C vorheizen. Einen großen, feuerfesten Teller oder eine Auflaufform mit niedrigem Rand auf mittlerer Einschubleiste auf dem Rost miterwärmen.

2. Kasseler mit Küchenpapier trocken tupfen und mit Pfeffer bestreuen. Öl in einer Pfanne erhitzen. Das Fleisch darin von allen Seiten etwa 8 Minuten gut anbraten. Dann das angebratene Fleisch auf dem vorgewärmten Teller oder in der Auflaufform in den vorgeheizten Backofen schieben. Kasseler etwa 3 Stunden garen.

3. Etwa 30 Minuten vor dem Ende der Garzeit für das Pesto Pinienkerne in einer Pfanne ohne Fett rösten und etwas abkühlen lassen. Tomaten in einem Sieb abtropfen lassen und in kleine Würfel schneiden.

4. Kräuter abspülen und trocken tupfen. Einige Basilikumblättchen zum Garnieren beiseitelegen. Restliche Kräuter grob hacken. Knoblauch abziehen und fein würfeln. Käse reiben.

5. Vorbereitete Zutaten mit Käse und Öl pürieren (evtl. in 2 Portionen), mit Salz, Pfeffer und Paprika abschmecken.

6. Das Kasseler aus dem Backofen nehmen und in Scheiben schneiden. Mit Pesto und beiseitegelegten Basilikumblättchen garniert servieren.

Tipps: Das Kasseler schmeckt auch kalt sehr gut. Sie können es bereits am Vortag zubereiten und kalt mit dem Pesto servieren. Hinweise zum Niedertemperaturgaren finden Sie im Ratgeberteil auf S. 277.

Kasseler mit Pinkel und Grünkohl | Deftig – klassisch

4 Portionen

Pro Portion:
E: 43 g, F: 46 g, Kh: 22 g, kJ: 2823, kcal: 673

1 ½ kg	*Grünkohl*
	Salz
2	*mittelgroße Zwiebeln*
50 g	*Schweineschmalz*
500 g	*Kasseler Rippenspeer*
200 g	*durchwachsener Speck*
375 ml (³/₈ l)	*Wasser*
4	*geräucherte Grützwürste*
	(Pinkel, je etwa 80 g)
	frisch gemahlener Pfeffer
	geriebene Muskatnuss
1 Prise	*Zucker*

Zubereitungszeit: 40 Minuten
Garzeit: etwa 80 Minuten

1. Von dem Grünkohl schlechte Blätter und Rippen entfernen. Grünkohl gründlich waschen und abtropfen lassen. Salzwasser in einem Topf zum Kochen bringen und den Grünkohl hineingeben. Grünkohl zum Kochen bringen, 1–2 Minuten kochen, dann in einem Sieb abtropfen und etwas erkalten lassen.

2. In der Zwischenzeit Zwiebeln abziehen und würfeln. Schmalz in einem großen Topf zerlassen. Die Zwiebelwürfel darin glasig dünsten. Grünkohl grob hacken und hinzufügen.

3. Das Kasseler mit Küchenpapier trocken tupfen. Die Knochen auslösen. Das Fleisch mit dem Knochen zum Grünkohl geben.

4. Speck und Wasser hinzufügen, zum Kochen bringen und zugedeckt etwa 60 Minuten garen. Dabei gelegentlich umrühren.

5. Den Knochen herausnehmen. Die Grützwürste zu dem Grünkohl geben und etwa 20 Minuten mitgaren. Den Grünkohl mit Salz, Pfeffer, Muskat und Zucker abschmecken.

6. Fleisch und Speck in Scheiben schneiden, mit Würsten und Grünkohl auf einer Platte anrichten.

Beilage: Salz- oder Bratkartoffeln.

Kasseler mit Sauerkraut I

Beliebt – mit Alkohol

6 Portionen

Pro Portion:

E: 32 g, F: 14 g, Kh: 12 g, kJ: 1360, kcal: 325

Für das Fleisch:

1 kg	*Kasseler Nacken ohne Knochen*
1	*mittelgroße Zwiebel*
1 Bund	*Suppengrün (Möhre, Sellerie,*
	Porree)
1	*kleines Lorbeerblatt*
125 ml (⅛ l)	*heißes Wasser*
evtl. etwas	*Saucenbinder*
	Salz
	frisch gemahlener Pfeffer

Für das Sauerkraut:

2	*Äpfel*
1	*Lorbeerblatt*
4	*Wacholderbeeren*
1 TL	*Kümmelsamen*
1 TL	*Pfefferkörner*
500 g	*frisches Sauerkraut*
125 ml (⅛ l)	*Weißwein*
125 ml (⅛ l)	*Wasser*
1	*mittelgroße Kartoffel*
	Zucker

Zubereitungszeit: 40 Minuten
Garzeit: etwa 50 Minuten

1. Den Backofen vorheizen.
Ober-/Unterhitze: 200–220 °C
Heißluft: 180–200 °C

2. Kasseler trocken tupfen und die Fettschicht gitterförmig einschneiden. Zwiebel abziehen. Suppengrün putzen, abspülen, abtropfen lassen. Das Gemüse fein würfeln.

3. Das Fleisch mit der Fettschicht nach oben in einen mit Wasser ausgespülten Bräter legen. Gemüse und Lorbeerblatt dazugeben. Den Bräter auf dem Rost in den vorgeheizten Backofen schieben. Kasseler etwa 50 Minuten garen.

4. Die verdampfte Flüssigkeit nach und nach durch heißes Wasser ersetzen. Das Fleisch ab und zu mit dem Bratensatz begießen.

5. In der Zwischenzeit für das Sauerkraut die Äpfel schälen, vierteln, entkernen und die Äpfel raspeln. Gewürze in einen Papier-Teebeutel oder Kaffeefilter geben und ihn zubinden. Sauerkraut mit Apfelraspeln, Gewürzsäckchen, Wein und Wasser in einen Topf geben, zugedeckt etwa 30 Minuten köcheln lassen.

6. Die Kartoffel schälen, abspülen, fein reiben und nach der Hälfte der Garzeit unter das Sauerkraut rühren, damit es sämig wird. Das Gewürzsäckchen entfernen und das Sauerkraut mit Salz und Pfeffer abschmecken.

7. Das gare Fleisch etwa 10 Minuten ruhen lassen, dann in Scheiben schneiden und warm halten.

8. Für die Sauce den Bratensatz mit etwas Wasser aufkochen, mit dem Gemüse durch ein Sieb passieren und auf der Kochstelle zum Kochen bringen. Die Flüssigkeit evtl. mit Saucenbinder binden und nochmals kurz aufkochen lassen. Die Sauce mit Salz und Pfeffer abschmecken. Fleisch mit Sauce und Sauerkraut servieren.

Beilage: Kartoffelpüree.

Kasseler-Ananas-Pfanne I

Für die Party
10–12 Portionen

Pro Portion:
E: 36 g, F: 43 g, Kh: 19 g, kJ: 2576, kcal: 615

etwa 2 kg	*Kasseler ohne Knochen*
	(Nacken- oder Kotelettstück)
2 Dosen	*Ananasscheiben*
	(Abtropfgewicht je 340 g)
5–6	*getrocknete Tomaten*
75 g	*Butter*
400 g	*Sahne-Schmelzkäse*
400 g	*Schlagsahne*
evtl.	*frisch gemahlener Pfeffer*

Zubereitungszeit: 35 Minuten, ohne Durchziehzeit
Garzeit: etwa 1 ½ Stunden

1. Kasseler mit Küchenpapier trocken tupfen und in etwa 1 cm dicke Scheiben schneiden. Ananasscheiben in einem Sieb abtropfen lassen.

2. Kasselerscheiben abwechselnd mit den Ananasscheiben und mit je 1 halbierten, getrockneten Tomate hintereinander in eine große Auflaufform (gefettet) schichten.

3. Die Butter in einem Topf zerlassen. Schmelzkäse und Sahne hinzugeben, mit einem Schneebesen unter Rühren bei mittlerer Hitze zum Kochen bringen.

4. Käse-Sahne-Sauce auf den Fleisch- und Ananasscheiben verteilen. Die Form zugedeckt 3–4 Stunden in den Kühlschrank stellen.

5. Den Backofen vorheizen.
Ober-/Unterhitze: etwa 200 °C
Heißluft: etwa 180 °C

6. Die Form auf dem Rost im unteren Drittel in den vorgeheizten Backofen schieben. Die Kasseler-Ananas-Pfanne etwa 1 ½ Stunden garen. Die Käse-Sahne-Sauce nach Belieben mit Pfeffer abschmecken.

Beilage: Spätzle und ein bunter Blattsalat.

Kasselerbraten
mit Chutneykruste | Mit Alkohol
4–6 Portionen

Pro Portion:
E: 31 g, F: 24 g, Kh: 28 g, kJ: 2009, kcal: 479

800 g	*Kasseler Kotelett ohne Knochen*
1	*säuerlicher Apfel*
1	*Zwiebel*
2 EL	*Olivenöl*
200 ml	*Cidre (Apfelwein)*
100 ml	*trockener Rotwein*
1	*Chilischote*
1	*Zwiebel*
50 g	*Walnusskernhälften*
2 Scheiben	*Toastbrot*
1 Glas	*Mango-Chutney (etwa 230 g)*

Zubereitungszeit: 30 Minuten
Garzeit: etwa 3 ½ Stunden

1. Den Backofen bei Ober-/Unterhitze auf 80 °C vorheizen. Kasseler mit Küchenpapier trocken tupfen, evtl. vorhandenes Fett abschneiden.

2. Den Apfel vierteln, schälen und entkernen. Apfelviertel in Würfel schneiden. Zwiebel abziehen und fein würfeln.

3. Olivenöl in einem Bräter mit flachem Rand erhitzen. Das Kasseler darin etwa 10 Minuten von allen Seiten gut anbraten.

4. Apfel- und Zwiebelwürfel hinzufügen, kurz mitbraten. Cidre und Rotwein unterrühren und aufkochen lassen.

5. Chilischote halbieren, entstielen, entkernen, abspülen, abtropfen lassen und in kleine Stücke schneiden. Die Zwiebel abziehen, halbieren und in feine Würfel schneiden. Walnusskerne grob hacken. Toastscheiben in kleine Stücke schneiden.

6. Mango-Chutney mit Chilistücken, Zwiebelwürfeln, gehackten Walnusskernen und Toaststücken vermi-

schen. Dann die Masse auf die Kasseleroberfläche streichen.

7. Den Bräter auf dem Rost im unteren Drittel in den vorgeheizten Backofen schieben. Das Kasseler etwa 3 ½ Stunden garen.

Tipps: Braten mit Mischbrot servieren. Hinweise zum Niedertemperaturgaren finden Sie im Ratgeberteil auf S. 277.

Kohlrouladen I Beliebt

3–4 Portionen

Pro Portion:
E: 32 g, F: 37 g, Kh: 14 g, kJ: 2141, kcal: 511

<table>
<tr><td></td><td>1 großer Weißkohl</td></tr>
</table>

	1 *großer Weißkohl*
	Wasser
1 TL	*Salz*
1	*Brötchen (Semmel) vom Vortag*
1	*mittelgroße Zwiebel*
1	*Ei (Größe M)*
1 TL	*mittelscharfer Senf*
500 g	*Gehacktes (halb Rind-,*
	halb Schweinefleisch)
	Salz, frisch gemahlener Pfeffer
4 EL	*Speiseöl, z. B. Rapsöl*
250 ml (¼ l)	*Gemüsebrühe*
1–2 TL	*Weizenmehl*
2 EL	*kaltes Wasser*
	Küchengarn oder
	Rouladennadeln

Zubereitungszeit: 40 Minuten
Garzeit: etwa 45 Minuten

1. Den Strunk aus dem Kohl herausschneiden. Wasser mit Salz in einem großen Topf zum Kochen bringen. Kohlkopf 1–2 Minuten in das kochende Salzwasser legen, bis sich die äußeren Blätter lösen lassen. 1–2 Blätter ablösen und den Vorgang wiederholen, bis etwa 12 große Blätter gelöst sind. Die Blattrippen flach schneiden.

2. Für die Füllung Brötchen in kaltem Wasser einweichen und gut ausdrücken. Zwiebel abziehen und würfeln. Beide Zutaten mit Ei, Senf und Gehacktem vermengen, mit Salz und Pfeffer würzen.

3. Je 2–3 Kohlblätter leicht versetzt übereinanderlegen. Jeweils auf das untere Drittel etwas von der Füllung geben. Blätter aufrollen. Die Kohlrouladen mit Küchengarn zusammenbinden oder mit Rouladennadeln zusammenhalten.

4. Speiseöl in einem großen, flachen Topf erhitzen. Die Kohlrouladen von allen Seiten kräftig darin anbraten. Brühe hinzugießen. Die Kohlrouladen zugedeckt etwa 45 Minuten schmoren lassen, dabei ab und zu wenden.

5. Wenn die Kohlrouladen gar sind, sie aus der Brühe nehmen. Die Fäden oder Rouladennadeln entfernen. Kohlrouladen warm stellen.

6. Das Weizenmehl mit kaltem Wasser anrühren und unter Rühren in die kochende Sauce gießen. Dann die Sauce etwa 5 Minuten kochen lassen, mit etwas Salz abschmecken.

Königsberger Klopse | Klassisch
4 Portionen

Pro Portion:
E: 29 g, F: 30 g, Kh: 16 g, kJ: 1893, kcal: 452

1	*Brötchen (Semmel) vom Vortag*
1	*Zwiebel*
500 g	*Gehacktes (halb Rind-,*
	halb Schweinefleisch)
1	*Ei oder Eiweiß (Größe S)*
2 TL	*mittelscharfer Senf*
	Salz, frisch gemahlener Pfeffer
750 ml (¾ l)	*Gemüsebrühe*

Für die Sauce:

30 g	*Butter oder Margarine*
30 g	*Weizenmehl*
500 ml (½ l)	*Kochbrühe von den Klopsen*
1	*Eigelb (Größe S)*
2 EL	*Milch*
1 kleines	
	Glas Kapern (Abtropfgewicht 20 g)
etwas	*Zucker*
	Zitronensaft
evtl. etwas	*Dill*

Zubereitungszeit: 25 Minuten
Garzeit: etwa 25 Minuten

1. Brötchen in kaltem Wasser einweichen. Zwiebel abziehen und fein würfeln. Gehacktes mit dem gut ausgedrückten Brötchen, Zwiebelwürfeln, dem Ei oder Eiweiß und Senf vermengen. Die Masse mit Salz und Pfeffer würzen.

2. Die Gemüsebrühe in einem Topf zum Kochen bringen und aus der Masse mit angefeuchteten Händen 8–10 Klopse formen. Klopse in die kochende Gemüsebrühe geben, wieder zum Kochen bringen, evtl. abschäumen und zugedeckt bei schwacher Hitze etwa 15 Minuten gar ziehen lassen (das Wasser muss sich leicht bewegen).

3. Die Klopse mit einem Schaumlöffel aus der Brühe nehmen. Die Brühe durch ein Sieb gießen und 500 ml (½ l) davon für die Sauce abmessen.

4. Für die Sauce Butter oder Margarine in einem Topf zerlassen. Mehl unter Rühren so lange darin erhitzen, bis es hellgelb ist. Abgemessene Brühe hinzugießen und mit einem Schneebesen durchschlagen. Dabei darauf achten, dass keine Klümpchen entstehen. Die Sauce zum Kochen bringen und bei schwacher Hitze etwa 5 Minuten ohne Deckel leicht kochen lassen, dabei gelegentlich umrühren.

5. Eigelb mit Milch verschlagen und langsam in die Sauce einrühren (abziehen). Die Sauce aber nicht mehr kochen lassen. Kapern abtropfen lassen und hinzufügen. Die Sauce mit Salz, Pfeffer, Zucker und Zitronensaft abschmecken.

6. Die Klopse in die Sauce geben und etwa 5 Minuten bei schwacher Hitze darin ziehen lassen. Königsberger Klopse nach Belieben mit Dill bestreut servieren.

Tipps: Dazu Salzkartoffeln und eingelegte Rote Bete aus dem Glas servieren. Saucenliebhaber sollten die 1 ½-fache Saucenmenge zubereiten. Sie können die Klopse in der Kochbrühe einfrieren. Die Sauce dann nach dem Auftauen frisch zubereiten.

Koteletts aus dem Backofen I

Raffiniert

10–12 Portionen

Pro Portion:
E: 44 g, F: 20 g, Kh: 7 g, kJ: 1631, kcal: 390

2–2 ½ kg	**Schweinenacken ohne Knochen**
	Salz, frisch gemahlener Pfeffer
2	**Gemüsezwiebeln**
1	**Knoblauchzehe**
½ Bund	**frischer oder**
	1 TL gerebelter Thymian
2 große	
Dosen	**geschälte Tomaten (je 800 g)**
1 Glas	**feurige Taco-Sauce**
	(Einwaage 225 g)
2	**Lorbeerblätter**
einige	
Stängel	**Thymian und Petersilie**

Zubereitungszeit: 15 Minuten
Garzeit: 2–2 ½ Stunden

1. Den Backofen vorheizen.
Ober-/Unterhitze: etwa 200 °C
Heißluft: etwa 180 °C

2. Schweinenacken mit Küchenpapier trocken tupfen und in 10–12 gleich große Scheiben schneiden, evtl. etwas flach klopfen. Fleischscheiben mit Salz und Pfeffer kräftig würzen.

3. Zwiebeln und Knoblauch abziehen. Die Zwiebeln zuerst in Scheiben schneiden, dann in Ringe teilen. Knoblauch in Scheiben schneiden.

4. Thymian abspülen und trocken tupfen. Die Blättchen von den Stängeln zupfen. Den Thymian mit den Tomaten (Tomaten evtl. in der Dose zerkleinern) und der Taco-Sauce verrühren. Lorbeerblätter grob zerreiben und unterrühren. Die Tomatensauce mit Salz und Pfeffer würzen.

5. Die Fleischscheiben abwechselnd mit Zwiebelringen, Knoblauchscheiben und Tomatensauce in einen großen Bräter schichten. Die letzte Schicht sollte aus Zwiebelringen und Tomatensauce bestehen.

6. Den Bräter auf dem Rost im unteren Drittel in den vorgeheizten Backofen schieben. Anschließend die Koteletts 2–2 ½ Stunden garen.

7. Die Kräuter abspülen und trocken tupfen. Die Koteletts aus dem Backofen nehmen und mit den Kräutern garniert servieren.

Beilage: Röstkartoffeln, Baguette oder Fladenbrot.

Tipps: Statt der Taco-Sauce aus dem Glas können Sie auch Curryketchup (dann wird die Sauce etwas lieblicher, weniger scharf) oder Paprika-Zubereitungen aus Glas bzw. Dose verwenden, z. B. Letscho (ungarisches Paprikagemüse) oder Ajvar (orientalische Paprika-Gemüse-Mischung). Zusätzlich schmecken auch Champignons oder Pfifferlinge (frisch oder aus der Dose), die mit eingeschichtet werden.

Kräuterfilet, mit Frischkäse gefüllt | Für Gäste

6 Portionen

Pro Portion:
E: 32 g, F: 11 g, Kh: 2 g, kJ: 997, kcal: 238

2 *Schweinefilets (je etwa 400 g)*

Für die Füllung:

4	*Schalotten*
je ½ Bund	*Petersilie, Estragon und Schnittlauch*
150 g	*Kräuter-Frischkäse*
2 EL	*Kräutersenf*
	Salz
	frisch gemahlener Pfeffer
3 EL	*Olivenöl*

Außerdem:

Holzstäbchen oder Küchengarn

Zubereitungszeit: 20 Minuten
Garzeit: etwa 20 Minuten

1. Den Backofen vorheizen.
Ober-/Unterhitze: etwa 180 °C
Heißluft: etwa 160 °C

2. Schweinefilets mit Küchenpapier trocken tupfen. In jedes Filets längs eine Tasche einschneiden, sodass die Filets auseinandergedrückt werden können.

3. Schalotten abziehen und in kleine Würfel schneiden. Kräuter abspülen und trocken tupfen. Die Blättchen von den Stängeln zupfen und klein schneiden. Schnittlauch in Röllchen schneiden.

4. Frischkäse mit Senf verrühren, Schalottenwürfel und Kräuter unterrühren. Frischkäsemasse mit Salz und Pfeffer würzen. Die Filets auseinanderdrücken und mit der Masse füllen. Die Filets mit Holzstäbchen feststecken oder mit Küchengarn zusammenbinden.

5. Olivenöl in einer ofenfesten Pfanne erhitzen. Die gefüllten Filets darin von allen Seiten anbraten. Die Pfanne auf dem Rost auf mittlerer Einschubleiste in den vorgeheizten Backofen schieben. Die Filets etwa 20 Minuten garen.

Krustenbraten | Deftig – mit Alkohol

6 Portionen

Pro Portion:
E: 47 g, F: 17 g, Kh: 9 g, kJ: 1682, kcal: 402

1 ¼ kg	*Schweinekeule mit Schwarte*
	Salz
3	*Zwiebeln*
1 Bund	*Suppengrün (Möhre, Sellerie,*
	Porree)
20 g	*Butterschmalz oder Margarine*
500 ml (½ l)	*Bier*
	frisch gemahlener Pfeffer
1 TL	*gemahlener Kümmel*
6	*Gewürznelken*
evtl. etwas	*Fleischbrühe*
1 EL	*Speisestärke*

Zubereitungszeit: 35 Minuten
Garzeit: etwa 1 ½ Stunden

1. Reichlich Wasser in einem breiten Topf zum Kochen bringen. Salz (auf 1 l Wasser 1 Teelöffel Salz) und Fleisch hinzufügen. Die Schweinekeule darin bei schwacher Hitze etwa 45 Minuten köcheln lassen.

2. Den Backofen vorheizen.
Ober-/Unterhitze: etwa 200 °C
Heißluft: etwa 180 °C

3. In der Zwischenzeit Zwiebeln abziehen und vierteln. Suppengrün putzen, abspülen, abtropfen lassen und in Stücke schneiden. Butterschmalz oder Margarine in einem Bräter erhitzen. Das Gemüse darin anbraten. Dann die Hälfte des Biers dazugießen.

4. Fleisch aus dem Wasser nehmen, abtropfen lassen. Die Schwarte rautenförmig etwa 1 cm tief einschneiden. Das Fleisch mit Salz, Pfeffer und Kümmel bestreuen. Nelken in die Kreuzungspunkte der Einschnitte stecken.

5. Fleisch auf das Gemüse in den Bräter legen. Den Bräter auf dem Rost im unteren Drittel in den vorgeheizten Backofen schieben. Den Krustenbraten etwa 45 Minuten garen.

6. Gelegentlich etwas Bier über das Fleisch gießen. Etwa 10 Minuten vor dem Ende der Garzeit das Fleisch mit Bier bestreichen und fertig garen. Sollte die Flüssigkeit nicht ausreichen, etwas Brühe dazugießen.

7. Das Fleisch herausnehmen und zugedeckt etwas ruhen lassen. Bratensatz durch ein Sieb geben und zum Kochen bringen. Speisestärke mit etwas Wasser anrühren und unterrühren. Sauce etwa 5 Minuten kochen, dabei gelegentlich umrühren, mit Salz und Pfeffer abschmecken.

Beilage: Wirsinggemüse und Kartoffelklöße.

Krustenbraten in Altbiersauce I

Mit Alkohol – dauert länger

6 Portionen

Pro Portion:
E: 55 g, F: 31 g, Kh: 17 g, kJ: 2415, kcal: 578

1 ¼ kg	*Schweinekrustenbraten (aus der Keule)*
180 g	*Zwiebeln*
200 g	*Möhren*
120 g	*Knollensellerie*
4 EL	*Speiseöl, z. B. Rapsöl*
	Salz
	frisch gemahlener Pfeffer
1 TL	*gemahlener Kümmel*
1 EL	*Tomatenmark*
2 EL	*mittelscharfer Senf*
200 ml	*Altbier*
300 ml	*Fleischbrühe*
1 ¼ kg	*Spitzkohl*
60 g	*Butter*
80 g	*gewürfelter Schinkenspeck*
100 g	*Lebkuchen ohne Schokolade oder Pumpernickel*

Zubereitungszeit: 45 Minuten
Garzeit: etwa 5 Stunden

1. Den Backofen bei Ober-/Unterhitze auf 95 °C vorheizen. Das Schweinefleisch mit Küchenpapier trocken tupfen.

2. Zwiebeln abziehen und fein würfeln. Möhren und Sellerie putzen, schälen, abspülen, abtropfen lassen und in etwa 1 cm große Würfel schneiden.

3. Das Öl in einem Bräter erhitzen. Das Schweinefleisch mit Salz, Pfeffer und Kümmel würzen, in dem Bräter von allen Seiten etwa 10 Minuten anbraten.

4. Zwiebelwürfel hinzufügen und kurz mit anbraten. Dann Sellerie- und Möhrenwürfel in den Bräter geben, unterrühren und ebenfalls kurz anbraten. Tomatenmark und Senf unterrühren.

5. Altbier und Fleischbrühe hinzugießen, unterrühren und kurz aufkochen lassen. Den Bräter auf dem Rost im unteren Drittel in den vorgeheizten Backofen schieben. Den Krustenbraten etwa 5 Stunden garen, dabei 1–2-mal wenden.

6. Etwa 30 Minuten vor dem Ende der Garzeit den Spitzkohl putzen, die äußeren Blätter entfernen. Den Kohl vierteln und den Strunk herausschneiden. Spitzkohl abspülen, abtropfen lassen und in dünne Streifen schneiden.

7. Butter in einem Topf zerlassen. Die Schinkenwürfel darin kurz andünsten. Die Kohlstreifen hinzufügen und unter gelegentlichem Rühren etwa 5 Minuten garen. Das Kohlgemüse mit Salz und Pfeffer abschmecken.

8. Den Krustenbraten aus dem Bräter nehmen und auf eine hitzebeständige Platte legen. Diese auf dem Rost in den Backofen schieben. Die Schwarte unter dem vorgeheizten Backofengrill (etwa 240 °C) 5–10 Minuten knusprig grillen.

9. Lebkuchen oder Pumpernickel etwas zerkrümeln und in die Sauce einrühren. Die Sauce kurz aufkochen lassen, nochmals mit Salz und Pfeffer abschmecken. Den Krustenbraten in Scheiben schneiden, mit Sauce und Spitzkohlgemüse servieren.

Beilage: Semmelknödel.

Tipp: Hinweise zum Niedertemperaturgaren finden Sie im Ratgeberteil auf S. 277.

Lammfilet mit Artischocken-Bohnen-Gemüse | Etwas teurer

4 Portionen

Pro Portion:
E: 41 g, F: 14 g, Kh: 8 g, kJ: 1382, kcal: 329

650 g	*Lammfilet*
	Salz
	frisch gemahlener Pfeffer
3 EL	*Speiseöl, z. B. Rapsöl*
500 g	*grüne Bohnen*
1 gestr. TL	*Salz*
4	*Tomaten*
1	*Zwiebel*
2	*Knoblauchzehen*
1 Dose	*Artischockenherzen*
	(Abtropfgewicht 240 g)
70 g	*gewürfelter roher Schinken*
1–2 Stängel	*Rosmarin*
1–2 Stängel	*Thymian*

Zubereitungszeit: 60 Minuten

1. Den Backofen bei Ober-/Unterhitze auf 80 °C vorheizen. Einen großen, feuerfesten Teller oder eine Auflaufform mit niedrigem Rand auf dem Rost auf mittlerer Einschubleiste miterwärmen.

2. Lammfilet mit Küchenpapier trocken tupfen, mit Salz und Pfeffer bestreuen.

3. Öl in einer Pfanne erhitzen. Lammfilet darin von allen Seiten etwa 5 Minuten gut anbraten. Dann das Lammfilet auf dem vorgewärmten Teller oder in der Auflaufform in den vorgeheizten Backofen schieben. Das Filet etwa 40 Minuten garen. Pfanne mit dem Bratensatz beiseitestellen.

4. In der Zwischenzeit von den Bohnen die Enden abschneiden, die Bohnen evtl. abfädeln, abspülen, abtropfen lassen und in etwa 3 cm lange Stücke schneiden. Das Wasser mit Salz in einem Topf zum Kochen bringen. Die Bohnenstücke hinzufügen und

etwa 10 Minuten kochen lassen. Bohnen in ein Sieb geben, mit kaltem Wasser abschrecken und abtropfen lassen.

5. Tomaten abspülen, abtropfen lassen, kreuzweise einschneiden, kurz in kochendes Wasser legen und in kaltem Wasser abschrecken. Tomaten enthäuten und halbieren. Stängelansätze herausschneiden. Tomaten in größere Würfel schneiden. Zwiebel und Knoblauch abziehen, fein würfeln. Artischockenherzen in einem Sieb abtropfen lassen und vierteln.

6. Beiseitegestellte Pfanne mit dem Bratensatz erhitzen. Die Zwiebel-, Knoblauch- und Schinkenwürfel darin andünsten. Tomatenwürfel und Bohnenstücke hinzufügen, etwa 5 Minuten schmoren lassen. Dann die Artischockenviertel unter das Gemüse rühren und miterwärmen.

7. Kräuterstängel abspülen und trocken tupfen. Die Blättchen bzw. die Nadeln von den Stängeln zupfen. Das Gemüse mit Salz, Pfeffer, Thymian und Rosmarin abschmecken.

Beilage: Salzkartoffeln.

Tipp: Hinweise zum Niedertemperaturgaren finden Sie im Ratgeberteil auf S. 277.

Lammfilet mit Spitzkohl und Kartoffeln | Raffiniert

4 Portionen

Pro Portion:
E: 37 g, F: 23 g, Kh: 31 g, kJ: 2048, kcal: 488

700 g	festkochende Kartoffeln
1 TL	Salz
800–1000 g	Spitzkohl
200 g	Schlagsahne
	Salz
	frisch gemahlener Pfeffer
	frisch geriebene Muskatnuss
600 g	Lammfilet (Lammlachs)
1 TL	gerebelter Thymian
3 EL	Speiseöl, z. B. Rapsöl
2 Stängel	Thymian

Zubereitungszeit: 40 Minuten, ohne Ruhezeit

1. Kartoffeln schälen, abspülen, abtropfen lassen und knapp mit Wasser bedeckt in einem Topf zum Kochen bringen. Salz hinzugeben. Kartoffeln in etwa 20 Minuten gar kochen, anschließend abgießen.

2. In der Zwischenzeit vom Spitzkohl die äußeren welken Blätter entfernen. Den Spitzkohl vierteln und den Strunk herausschneiden. Spitzkohl in feine Streifen schneiden, abspülen und gut abtropfen lassen.

3. Spitzkohlstreifen mit Sahne in einen Topf geben. Den Spitzkohl etwa 6 Minuten dünsten, mit Salz, Pfeffer und Muskat würzen.

4. Lammfilet mit Küchenpapier trocken tupfen, mit Pfeffer und Thymian bestreuen. Das Speiseöl in einer Pfanne erhitzen. Das Lammfilet darin von beiden Seiten 10–12 Minuten braten. Lammfilet mit Salz bestreuen, in Alufolie wickeln und kurz ruhen lassen.

5. Thymian abspülen, trocken tupfen und die Blättchen von den Stängeln zupfen.

6. Lammfilet aus der Folie wickeln und in Scheiben schneiden. Filetscheiben mit Spitzkohl und Kartoffeln anrichten, mit Thymian bestreut servieren.

Tipp: Sie können die Spitzkohlstreifen auch mit 1 abgezogenen, gewürfelten Zwiebel in 1 Esslöffel Butter andünsten, die Sahne zugeben und zu Ende garen.

Lammfilets am Spieß | Mit Alkohol

4 Portionen

Pro Portion:
E: 34 g, F: 11 g, Kh: 3 g, kJ: 1152, kcal: 275

8	*Lammfilets (je etwa 80 g)*
1 Bund	*Thymian*
200 ml	*trockener Rotwein, z. B. Merlot*
4	*kleine Zucchini (etwa 400 g)*
2 EL	*Olivenöl*
200 ml	*Gemüsebrühe oder Lammfond*
	Salz
	frisch gemahlener Pfeffer
	Knoblauchpulver
evtl. 1 EL	*brauner Saucenbinder*

Außerdem:

8 *Holzspieße*

Zubereitungszeit: 40 Minuten, ohne Marinierzeit

1. Die Lammfilets mit Küchenpapier trocken tupfen. Lammfilets längs auf Holzspieße stecken und in eine längliche Schale legen.

2. Den Thymian abspülen und trocken tupfen. Einige Stängel zum Garnieren beiseitelegen. Von den restlichen Stängeln die Blättchen abzupfen. Rotwein mit den Thymianblättchen verrühren. Die Lammspieße damit übergießen und 10–15 Minuten marinieren.

3. Zucchini abspülen, abtrocknen und die Enden abschneiden. Zucchini längs halbieren und in Scheiben schneiden.

4. Olivenöl in einer Pfanne erhitzen. Die Lammspieße darin von allen Seiten etwa 5 Minuten braten. Anschließend Zucchinischeiben hinzugeben und etwa 10 Minuten unter mehrmaligem Wenden mitbraten lassen. Die Lammspieße aus der Pfanne nehmen und warm stellen.

5. Die Zucchinischeiben mit der Rotweinmarinade und Brühe oder Fond ablöschen, mit Salz, Pfeffer und Knoblauch würzen. Zucchinischeiben nach Belieben mit Saucenbinder andicken.

6. Die warm gestellten Lammspieße auf das Zucchinigemüse legen und mit Thymian garniert servieren.

Beilage: Gebratene Gnocchi oder Herzoginkartoffeln.

Lammfilets mit Gemüse I

Etwas teurer
4 Portionen

Pro Portion:
E: 33 g, F: 36 g, Kh: 8 g, kJ: 2043, kcal: 491

4	*Lammfilets*
	(Lammlachse, je 150 g)
	Salz
	frisch gemahlener Pfeffer
2–3 EL	*Olivenöl*
1	*Zwiebel*
1	*rote Paprikaschote (200 g)*
1	*Zucchini (200 g)*
12	*schwarze Oliven, entsteint*
½ EL	*fein gehackter,*
	frischer Thymian
100 ml	*Fleischbrühe*
150 ml	*Remoulade*
einige	
Stängel	*vorbereiteter Thymian*

Zubereitungszeit: 30 Minuten
Garzeit: etwa 40 Minuten

1. Den Backofen bei Ober-/Unterhitze auf 80 °C vorheizen. Einen großen, feuerfesten Teller oder eine Auflaufform mit niedrigem Rand auf dem Rost auf mittlerer Einschubleiste miterwärmen.

2. Lammfilets mit Küchenpapier trocken tupfen, mit Salz und Pfeffer würzen. Das Olivenöl in einer Pfanne erhitzen. Lammfilets darin von allen Seiten etwa 5 Minuten anbraten. Die Filets auf dem Teller oder in der Auflaufform in den vorgeheizten Backofen schieben. Filets etwa 40 Minuten garen. Die Pfanne mit dem Bratensatz beiseitestellen.

3. In der Zwischenzeit Zwiebel abziehen und in kleine Würfel schneiden. Paprika halbieren, entstielen, entkernen und die weißen Scheidewände entfernen. Die Schote abspülen, abtropfen lassen und ebenfalls in kleine Würfel schneiden (1 Esslöffel Paprikawürfel beiseitelegen). Zucchini abspülen, abtrocknen und die Enden abschneiden. Zucchini fein würfeln.

4. Die beiseitegestellte Pfanne mit dem Bratensatz erhitzen. Vorbereitete Gemüsewürfel darin andünsten. Die Hälfte der Oliven vierteln, restliche Oliven klein hacken und beiseitelegen. Olivenviertel und Thymian zu den Gemüsewürfeln geben, Brühe hinzugießen. Das Gemüse etwa 5 Minuten dünsten, mit Salz und Pfeffer abschmecken.

5. Remoulade mit den beiseitegelegten Olivenstücken und Paprikawürfeln vermengen.

6. Die Filets mit dem Gemüse und der Remoulade anrichten, mit Thymianstängeln garniert servieren.

Beilage: Röst- oder Bratkartoffeln und gemischter Blattsalat.

Tipps: Wenn Sie Knoblauch mögen, dünsten Sie 1–2 abgezogene, gewürfelte Knoblauchzehen mit dem Gemüse.
Hinweise zum Niedertemperaturgaren finden Sie im Ratgeberteil auf S. 277.

Lammfilets,
über Minze gedämpft I
Zubereitung im Bambusdämpfer (Ø etwa 26 cm)
2 Portionen

Pro Portion:
E: 39 g, F: 27 g, Kh: 7 g, kJ: 1800, kcal: 429

200 g	Brechbohnen
200 g	Stangenbohnen
2	Bio-Limetten
	(unbehandelt, ungewachst)
1 Topf	Minze
etwa 350 g	Lammfilet
2	Knoblauchzehen
	Salz, frisch gemahlener Pfeffer
1 EL	Butter

Zubereitungszeit: 30 Minuten
Dämpfzeit: etwa 25 Minuten

1. Von den Bohnen die Enden abschneiden und die Bohnen evtl. abfädeln. Bohnen abspülen, abtropfen lassen und schräg in 3–4 cm lange Stücke schneiden. Die Bohnen gleichmäßig verteilt in einen Dämpfeinsatz (dünn mit Speiseöl bestrichen) legen.

2. Die Limetten heiß abwaschen, abtrocknen und die Schale mit einem Sparschäler dünn schälen. Limettenschale klein schneiden. Die Minze abspülen und trocken tupfen. Von 5 Minzestängeln die Blättchen von den Stängeln zupfen. Blättchen klein schneiden.

3. Eine große Pfanne oder einen Wok etwa 3 cm hoch mit Wasser füllen. Restliche Minzestängel hinzufügen. Das Wasser zum Kochen bringen. Den Dämpfeinsatz mit den Bohnen in die Pfanne oder den Wok stellen, mit dem Deckel verschließen. Bohnen etwa 15 Minuten dämpfen.

4. Die Lammfilets mit Küchenpapier trocken tupfen. Knoblauch abziehen und fein hacken, mit Limettenschale und geschnittenen Minzeblättern vermischen. Die Mischung mit Salz und Pfeffer würzen, auf einen großen, flachen Teller geben. Die Lammfilets darin wenden.

5. Die Lammfilets in den zweiten Dämpfeinsatz (dünn mit Speiseöl bestrichen) legen. Den Einsatz vorsichtig auf den Dämpfeinsatz mit den Bohnen stellen und mit dem Deckel verschließen. Danach die Lammfilets 8–10 Minuten dämpfen (je nach Dicke der Filets).

6. Butter in einem kleinen Topf zerlassen. Die Bohnen darin schenken und mit Salz und Pfeffer gut würzen. Lammfilets in schräge Stücke schneiden. Bohnen auf vorgewärmten Tellern verteilen. Die Lammfilets darauf anrichten und sofort servieren.

Beilage: Knoblauchbrot.

Lammhackbraten auf dem Gemüsebett I

Raffiniert
6 Portionen

Pro Portion:
E: 40 g, F: 30 g, Kh: 13 g, kJ: 2017, kcal: 481

4 Scheiben	Toastbrot (etwa 100 g)
100 g	Schafkäse
2–3	Knoblauchzehen
1 kg	Lammgehacktes
3	Eier (Größe M)
	Salz
	frisch gemahlener Pfeffer

Für das Gemüsebett:

etwa 250 g	Frühlingszwiebeln
3	Tomaten (etwa 300 g)
1 Glas	grüne, mit Paprika gefüllte Oliven (Abtropfgewicht 140 g)
1–2	Knoblauchzehen

Zubereitungszeit: 35 Minuten
Garzeit: 90–100 Minuten

1. Die Toastbrotscheiben in kaltem Wasser einweichen. Schafkäse in kleine Würfel schneiden. Knoblauch abziehen und durch eine Knoblauchpresse drücken oder in kleine Würfel schneiden. Eingeweichte Brotscheiben gut ausdrücken.

2. Lammgehacktes in eine Schüssel geben. Käsewürfel, Knoblauch, Brotscheiben und Eier hinzugeben und gut unterarbeiten. Die Masse mit Salz und Pfeffer würzen. Die Fleischmasse halbieren und mit angefeuchteten Händen jeweils einen ovalen Laib formen.

3. Für das Gemüsebett Frühlingszwiebeln putzen, abspülen, abtropfen lassen und in kleine Stücke schneiden. Tomaten abspülen, trocken tupfen, vierteln und entkernen. Tomaten ebenfalls in kleine Stücke schneiden. Oliven in einem Sieb abtropfen lassen. Knoblauch abziehen und in kleine Würfel schneiden.

4. Die Gemüsezutaten in einer Schüssel mischen, mit Salz und Pfeffer würzen. Die Gemüsemischung in einen gewässerten Römertopf® (3-Liter-Inhalt) geben, dabei die Herstelleranleitung beachten. Die Fleischlaibe darauflegen.

5. Den Römertopf® mit dem Deckel verschließen und auf dem Rost im unteren Drittel in den kalten Backofen schieben.
Ober-/Unterhitze: etwa 220 °C
Heißluft: etwa 200 °C
Den Hackbraten 90–100 Minuten garen.

Tipps: Den Hackbraten zum Schluss evtl. kurz übergrillen. Zum Hackbraten Zaziki und warmes Baguette reichen.

Lammhackbraten mit Bohnen-Tomaten-Gemüse **| Raffiniert**

6 Portionen

Pro Portion:
E: 51 g, F: 39 g, Kh: 34 g, kJ: 2884, kcal: 687

220 g	Zwiebeln
3	Knoblauchzehen
50 g	getrocknete Tomaten
1 kg	Lammgehacktes
2	Eier (Größe M)
	Salz, frisch gemahlener Pfeffer
1 TL	gerebelter Thymian oder Rosmarin
½ TL	Chiliflocken
200 g	Schafkäse
2 EL	Olivenöl
2 Dosen	weiße Bohnen (Abtropfgewicht je 480 g)
400 g	passierte Tomaten
100 g	schwarze Oliven, ohne Stein
	2–3 Tomaten

Zubereitungszeit: 45 Minuten
Garzeit: 3½–4 Stunden

1. Den Backofen bei Ober-/Unterhitze auf 95 °C vorheizen. Zwiebeln und Knoblauch abziehen und fein würfeln. Tomaten in feine Streifen schneiden.

2. Gehacktes in eine Schüssel geben. Etwa die Hälfte der Zwiebel- und Knoblauchwürfel, Eier und Tomatenstreifen hinzufügen und alles gut vermengen.

3. Die Masse mit Salz, Pfeffer, Thymian oder Rosmarin und Chili würzen. Die Masse halbieren und jeweils zu einem länglichen Laib formen, längs je eine Vertiefung eindrücken. Den Schafkäse abtropfen lassen, in 3 gleich große, längliche Stücke schneiden. 2 der Käsestücke in je eine Vertiefung legen und mit der Hackmasse umschließen, sodass je ein 6–7 cm hoher Laib entsteht.

4. Den Bräter mit Olivenöl ausstreichen und erhitzen. Die Fleischlaibe darin nacheinander von allen Seiten je etwa 10 Minuten gut anbraten, dann aus dem Bräter nehmen. Restliche Zwiebel- und Knoblauchwürfel in den Bräter geben und kurz anbraten.

5. Bohnen abtropfen lassen und mit den passierten Tomaten in den Bräter geben. Oliven hinzufügen und unterrühren. Das Ganze kurz aufkochen lassen. Die Fleischlaibe auf das Gemüse im Bräter legen.

6. Den Bräter auf dem Rost im unteren Drittel in den vorgeheizten Backofen schieben. Den Lammhackbraten 3½–4 Stunden garen.

7. Tomaten abspülen, abtrocknen, halbieren und die Stängelansätze herausschneiden. Tomaten in Spalten schneiden. Den restlichen Schafkäse in kleine Stücke schneiden. Den Lammhackbraten in Scheiben schneiden, mit Sauce, Käsestückchen und Tomatenspalten servieren.

Beilage: Fladenbrot.

Tipps: Hinweise zum Niedertemperaturgaren finden Sie im Ratgeberteil auf S. 277.
Der Lammhackbraten sollte nach der Garzeit eine Kerntemperatur von etwa 80 °C erreicht haben.
Die Käsestückchen und die Tomatenspalten unter die Sauce rühren. Lammhackbraten mit Rosmarin garniert servieren.

Lammhaxen | Einfach – dauert länger

4 Portionen

Pro Portion:
E: 61 g, F: 17 g, Kh: 6 g, kJ: 1793, kcal: 429

4	**Lammhinterhaxen (je etwa 400 g)**
	Salz, frisch gemahlener Pfeffer
½ TL	**Pul Biber (geschrotete**
	Pfefferschoten)
3 EL	**Olivenöl**
2	**Zwiebeln**
4	**Knoblauchzehen**
400 g	**Zucchini**
4	**Tomaten**
1 EL	**gerebelter Rosmarin**
1 TL	**gerebelter Thymian**

Zubereitungszeit: 30 Minuten
Garzeit: etwa 5 ½ Stunden

1. Den Backofen bei Ober-/Unterhitze auf 80 °C vorheizen. Die Lammhaxen unter fließendem kalten Wasser abspülen, trocken tupfen, Fett und Sehnen abschneiden. Lammhaxen mit Salz, Pfeffer und Pul Biber bestreuen.

2. Öl in einem großen, flachen Bräter erhitzen. Die Haxen darin von allen Seiten etwa 8 Minuten gut anbraten. Den Bräter auf dem Rost im unteren Drittel in den vorgeheizten Backofen schieben. Die Lammhaxen etwa 5 ½ Stunden garen.

3. Etwa 2 Stunden vor dem Ende der Garzeit Zwiebeln und Knoblauchzehen abziehen und fein würfeln. Die Zucchini und Tomaten abspülen und abtropfen lassen.

4. Von der Zucchini die Enden abschneiden. Die Zucchini in etwa 1 cm große Würfel schneiden. Tomaten halbieren und die Stängelansätze herausschneiden. Tomaten würfeln.

5. Zwiebel-, Knoblauch-, Zucchini- und Tomatenwürfel mit in den Bräter geben. Gemüse mit Rosmarin und Thymian würzen. Den Bräter zurück in den Backofen schieben. Die Lammhaxen zu Ende garen.

6. Die Lammhaxen vom Knochen lösen und dann in Scheiben schneiden. Lammhaxenscheiben auf dem Zucchini-Tomaten-Gemüse servieren.

Tipp: Hinweise zum Niedertemperaturgaren finden Sie im Ratgeberteil auf S. 277.

Lammhaxen in Rotwein |

Mit Alkohol – deftig

4 Portionen

Pro Portion:
E: 61 g, F: 15 g, Kh: 12 g, kJ: 1906, kcal: 456

10	*dicke Möhren (etwa 650 g)*
etwa 250 g	*Frühlingszwiebeln*
einige	
Stängel	*Thymian*
	Salz
	frisch gemahlener Pfeffer
4	*Lammhaxen (je etwa 400 g)*
2 EL	*Olivenöl*
200 ml	*trockener Rotwein, z. B. Merlot*
200 ml	*Lammfond oder Gemüsebrühe*

Zubereitungszeit: 35 Minuten
Garzeit: etwa 1 1/2 Stunden

1. Die Möhren putzen, schälen, abspülen, abtropfen lassen und in Scheiben schneiden. Frühlingszwiebeln putzen, abpülen, abtropfen lassen und in etwa 3 cm lange Stücke schneiden. Den Thymian abspülen und trocken tupfen.

2. Die vorbereiteten Zutaten in einer Schüssel mischen. Gemüse mit Salz und Pfeffer würzen.

3. Lammhaxen unter fließendem kalten Wasser abspülen, trocken tupfen, mit Salz und Pfeffer würzen.

4. Olivenöl in einer großen Pfanne erhitzen. Lammhaxen darin von allen Seiten anbraten und herausnehmen. Den Bratensatz mit Wein und Fond oder Brühe ablöschen und aufkochen lassen.

5. Die Gemüsemischung in einen gewässerten Römertopf® (3-Liter-Inhalt) geben, dabei die Herstelleranleitung beachten. Die Lammhaxen darauf verteilen und mit der Bratenflüssigkeit übergießen.

6. Den Römertopf® mit dem Deckel verschließen und auf dem Rost im unteren Drittel in den kalten Backofen schieben.
Ober-/Unterhitze: 200–220 °C
Heißluft: 180–200 °C
Die Lammhaxen etwa 1 1/2 Stunden garen.

Tipps: Die Lammhaxen zum Schluss evtl. kurz übergrillen. Sie können 6 der Möhren durch etwa 400 g in Scheiben geschnittene Steckrüben ersetzen.

Lammkeule | Für Gäste
4–6 Portionen

Pro Portion:
E: 53 g, F: 20 g, Kh: 2 g, kJ: 1657, kcal: 395

1	*Lammkeule mit Knochen (etwa 1 1/2 kg)*
	Salz, frisch gemahlener Pfeffer
1–2	*Knoblauchzehen*
4 EL	*Speiseöl, z. B. Olivenöl*
1–2 TL	*gerebelte Kräuter der Provence*
375 ml (3/8 l)	*Gemüsebrühe (oder halb Rotwein, halb Gemüsebrühe)*
150 g	*Cocktailtomaten*
2	*gelbe Paprikaschoten*
1	*mittelgroße Zucchini*
4 Stängel	*Thymian*
2 EL	*Speiseöl, z. B. Olivenöl*
1 TL	*Zucker*
2 EL	*weißer Balsamico-Essig*

Zubereitungszeit: 25 Minuten
Garzeit: etwa 60 Minuten

1. Den Backofen vorheizen.
Ober-/Unterhitze: etwa 180 °C
Heißluft: etwa 160 °C

2. Lammkeule unter fließendem kalten Wasser abspülen, trocken tupfen, mit Salz und Pfeffer einreiben. Knoblauchzehen abziehen und durch die Knoblauchpresse drücken.

3. Öl in einem Bräter erhitzen. Die Lammkeule darin von allen Seiten kräftig anbraten. Die Keule mit dem Knoblauch bestreichen und mit den Kräutern bestreuen.

4. Ein Drittel der Gemüsebrühe oder Rotwein-Brühe-Mischung zugeben. Den Bräter ohne Deckel auf dem Rost im unteren Drittel in den vorgeheizten Backofen schieben. Die Lammkeule etwa 60 Minuten garen.

5. Verdampfte Flüssigkeit nach und nach durch die Brühe oder Rotwein-Brühe-Mischung ersetzen.

6. Inzwischen Cocktailtomaten abspülen, abtrocknen und halbieren. Paprikaschoten halbieren, entstielen, entkernen und die weißen Scheidewände entfernen. Schoten abspülen und abtropfen lassen. Zucchini abspülen, abtrocknen und die Enden abschneiden. Paprikaschoten und Zucchini in 1–2 cm große Würfel schneiden. Thymian abspülen und trocken tupfen. Die Blättchen von den Stängeln zupfen und hacken.

7. Die gegarte Lammkeule aus dem Bräter nehmen und zugedeckt etwa 10 Minuten ruhen lassen, damit sich der Fleischsaft setzt.

8. Öl in einer Pfanne erhitzen. Vorbereitetes Gemüse darin andünsten, mit Zucker, Salz und Pfeffer würzen. Thymian unterrühren. Gemüse mit Balsamico-Essig abschmecken.

9. Den Bratensatz durch ein Sieb streichen, mit Salz und Pfeffer abschmecken und mit dem Gemüse zu dem in Scheiben geschnittenen Fleisch servieren.

Beilage: Rosmarinkartoffeln

Lammkeule mit Minzsauce I

Raffiniert – dauert länger

6 Portionen

Pro Portion:
E: 44 g, F: 22 g, Kh: 11 g, kJ: 1783, kcal: 425

Für die Minzsauce:

500 ml (½ l)	Wasser
1 TL	Salz
1 EL	Zucker
4 Beutel	Pfefferminztee
250 ml (¼ l)	Kräuteressig

Für die Lammkeule:

1	Lammkeule ohne Knochen (etwa 1 ¼ kg)
3	Knoblauchzehen
	Salz
	Chilipulver
3–4 EL	Speiseöl, z. B. Olivenöl

Für die Bohnen:

1 kg	grüne Bohnen
	Wasser
2 TL	Salz
2	Zwiebeln
50 g	Butter
	frisch gemahlener Pfeffer
1 EL	Weizenmehl
2 EL	kaltes Wasser
2 EL	Minzeblätter, in Streifen geschnitten

Außerdem:

	Küchengarn

Zubereitungszeit: 45 Minuten
Garzeit: etwa 6 Stunden

1. Für die Minzsauce Wasser mit Salz und Zucker aufkochen. Pfefferminzteebeutel hinzufügen und den Tee nach Packungsanleitung ziehen lassen. Die Teebeutel herausnehmen. Essig unterrühren und etwas abkühlen lassen.

2. Den Backofen bei Ober-/Unterhitze auf 80 °C vorheizen. Von der Keule Fett und Sehnen entfernen. Keule unter fließendem kalten Wasser abspülen und mit Küchenpapier trocken tupfen. Den Knoblauch abziehen, fein würfeln und mit ½ Teelöffel Salz vermengen. Die Lammkeule damit innen einreiben. Keule mit Küchengarn zusammenbinden. Das Fleisch außen mit Salz und Chili einreiben.

3. Speiseöl in einem großen, flachen Bräter erhitzen. Das Fleisch darin etwa 10 Minuten von allen Seiten gut anbraten. Minzsauce hinzugießen, kurz aufkochen lassen. Den Bräter auf dem Rost im unteren Drittel in den vorgeheizten Backofen schieben. Die Keule etwa 6 Stunden garen.

4. Etwa 40 Minuten vor dem Ende der Garzeit die Bohnen zubereiten. Dafür von den Bohnen die Enden abschneiden, die Bohnen evtl. abfädeln, abspülen und abtropfen lassen.

5. Das Wasser mit Salz in einem Topf zum Kochen bringen. Die Bohnen hinzufügen und etwa 10 Minuten kochen lassen. Bohnen in ein Sieb geben, mit kaltem Wasser abschrecken und abtropfen lassen.

6. Zwiebeln abziehen, halbieren und in Würfel schneiden. Butter in einer großen Pfanne zerlassen. Die Zwiebelwürfel darin andünsten. Bohnen hinzufügen und kurz mitdünsten lassen. Bohnen mit Salz und Pfeffer abschmecken.

7. Die Lammkeule aus dem Backofen nehmen und warm stellen. Den Bratensud zum Kochen bringen. Mehl mit Wasser anrühren, in den Sud rühren und unter Rühren kurz aufkochen lassen. Die Sauce etwa 5 Minuten köcheln lassen, mit Salz und Pfeffer abschmecken. Minzeblätter unterrühren.

8. Die Lammkeule in Scheiben schneiden, mit Minzsauce und Bohnen servieren.

Beilage: Kartoffeln oder Safranreis, mit Chilipulver gewürzt.

Tipp: Hinweise zum Niedertemperaturgaren finden Sie im Ratgeberteil auf S. 277.

Lammkeule, mit Pecorino-Käse gefüllt I

Raffiniert – dauert länger

6 Portionen

Pro Portion:
E: 54 g, F: 24 g, Kh: 2 g, kJ: 1834, kcal: 438

1,4 kg	Lammkeule ohne Knochen
120 g	Pecorino-Käse
	Salz
	frisch gemahlener Pfeffer
200 g	Zwiebeln
3	Knoblauchzehen
4 EL	Olivenöl
1 TL	Tomatenmark
250 ml (¼ l)	Fleischbrühe

2–3 Stängel Minze

Außerdem:

Küchengarn

Zubereitungszeit: 30 Minuten
Garzeit: etwa 4 Stunden

1. Den Backofen bei Ober-/Unterhitze auf 95 °C vorheizen. Die Lammkeule unter fließendem kalten Wasser abspülen, trocken tupfen, Fett und Sehnen entfernen. Die Keule auf der Arbeitsfläche ausbreiten.

2. Pecorino in 2 Stücke schneiden. Die Lammkeule mit Salz und Pfeffer bestreuen und mit Käse belegen. Die Keule aufrollen und mit Küchengarn zusammenbinden, mit Salz und Pfeffer bestreuen.

3. Zwiebeln und Knoblauch abziehen und in Würfel schneiden. Das Olivenöl in einem Bräter erhitzen. Die Lammkeule darin etwa 10 Minuten von allen Seiten anbraten. Zwiebel- und Knoblauchwürfel hinzufügen und kurz mit anbraten. Das Tomatenmark unterrühren. Danach Fleischbrühe hinzugießen und kurz aufkochen lassen.

4. Den Bräter auf dem Rost im unteren Drittel in den vorgeheizten Backofen schieben. Die Lammkeule etwa 4 Stunden garen, dabei 2–3-mal wenden.

5. Die Minzestängel abspülen, trocken tupfen, einen Stängel kleiner zupfen und zum Garnieren beiseitelegen. Von den restlichen Stängeln die Blättchen abzupfen und fein hacken.

6. Die Lammkeule aus dem Bräter nehmen und in Scheiben schneiden, dabei das Küchengarn entfernen. Gehackte Minzeblättchen in die Sauce einrühren. Die Sauce evtl. nochmals mit Salz und Pfeffer abschmecken und mit Lammscheiben und beiseitegelegten Minzestängeln servieren.

Beilage: Buschbohnen-Zwiebel-Gemüse und selbstgemachtes Kartoffelpüree.

Tipp: Hinweise zum Niedertemperaturgaren finden Sie im Ratgeberteil auf S. 277.

Lammkeule mit Ratatouille und Rosmarinkartoffeln I

Dauert länger – mit Alkohol

6 Portionen

Pro Portion:
E: 66 g, F: 35 g, Kh: 42 g, kJ: 3230, kcal: 770

etwa 2 kg **Lammkeule**
3–4 EL **Speiseöl, z. B. Olivenöl**
Salz
frisch gemahlener Pfeffer
2 EL **Kräuter der Provence**
3 **Zwiebeln**
3 **Knoblauchzehen**
100 ml **trockener Wermut**
400 ml **Lammfond**

1,2 kg **kleine, festkochende Kartoffeln**
6 EL **Speiseöl, z. B. Olivenöl**
1 gestr. TL **Salz**

600 g **Zucchini**
350 g **Auberginen**
750 g **Tomaten**
1 **rote Paprikaschote**
3–4 EL **Speiseöl, z. B. Olivenöl**
1 EL **Tomatenmark**
Kräuter der Provence
1 TL **Rosmarinnadeln**

Zubereitungszeit: 30 Minuten
Garzeit: etwa 6½ Stunden

1. Den Backofengrill auf etwa 240 °C vorheizen. Von der Keule Fett und Sehnen entfernen. Lammkeule unter fließendem kalten Wasser abspülen, trocken tupfen, mit Öl einstreichen. Mit Salz, Pfeffer und Kräutern der Provence bestreuen und auf ein Backblech legen.

2. Das Backblech im unteren Drittel in den Backofen schieben. Die Lammkeule etwa 15 Minuten grillen, dabei die Lammkeule einmal wenden. Dann den Grill ausschalten und den Backofen auf Ober-/Unterhitze 80 °C einstellen. Dabei die Backofentür einen kleinen Spalt öffnen, bis der Backofen die 80 °C erreicht hat. Dann die Backofentür wieder schließen.

3. Zwiebeln und Knoblauch abziehen, fein würfeln. Die Hälfte davon zur Lammkeule geben. Lammkeule etwa 6½ Stunden garen. Nach etwa 2 Stunden Garzeit die Lammkeule wenden, den Wermut dazugießen. Nach weiteren etwa 2 Stunden die Keule wieder wenden und den Lammfond hinzugießen.

4. Etwa 60 Minuten vor dem Ende der Garzeit Kartoffeln waschen und abtropfen lassen. Speiseöl in einer großen Pfanne erhitzen. Die Kartoffeln darin zugedeckt bei mittlerer Hitze etwa 40 Minuten garen. Salz und evtl. etwas Wasser hinzugeben und die Kartoffeln gelegentlich umrühren.

5. Zucchini, Auberginen und Tomaten abspülen und abtrocknen. Von den Zucchini und den Auberginen die Enden abschneiden. Tomaten halbieren, Stängelansätze herausschneiden. Paprikaschote halbieren, entstielen, entkernen und die weißen Scheidewände entfernen. Schote abspülen und abtropfen lassen. Gemüse in Würfel schneiden.

6. Das Öl in einer großen Pfanne erhitzen. Zuerst die Zucchiniwürfel darin anbraten. Restliche Zwiebel- und Knoblauchwürfel, Auberginen-, Paprika- und Tomatenwürfel nach und nach hinzufügen und mitbraten. Tomatenmark hinzufügen. Gemüse etwa 20 Minuten schmoren lassen. Ratatouille mit Salz, Pfeffer und Kräutern der Provence abschmecken. Die Kartoffeln mit Salz und Rosmarinnadeln würzen.

Tipp: Hinweise zum Niedertemperaturgaren finden Sie im Ratgeberteil auf S. 277.

Lammkoteletts mit
Sauerampferrahm ▮

Raffiniert – für Gäste

4 Portionen

Pro Portion:
E: 26 g, F: 47 g, Kh: 4 g, kJ: 2296, kcal: 549

2	*Frühlingszwiebeln*
1 kleines	
Bund	
oder Topf	*Sauerampfer*
16	*Lammkoteletts mit Stiel*
	(je etwa 40 g)
	Salz
	frisch gemahlener Pfeffer
2 EL	*Olivenöl*
40 g	*Butter*
200 ml	*Fleischbrühe oder Lammfond*
200 g	*Schlagsahne*

evtl. einige **vorbereitete Sauerampferblätter**

Zubereitungszeit: 45 Minuten

1. Frühlingszwiebeln putzen, abspülen, abtropfen lassen und in Ringe schneiden. Sauerampfer abspülen und gut abtropfen lassen. Die Blätter von den Stängeln zupfen. Blätter in Streifen schneiden.

2. Lammkoteletts unter fließendem kalten Wasser abspülen, trocken tupfen, mit Salz und Pfeffer würzen. Olivenöl in einer Pfanne erhitzen. Lammkoteletts von beiden Seiten darin anbraten, herausnehmen und auf einen Teller legen. Im vorgeheizten Backofen bei Ober-/Unterhitze: etwa 80 °C warm halten.

3. Butter in dem verbliebenen Bratfett in der Pfanne zerlassen. Die Frühlingszwiebelringe darin andünsten. Sauerampferstreifen hinzufügen und mit andünsten. Brühe oder Fond hinzugießen, zum Kochen bringen und etwa um die Hälfte einkochen lassen.

4. Sahne unterrühren, wieder zum Kochen bringen und leicht cremig einkochen lassen. Den Rahm mit Salz und Pfeffer abschmecken, mit den Lammkoteletts anrichten. Evtl. mit Sauerampferblättern garnieren.

Beilage: Gebratene Schupfnudeln und frische Bohnenkerne mit Tomatenwürfeln.

Lammragout mit Bohnen | Mit Alkohol

4–6 Portionen

Pro Portion:
E: 36 g, F: 15 g, Kh: 10 g, kJ: 1475, kcal: 352

800 g	*Lammschulter ohne Knochen*
2 EL	*Olivenöl*
	Salz
	frisch gemahlener Pfeffer
1 TL	*gerebelter Oregano*
3	*rote Zwiebeln*
2	*Knoblauchzehen*
einige	
Stängel	*Rosmarin*
125 ml (1/8 l)	*Fleischbrühe*
250 ml (1/4 l)	*Rotwein*
200 g	*Stangenbohnen*
1 Dose	*weiße Bohnen*
	(Abtropfgewicht 250 g)
4	*Tomaten*

Zubereitungszeit: 25 Minuten
Garzeit: etwa 60 Minuten

1. Lammschulter unter fließendem kalten Wasser abspülen, trocken tupfen und in etwa 4 cm große Würfel schneiden.

2. Öl in einem Topf oder Bräter erhitzen. Die Fleischwürfel darin unter Rühren anbraten. Dann mit Salz, Pfeffer und Oregano bestreuen.

3. Zwiebeln abziehen, halbieren, in Streifen schneiden, zu dem Fleisch geben und kurz mitschmoren lassen. Knoblauch abziehen und durch die Presse ebenfalls zu dem Fleisch geben.

4. Rosmarin abspülen, trocken tupfen. Die Nadeln von den Stängeln zupfen, einige zum Garnieren beiseitelegen. Restliche Nadeln fein schneiden. Fleischbrühe und Rotwein zum Fleisch gießen. Rosmarin unterrühren. Alles zugedeckt etwa 45 Minuten schmoren.

5. In der Zwischenzeit von den Stangenbohnen die Enden abschneiden. Bohnen evtl. abfädeln, abspülen, abtropfen lassen und in Stücke schneiden. Bohnen-

stücke in kochendes Salzwasser geben, etwa 6 Minuten kochen lassen, abgießen, mit kaltem Wasser abschrecken und in einem Sieb abtropfen lassen.

6. Weiße Bohnen in einem Sieb abtropfen lassen. Tomaten kreuzweise einschneiden und kurz in kochendes Wasser legen. Dann mit kaltem Wasser abschrecken, enthäuten, halbieren, Stängelansätze herausschneiden. Tomaten in Stücke schneiden.

7. Weiße Bohnen, grüne Bohnen und Tomaten mit in den Topf oder Bräter geben, alles zum Kochen bringen. Das Lammragout weitere etwa 15 Minuten garen. Dann das Ragout evtl. nochmals mit den Gewürzen abschmecken. Lammragout mit beiseitegelegtem Rosmarin garniert servieren.

Beilage: Gebratene Kartoffeln oder Reis.

Tipps: Stangenbohnen sind breite grüne Bohnen. Wenn Sie keine Stangenbohnen bekommen, können Sie die dünnen Brechbohnen verwenden. Für eine komplette Mahlzeit können Sie nach etwa 30 Minuten Garzeit 6 mittelgroße, in Stücke geschnittene Kartoffeln hinzufügen und mitgaren.

Lammrollbraten in Estragon-Rahm-Sauce I Mit Alkohol

4 Portionen

Pro Portion:

E: 44 g, F: 35 g, Kh: 11 g, kJ: 2339, kcal: 558

je 4 Stängel	Rosmarin und Thymian
1 EL	Olivenöl
2 TL	mittelscharfer Senf
	Salz, frisch gemahlener Pfeffer
1 TL	Paprikapulver rosenscharf
1	Lammschulter ohne Knochen (etwa 800 g)
1	Gemüsezwiebel
2	Möhren
300 g	Knollensellerie
1 Stange	Porree (Lauch)
4 EL	Olivenöl
2 TL	Tomatenmark
200 ml	trockener Rotwein
400 ml	Geflügelfond
4	Lorbeerblätter
100 g	Schlagsahne
6 Stängel	vorbereiteter Estragon
1 TL	Speisestärke

Außerdem:

Küchengarn

Zubereitungszeit: 50 Minuten
Garzeit: 1 1/2–2 Stunden

1. Rosmarin und Thymian abspülen und trocken tupfen. Die Nadeln bzw. Blätter von den Stängeln zupfen. Nadeln und Blätter klein schneiden. Olivenöl mit Senf, Salz, Pfeffer, Paprika und den Kräutern verrühren.

2. Das Fleisch unter fließendem kalten Wasser abspülen und trocken tupfen, Fett und Sehnen entfernen. Die Lammkeule auf der Arbeitsfläche flach ausbreiten, mit einem Fleischklopfer etwas flacher klopfen und mit der Kräuterpaste bestreichen. Das Lammfleisch aufrollen und mit Küchengarn zusammenbinden.

3. Die Zwiebel abziehen. Möhren und Sellerie schälen, abspülen und abtropfen lassen. Zwiebel, Möhren und

Sellerie in grobe Würfel schneiden. Porree putzen, die Stange längs halbieren. Porree gründlich abspülen, abtropfen lassen und in Stücke schneiden.

4. Den Backofen vorheizen.
Ober-/Unterhitze: etwa 180 °C
Heißluft: etwa 160 °C

5. Öl in einem Bräter erhitzen. Rollbraten darin von allen Seiten anbraten, herausnehmen. Zwiebeln und Gemüse im Bräter kurz anbraten. Tomatenmark, Lorbeerblätter, Rotwein und Geflügelfond unterrühren und kurz aufkochen lassen.

6. Den Rollbraten auf das Gemüse legen. Den Bräter zugedeckt auf dem Rost in den vorgeheizten Backofen schieben. Den Rollbraten 1 1/2–2 Stunden garen.

7. Den Rollbraten herausnehmen und warm halten. Den Bratensaft durch ein Sieb in einen Topf gießen und um ein Drittel einkochen lassen. Sahne unterrühren und noch etwas kochen lassen.

8. Einige Stängel Estragon zum Garnieren beiseitelegen. Von den restlichen Stängeln die Blätter abzupfen, klein schneiden und unter die Sauce rühren. Speisestärke mit 1–2 Esslöffeln kaltem Wasser anrühren, in die Sauce rühren und unter Rühren kurz aufkochen lassen. Mit Salz und Pfeffer abschmecken.

9. Küchengarn vom Rollbraten entfernen. Den Rollbraten aufschneiden, mit der Sauce und Estragon garniert servieren.

Lammrollbraten „Mediterrane Art" I Raffiniert

8 Portionen

Pro Portion:
E: 44 g, F: 16 g, Kh: 9 g, kJ: 1465, kcal: 349

1	*Lammkeule ohne Knochen (etwa 1,6 kg)*
	Salz, frisch gemahlener Pfeffer
60 g	*getrocknete Tomaten*
120 g	*Zwiebeln*
2	*Knoblauchzehen*
140 g	*Petersilienwurzeln*
800 g	*Zucchini*
1	*rote Chilischote*
5 EL	*Olivenöl*
1 EL	*Tomatenmark*
500 ml (½ l)	*Fleischbrühe*
1 TL	*gerebelter Thymian*
1 TL	*gerebelter Rosmarin*
2 TL	*Speisestärke*

Außerdem:

Küchengarn

Zubereitungszeit: 40 Minuten
Garzeit: etwa 4 Stunden

1. Den Backofen bei Ober-/Unterhitze auf 95 °C vorheizen. Die Lammkeule unter fließendem kalten Wasser abspülen, trocken tupfen, Fett und Sehnen entfernen.

2. Die Lammkeule auf der Arbeitsfläche flach ausbreiten, mit Salz und Pfeffer bestreuen. Die Tomaten in die Mitte der Keule legen und die Keule zu einer Rolle aufrollen. Mit Küchengarn verschnüren.

3. Zwiebeln und Knoblauch abziehen, fein würfeln. Petersilienwurzeln putzen, schälen, abspülen, abtropfen lassen und in kleine Würfel schneiden. Zucchini abspülen, abtrocknen und die Enden abschneiden. Zucchini in etwa 1 cm große Würfel schneiden.

4. Die Chilischote längs halbieren, entstielen und entkernen. Die Schote abspülen, abtropfen lassen und

fein hacken. Das Olivenöl in einem Bräter erhitzen. Den Rollbraten von außen mit Salz und Pfeffer bestreuen, im Bräter von allen Seiten etwa 10 Minuten anbraten.

5. Zwiebel- und Knoblauchwürfel in den Bräter geben und mit anbraten. Tomatenmark unterrühren. Dann die Petersilienwurzel- und Zucchiniwürfel hinzugeben und ebenfalls kurz unter Rühren anbraten. Fleischbrühe in den Bräter gießen und kurz aufkochen lassen. Chili, Thymian und Rosmarin unterrühren.

6. Den Bräter auf dem Rost im unteren Drittel in den vorgeheizten Backofen schieben. Den Lammrollbraten etwa 4 Stunden garen, dabei 2–3-mal wenden.

7. Den Rollbraten aus dem Bräter nehmen und warm stellen. Speisestärke in etwas kaltem Wasser anrühren und in die Gemüsesauce einrühren. Die Sauce kurz aufkochen lassen, mit Salz und Pfeffer abschmecken. Küchengarn vom Rollbraten entfernen. Den Braten in Scheiben schneiden und mit der Sauce servieren.

Beilage: Polenta.

Tipps: Hinweise zum Niedertemperaturgaren finden Sie im Ratgeberteil auf S. 277. Die Zucchiniwürfel bleiben bissfester, wenn Sie sie erst unter Punkt 7 in die Sauce geben und etwa 5 Minuten köcheln lassen. Zum Servieren den Rollbraten mit Rosmarinstängeln garnieren.

Lammrücken in Knoblauchsauce I

Mit Alkohol

4 Portionen

Pro Portion:
E: 23 g, F: 44 g, Kh: 8 g, kJ: 2277, kcal: 543

400 g	*Lammrücken ohne Knochen*
	Salz
	frisch gemahlener Pfeffer
4 EL	*Olivenöl*
500 g	*grüne Bohnen*
1 gestr. TL	*Salz*
3	*Zwiebeln*
5	*Knoblauchzehen*
200 g	*Schlagsahne*
100 ml	*trockener Weißwein*
½ TL	*gerebelter Thymian*
1	*Tomate*
20 g	*Butter*
½ TL	*gerebeltes Bohnenkraut*

Zubereitungszeit: 50 Minuten

1. Den Backofen bei Ober-/Unterhitze auf 80 °C vorheizen. Einen feuerfesten Teller oder eine Auflaufform mit niedrigem Rand auf dem Rost auf mittlerer Einschubleiste miterwärmen.

2. Den Lammrücken unter fließendem kalten Wasser abspülen, trocken tupfen, evtl. vorhandenes Fett und Sehnen abschneiden. Mit Salz und Pfeffer würzen.

3. Öl in einer Pfanne erhitzen. Den Lammrücken darin etwa 6 Minuten von allen Seiten gut anbraten. Dann den Lammrücken auf dem vorgewärmten Teller oder in der Auflaufform auf dem Rost in den vorgeheizten Backofen schieben und etwa 30 Minuten garen. Die Pfanne mit dem Bratensatz beiseitestellen.

4. Bohnen putzen, evtl. abfädeln, abspülen, abtropfen lassen. Wasser mit Salz in einem Topf zum Kochen bringen. Die Bohnen darin 7–10 Minuten kochen lassen, dann mit kaltem Wasser abschrecken. Bohnen in einem Sieb abtropfen lassen.

5. Zwiebeln und Knoblauch abziehen und in Würfel schneiden. Beiseitegestellte Pfanne erwärmen. Die Zwiebel- und Knoblauchwürfel darin anbraten.

6. Sahne und Wein hinzugießen, unterrühren. Sauce etwa 5 Minuten köcheln lassen, dann mit Thymian, Salz und Pfeffer abschmecken.

7. Die Tomate abspülen, abtrocknen und halbieren. Stängelansatz herausschneiden. Tomate entkernen und in Streifen schneiden. Die Butter in einer Pfanne zerlassen. Bohnen darin erwärmen, mit Salz, Pfeffer und Bohnenkraut würzen. Tomatenstreifen dazugeben und kurz miterwärmen. Den Lammrücken in Scheiben schneiden, mit Knoblauchsauce und Bohnengemüse servieren.

Beilage: Schupfnudeln.

Tipp: Hinweise zum Niedertemperaturgaren finden Sie im Ratgeberteil auf S. 277.

Lammschulter auf
dicken, weißen Bohnen **|** Für Gäste
4 Portionen

Pro Portion:
E: 48 g, F: 24 g, Kh: 23 g, kJ: 2109, kcal: 503

800 g	Lammschulter ohne Knochen (beim Metzger vorbestellen)
1 EL	grüne Pfefferkörner, in Lake
1 EL	Estragonsenf
2 Stängel	Rosmarin
	Salz
	frisch gemahlener Pfeffer
2 EL	Olivenöl
2	Möhren (etwa 250 g)
1 Dose	dicke, weiße Bohnen (Abtropfgewicht 500 g)
1 Glas	grüne Oliven, mit Mandeln gefüllt (Abtropfgewicht 125 g)
2	Knoblauchzehen

evtl. etwas	Rosmarin oder Estragon eingelegter grüner Pfeffer

Außerdem:

Küchengarn

Zubereitungszeit: 25 Minuten
Garzeit: etwa 1 ½ Stunden

1. Lammschulter unter fließendem kalten Wasser abspülen und trocken tupfen.

2. Grüne Pfefferkörner abtropfen lassen und mit einer Gabel zu einer groben Paste zerdrücken. Estragonsenf unterrühren. Rosmarin abspülen und trocken tupfen.

3. Die Lammschulter mit der Pfefferpaste bestreichen, mit Salz würzen und mit Rosmarin belegen.

4. Die Lammschulter zu einem Rollbraten aufrollen und mit Küchengarn zusammenbinden. Den Rollbraten mit Salz und Pfeffer bestreuen.

5. Olivenöl in einer Pfanne erhitzen. Den Rollbraten darin von allen Seiten gut anbraten.

6. Die Möhren putzen, schälen, abspülen, abtropfen lassen und in Würfel schneiden. Möhren, die Bohnen mit der Flüssigkeit und die gefüllten Oliven in einer Schüssel mischen. Knoblauch abziehen, klein schneiden und hinzugeben, Gemüse mit Salz und Pfeffer würzen. Die Möhren-Bohnen-Oliven-Mischung in einen gewässerten Römertopf® (3-Liter-Inhalt) geben, dabei die Herstelleranleitung beachten. Den Rollbraten darauflegen.

7. Den Römertopf® mit dem Deckel verschließen und auf dem Rost im unteren Drittel in den kalten Backofen schieben.
Ober-/Unterhitze: etwa 220 °C
Heißluft: etwa 200 °C
Die Lammschulter etwa 1 ½ Stunden garen.

8. Die Lammschulter nach Belieben mit Kräutern und gehacktem grünen Pfeffer garnieren.

Tipps: Anstelle von Lammschulter kann auch Lammkeule verwendet werden. Lammkeule sollte dann aber von Ihrem Metzger hohl ausgelöst werden (d. h. ohne Knochen, aber nicht aufgeschnitten). In die „Höhle" können dann die Rosmarinstängel gesteckt bzw. kann die Pfefferpaste hineingegeben werden. Das Zusammenbinden des Fleisches erübrigt sich dann.

Lammschulter in Curryrahm I

Für Gäste – dauert länger

12 Portionen

Pro Portion:

E: 49 g, F: 25 g, Kh: 8 g, kJ: 1894, kcal: 453

2	*Lammschultern ohne Knochen (etwa 3 kg)*
2	*rote Paprikaschoten*
200 g	*Zwiebeln*
3	*Knoblauchzehen*
	Salz, frisch gemahlener Pfeffer
1–2 TL	*Pul Biber (geschrotete Pfefferschoten)*
5 EL	*Olivenöl*
2 EL	*Currypulver*
750 ml (³/₄ l)	*Fleischbrühe*
650 g	*Möhren*
2 EL	*Speisestärke*
150 g	*Crème fraîche*

Außerdem:

Küchengarn

Zubereitungszeit: 40 Minuten
Garzeit: etwa 5 Stunden

1. Den Backofen bei Ober-/Unterhitze auf 95 °C vorheizen. Die Lammschultern unter fließendem kalten Wasser abspülen, trocken tupfen, Fett und Sehnen entfernen.

2. Paprikaschoten halbieren, entstielen, entkernen und die weißen Scheidewände entfernen. Die Schoten abspülen, abtropfen lassen und vierteln. Zwiebeln und Knoblauch abziehen und fein würfeln.

3. Die Lammschultern auf der Arbeitsfläche flach ausbreiten, evtl. etwas flach drücken oder flach klopfen, mit Salz, Pfeffer und Pul Biber bestreuen. Die Paprikaviertel auf einer Lammschulter mittig verteilen.

4. Die zweite Lammschulter darauflegen und das Ganze mit Küchengarn (kissenartig) fest zusammenbinden. Von außen mit Salz, Pfeffer und Pul Biber bestreuen.

5. Das Olivenöl in einem großen Bräter erhitzen. Die Lammschulter darin etwa 10 Minuten von allen Seiten gut anbraten. Die Zwiebel- und Knoblauchwürfel in den Bräter geben und kurz mit anbraten. Currypulver unterrühren. Fleischbrühe hinzugießen und kurz aufkochen lassen.

6. Den Bräter auf dem Rost im unteren Drittel in den vorgeheizten Backofen schieben. Die Lammschulter etwa 5 Stunden garen, dabei 1–2-mal wenden.

7. Nach etwa 3 Stunden Garzeit die Möhren putzen, schälen, abspülen, abtropfen lassen und in etwa 1 cm dicke Stifte schneiden. Möhrenstifte in den Bräter geben, unterrühren und den Bräter zurück in den Backofen schieben. Die Lammschulter zu Ende garen.

8. Die Lammschulter aus dem Bräter nehmen und warm stellen. Sauce evtl. entfetten. Die Speisestärke in etwas kaltem Wasser anrühren und in die Sauce einrühren. Die Sauce kurz aufkochen lassen. Crème fraîche unterrühren und mit Salz, Pfeffer und Currypulver abschmecken. Das Küchengarn von der Lammschulter entfernen. Den Braten in Scheiben schneiden und mit der Sauce servieren.

Beilage: Reisnudeln.

Tipps: Den Curryrahm mit etwas Zitronensaft abschmecken. Die Lammschulter mit Zitronenschale und Petersilie garniert servieren.

Hinweise zum Niedertemperaturgaren finden Sie im Ratgeberteil auf S. 277.

Lammschulter mit orientalischem Reis | Mit Alkohol

6 Portionen

Pro Portion:
E: 63 g, F: 33 g, Kh: 64 g, kJ: 3422, kcal: 818

1	*Lammschulter (etwa 1,8 kg)*
3–4 EL	*Speiseöl, z. B. Olivenöl*
	Salz, frisch gemahlener Pfeffer
1 EL	*gerebelter Thymian*
2	*Zwiebeln*
2	*Knoblauchzehen*
400 ml	*Lammfond*
100 ml	*trockener Wermut*
1 Dose	*Kichererbsen*
	(Abtropfgewicht 265 g)
600 ml	*Fleischbrühe*
300 g	*Basmati-Reis*
80 g	*Rosinen*
80 g	*abgezogene Mandeln*
1 Döschen	*Safran (0,2 g)*
¼ gestr. TL	*gemahlener Kreuzkümmel*
¼ gestr. TL	*Chilipulver*

Für die Salatbeilage:

3	*gelbe Paprikaschoten*
½	*Salatgurke*
½	*rote Zwiebel*
einige	*küchenfertig vorbereitete Friséeblättchen*

Zubereitungszeit: 30 Minuten
Garzeit: etwa 7 Stunden

1. Den Backofengrill auf etwa 240 °C vorheizen. Von der Schulter Fett und Sehnen entfernen. Die Lammschulter unter fließendem kalten Wasser abspülen und trocken tupfen. Mit Speiseöl einstreichen, mit Salz, Pfeffer und Thymian würzen. Die Schulter auf ein Backblech legen.

2. Das Backblech im unteren Drittel in den vorgeheizten Backofen schieben. Die Lammschulter von jeder Seite 7–8 Minuten grillen. Dann den Grill ausschalten. Den Backofen auf Ober-/Unterhitze: 80 °C einstellen. Die Backofentür einen kleinen Spalt öffnen,

bis der Backofen die 80 °C erreicht hat. Backofentür wieder schließen und die Lammschulter etwa 7 Stunden garen.

3. Nach etwa 2 Stunden Garzeit Zwiebeln und Knoblauch abziehen, in feine Würfel schneiden. Die Lammschulter wenden und die Zwiebel- und Knoblauchwürfel dazugeben. Nach weiteren etwa 2 Stunden Garzeit die Lammschulter wieder wenden. Den Lammfond und Wermut dazugießen.

4. Etwa 45 Minuten vor dem Ende der Garzeit Kichererbsen in einem Sieb abtropfen lassen. Fleischbrühe in einem Topf zum Kochen bringen. Reis hinzufügen und zugedeckt bei schwacher Hitze etwa 20 Minuten quellen lassen. Nach etwa 10 Minuten Quellzeit die Kichererbsen, Rosinen und Mandeln unterrühren. Den Reis mit Safran, Kreuzkümmel und Chilipulver würzen und warm stellen.

5. Für die Salatbeilage Paprikaschoten halbieren, entstielen, entkernen und die weißen Scheidewände entfernen. Schoten abspülen und abtropfen lassen. Gurke abspülen, abtrocknen und in dünne Scheiben hobeln. Zwiebel abziehen, fein würfeln. Jede Paprikahälfte mit Gurkenscheiben und Zwiebelwürfeln füllen, mit Friséeblättern dekorativ auf den Tellern anrichten. Nach Belieben mit Salz und Pfeffer bestreuen.

6. Die Lammschulter aus dem Backofen nehmen. Fleisch vom Knochen schneiden. Das Fleisch in Scheiben schneiden und mit Reis, Bratenfond und der Salatbeilage servieren.

Lammsteaks mit Harissa I

Raffiniert – schnell

4 Portionen

Pro Portion:
E: 37 g, F: 12 g, Kh: 1 g, kJ: 1071, kcal: 255

> *4 Lammsteaks (aus der Keule,*
> *je etwa 180 g)*

Für die Marinade:
> *90 g Harissa (scharfe Würzpaste)*
> *1 EL Sesamöl*
> *3 EL Olivenöl*
> *frisch gemahlener Pfeffer*
> *einige*
> *Stängel Rosmarin*

Zubereitungszeit: 15 Minuten, ohne Marinierzeit
Grillzeit: etwa 12 Minuten

1. Lammsteaks mit Küchenpapier trocken tupfen und waagerecht einmal durchschneiden. Lammsteaks in einen tiefen Teller legen.

2. Für die Marinade Harissa mit Sesam- und Olivenöl verrühren und mit Pfeffer würzen. Rosmarin abspülen und trocken tupfen, Nadeln von den Stängeln zupfen. Einige Nadeln zum Garnieren beiseitelegen. Restliche Nadeln unter die Marinade rühren.

3. Die Lammsteaks mit der Marinade bestreichen, zugedeckt einige Stunden, am besten über Nacht im Kühlschrank durchziehen lassen.

4. Den Backofengrill (auf etwa 240 °C) vorheizen. Die Lammsteaks aus der Marinade nehmen und unter dem vorgeheizten Grill unter mehrmaligem Wenden etwa 12 Minuten grillen.

Beilage: Couscous.

Lammsteaks mit Pfifferlingen I

Für Gäste – etwas teurer

4 Portionen

Pro Portion:

E: 21 g, F: 20 g, Kh: 1 g, kJ: 1128, kcal: 270

400 g *Lammfilet*
2 EL *Distelöl*
300 g *frische Pfifferlinge*
2 *Schalotten*
Salz, frisch gemahlener,
weißer Pfeffer
2 EL *Butter*
75 g *Crème fraîche*
1 EL *Schnittlauchröllchen*

Zubereitungszeit: 25 Minuten, ohne Marinierzeit
Garzeit: etwa 5 Minuten

1. Das Lammfilet mit Küchenpapier trocken tupfen. Lammfilet in eine Schale legen, mit Distelöl übergießen und darin zugedeckt über Nacht im Kühlschrank liegen lassen.

2. Pfifferlinge putzen, evtl. kurz abspülen und auf Küchenpapier abtropfen lassen. Größere Pfifferlinge halbieren. Schalotten abziehen und in kleine Würfel schneiden.

3. Das Lammfilet aus der Schale nehmen, mit Küchenpapier trocken tupfen und in fingerdicke Scheiben schneiden. Lammsteaks mit Salz und Pfeffer würzen.

4. Etwas Butter in einer Pfanne zerlassen. Die Lammsteaks darin von jeder Seite etwa 1 Minute braten, herausnehmen und zugedeckt warm stellen.

5. Restliche Butter in einer zweiten Pfanne zerlassen. Schalottenwürfel darin andünsten. Pfifferlinge hinzufügen, mit Salz und Pfeffer würzen und die Pfifferlinge unter mehrmaligem Wenden etwa 3 Minuten dünsten. Die Crème fraîche unterrühren.

6. Die Lammsteaks mit Pfifferlingen anrichten und mit Schnittlauchröllchen garniert servieren.

Beilage: Kartoffelgratin.

Leber „Berliner Art" **❙** Mit Alkohol
4 Portionen

Pro Portion:
E: 22 g, F: 15 g, Kh: 28 g, kJ: 1467, kcal: 351

4 Scheiben	*Schweineleber (je 100–120 g)*
20 g	*Weizenmehl*
50 g	*Margarine*
	Salz
2	*Zwiebeln*
evtl. etwas	*Brühe*
2	*Äpfel*
50 g	*Zucker*
2 cl	*Calvados (Apfelbranntwein)*
etwas	*Wasser oder Hühnerbrühe*

Zubereitungszeit: 25 Minuten

1. Die Leber mit Küchenpapier trocken tupfen, von der feinen Haut befreien, evtl. Sehnen und Röhren entfernen und in Mehl wenden.

2. Die Margarine in einer Pfanne erhitzen. Die Leber darin evtl. in 2 Portionen von jeder Seite 2–3 Minuten braten. Leber mit Salz bestreuen, aus der Pfanne nehmen und warm stellen.

3. Die Zwiebeln abziehen, in feine Ringe schneiden, in die Pfanne geben und unter Wenden 8–10 Minuten bräunen lassen. Evtl. etwas Brühe hinzugeben.

4. In der Zwischenzeit die Äpfel schälen, entkernen und achteln. Zucker in einer Pfanne karamellisieren lassen (leicht bräunen). Apfelachtel dazugeben, kurz durchschwenken und dann mit Calvados ablöschen.

5. Die Leber mit den Zwiebeln auf einer vorgewärmten Platte anrichten, mit den Apfelspalten servieren.

Beilage: Kartoffelpüree und grüner Blattsalat.

Tipp: Sie können die Apfelspalten vor dem Ablöschen mit 1 Esslöffel Madras-Currypulver bestäuben und nochmals durchschwenken.

Leber mit Zwiebeln | Klassisch
4 Portionen

Pro Portion:
E: 23 g, F: 13 g, Kh: 9 g, kJ: 1027, kcal: 246

5	Zwiebeln
4 Scheiben	Schweineleber
	(je 100–120 g)
20 g	Weizenmehl
3 EL	Speiseöl, z. B. Sonnenblumen-
	oder Rapsöl
	Salz, frisch gemahlener Pfeffer
	gerebelter Majoran

Zubereitungszeit: 30 Minuten

1. Zwiebeln abziehen, zunächst in dünne Scheiben schneiden, dann in Ringe teilen. Leber mit Küchenpapier trocken tupfen, evtl. Sehnen und Röhren entfernen. Leber in Mehl wenden. Nicht anhaftendes Mehl leicht abschütteln.

2. Die Hälfte vom Speiseöl in einer Pfanne erhitzen. Die Leberscheiben portionsweise hineinlegen und von jeder Seite 2–3 Minuten braten. Die Leber nach dem Braten mit Salz, Pfeffer und Majoran würzen. Leber auf einer vorgewärmten Platte anrichten und zugedeckt warm stellen.

3. Restliches Öl in dem verbliebenen Bratfett erhitzen. Die Zwiebelringe hineingeben und unter Rühren bei mittlerer Hitze etwa 2 Minuten braten. Die Zwiebelringe mit Salz und Pfeffer würzen und zu der Leber servieren.

Beilage: Kartoffelpüree und Apfelmus.

Tipps: Sie können das Gericht mit Schweine-, Rinder- oder Kalbsleber zubereiten. Die Lebersorten unterscheiden sich in Geschmack und Beschaffenheit. Kalbsleber ist zarter und milder im Geschmack als Schweineleber und hat die kürzeste Garzeit. Rinderleber ist am kräftigsten im Geschmack und von etwas festerer Konsistenz. Die Garzeit der Leber richtet sich auch nach der Dicke der Scheiben. Leber sollte auf keinen Fall bei zu starker Hitze gebraten werden, da sie sonst schnell hart und trocken wird.
Nach Belieben die Leber mit einigen vorbereiteten Kerbelblättchen garniert servieren.

Leberpfanne mit Salbei I

Schnell – mit Alkohol
4 Portionen

Pro Portion:
E: 36 g, F: 19 g, Kh: 14 g, kJ: 1639, kcal: 392

600 g	Rinderleber
1 ½ EL	Weizenmehl
150 g	Zwiebeln
250 g	Champignons
75 g	durchwachsener Speck
2 EL	Olivenöl
10–15	Salbeiblättchen
	Salz
	frisch gemahlener Pfeffer
	Paprikapulver edelsüß
125 ml (⅛ l)	trockener Rotwein
1–2 EL	Crème fraîche

Zubereitungszeit: 25 Minuten

1. Die Leber mit Küchenpapier trocken tupfen, evtl. Sehnen und Röhren entfernen. Die Leber in Streifen schneiden und mit Mehl bestäuben.

2. Die Zwiebeln abziehen und würfeln. Champignons putzen, mit Küchenpapier abreiben, evtl. abspülen und gut abtropfen lassen. Champignons in dünne Scheiben schneiden. Den Speck in kleine Würfel schneiden. Olivenöl in einer Pfanne erhitzen. Die Speckwürfel darin anbraten.

3. Salbeiblättchen abspülen, trocken tupfen, mit den Leberstreifen zu dem Speck geben und unter Rühren etwa 3 Minuten braten lassen. Dann die Zwiebelwürfel hinzufügen und kurz mitbraten. Das Ganze mit Salz, Pfeffer und Paprika würzen.

4. Die Champignonscheiben und Rotwein hinzugeben, kurz aufkochen und etwa 5 Minuten schmoren lassen. Die Crème fraîche unterrühren. Leberpfanne mit Salz, Pfeffer und Paprika abschmecken.

Leberrouladen I **Raffiniert – mit Alkohol**
10 Portionen

Pro Portion:
E: 37 g, F: 17 g, Kh: 29 g, kJ: 1888, kcal: 452

12	*entsteinte, getrocknete Softpflaumen*
3	*Äpfel*
75 g	*durchwachsener Speck*
10 dünne Scheiben	*Rinderleber (je 150–200 g)*
	Salz, frisch gemahlener Pfeffer
	gerebelter Majoran
2 EL	*Butter*
5 EL	*Speiseöl, z. B. Olivenöl*
750 ml (¾ l)	*Apfelwein*
1 Glas	*Apfelmus (Einwaage 250 g)*
	Holzstäbchen oder Küchengarn

Zubereitungszeit: 45 Minuten
Garzeit: 10–15 Minuten

1. Pflaumen in kleine Streifen schneiden. Äpfel schälen, vierteln, entkernen und raspeln. Speck in Würfel schneiden. Apfelraspel mit den Speckwürfeln vermengen. Pflaumenstreifen unterheben.

2. Leberscheiben mit Küchenpapier trocken tupfen evtl. von Haut, Sehnen und Röhren befreien. Leber mit Salz, Pfeffer und Majoran bestreuen. Jeweils einen Teil der Apfel-Speck-Masse auf den Leberscheiben verteilen. Die Rouladen von der schmalen Seite her aufrollen, mit Holzstäbchen feststecken oder mit Küchengarn zusammenbinden.

3. Butter in einer großen Pfanne zerlassen. Speiseöl hinzugeben und miterhitzen. Die Rouladen evtl. in 2 Portionen von allen Seiten darin anbraten. Apfelwein hinzugießen und zum Kochen bringen. Die Rouladen zugedeckt bei schwacher Hitze 10–15 Minuten schmoren. Die garen Rouladen herausnehmen (Holzstäbchen oder Küchengarn entfernen) und warm stellen.

4. Apfelmus zum Bratenfond geben und unterrühren, evtl. noch etwas Apfelwein hinzugießen. Die Sauce mit Salz, Pfeffer und Majoran abschmecken. Die Rouladen in der Sauce servieren.

Beilage: Salzkartoffeln oder Kartoffelpüree, grüner Salat oder Apfel-Chicorée-Salat.

Lummerbraten mit Tunfischsauce | Beliebt

4–6 Portionen

Pro Portion:
E: 58 g, F: 28 g, Kh: 62 g, kJ: 3086, kcal: 738

800 g	Lummerbraten (Schweinekotelett am Stück, ohne Knochen)
	Salz
	frisch gemahlener Pfeffer
½ TL	granulierter Knoblauch
3–4 EL	Speiseöl, z. B. Rapsöl
4	Frühlingszwiebeln
8	Cocktailtomaten
4 l	Wasser
4 gestr. TL	Salz
400 g	Bandnudeln
2	Zwiebeln
1	Knoblauchzehe
2 Dosen	Tunfisch in Öl (Abtropfgewicht je 140 g)
5	Sardellenfilets (etwa 10 g)
2 TL	Kapern
300 ml	Fleischbrühe
2 EL	Crème fraîche
1 TL	gerebelter Oregano
einige Blättchen	Thymian

Zubereitungszeit: 20 Minuten
Garzeit: etwa 3 Stunden

1. Den Backofen bei Ober-/Unterhitze auf 80 °C vorheizen. Einen großen, feuerfesten Teller oder eine Auflaufform mit niedrigem Rand auf dem Rost auf mittlerer Einschubleiste miterwärmen.

2. Fleisch mit Küchenpapier trocken tupfen, mit Salz, Pfeffer und Knoblauch bestreuen.

3. Öl in einer Pfanne erhitzen. Das Fleisch darin von allen Seiten etwa 10 Minuten gut anbraten. Angebratenes Fleisch auf dem vorgewärmten Teller oder in der

Auflaufform in den vorgeheizten Backofen schieben. Den Braten etwa 3 Stunden garen. Pfanne mit dem Bratenansatz beiseitestellen.

4. Nach etwa 60 Minuten Garzeit die Frühlingszwiebeln putzen, abspülen, abtropfen lassen und in Ringe schneiden. Die Tomaten abspülen, abtropfen lassen und halbieren. Stängelansätze herausschneiden. Die Tomaten und Zwiebelringe zum Fleisch auf den Teller oder in die Auflaufform geben.

5. Etwa 30 Minuten vor dem Ende der Garzeit das Wasser für die Nudeln in einem großen Topf mit Deckel zum Kochen bringen. Salz und Bandnudeln hinzufügen. Die Nudeln im geöffneten Topf bei mittlerer Hitze nach Packungsanleitung kochen lassen, zwischendurch 4–5-mal umrühren.

6. Zwiebeln und Knoblauch abziehen, fein würfeln. Beiseitegestellte Pfanne mit dem Bratensatz erhitzen. Zwiebel- und Knoblauchwürfel darin andünsten.

7. Tunfisch und Sardellen in je einem Sieb abtropfen lassen. Sardellen in kleine Stücke schneiden. Den Tunfisch mit Sardellenstücken, Kapern und Fleischbrühe in die Pfanne geben, etwa 5 Minuten köcheln lassen. Mitgegarte Tomaten und Zwiebelringe unterrühren. Sauce pürieren. Crème fraîche unterrühren, mit Salz, Pfeffer, Oregano und Thymian abschmecken.

8. Die Nudeln in ein Sieb geben, mit heißem Wasser abspülen und abtropfen lassen. Lummerbraten in Scheiben schneiden, mit Bandnudeln und Tunfischsauce servieren.

Tipp: Hinweise zum Niedertemperaturgaren finden Sie im Ratgeberteil auf S. 277.

Mariniertes Rindfleisch, sanft gegart I

Raffiniert – mit Alkohol – dauert länger

12 Portionen

Pro Portion:
E: 60 g, F: 29 g, Kh: 13 g, kJ: 2562, kcal: 612

3 kg	Rindfleisch (aus der Hüfte)
3	Zwiebeln
3	Knoblauchzehen
	Salz, frisch gemahlener Pfeffer
9	Lorbeerblätter
20	Gewürznelken
3 EL	mittelscharfer Senf
3 EL	Tomatenmark
1 1/2 TL	gemahlener Zimt
3 TL	gerebelter Oregano
900 ml	Rotwein
125 ml (1/8 l)	Olivenöl
600 ml	heiße Fleischbrühe
200 g	Schinkenwürfel
3 Stangen	Porree (Lauch)
1,8 kg	Möhren
1,2 kg	Knollensellerie
180 g	Butter
	Zucker
einige Stängel	vorbereiteter Oregano

Zubereitungszeit: 50 Minuten, ohne Marinierzeit
Garzeit: etwa 4 Stunden

1. Rindfleisch mit Küchenpapier trocken tupfen und in eine große Schale legen. Zwiebeln und Knoblauch abziehen, in kleine Würfel schneiden. Zwiebel- und Knoblauchwürfel mischen und auf dem Rindfleisch verteilen. Mit Salz und Pfeffer würzen. Lorbeerblätter und Nelken hinzugeben. Senf, Tomatenmark, Zimt und Oregano mit dem Rotwein verrühren. Fleisch mit der Marinade übergießen und zugedeckt im Kühlschrank über Nacht marinieren.

2. Den Backofen bei Ober-/Unterhitze auf 80 °C vorheizen. Das Rindfleisch aus der Marinade nehmen und abtropfen lassen. Olivenöl in einem großen Bräter erhitzen. Das Rindfleisch darin etwa 10 Minuten von allen Seiten anbraten. Die Marinade hinzugeben und aufkochen lassen.

3. Den Bräter auf dem Rost im unteren Drittel in den vorgeheizten Backofen schieben. Das Rindfleisch etwa 4 Stunden garen, dabei zwischendurch 2–3-mal wenden. Nach etwa 2 Stunden Garzeit die heiße Fleischbrühe und Schinkenwürfel hinzugeben.

4. Nach etwa 3 1/2 Stunden Garzeit Porree putzen, die Stangen längs halbieren, gründlich abspülen, abtropfen lassen und in etwa 2 cm dicke Streifen schneiden. Möhren und Sellerie putzen, schälen, abspülen, abtropfen lassen, in etwa 1 cm große Würfel schneiden. Die Butter in einem Topf zerlassen. Die Möhren- und Selleriewürfel darin andünsten. Etwa 100 ml Wasser hinzugeben und zum Kochen bringen, mit Salz und Zucker würzen. Die Möhren- und Selleriewürfel etwa 10 Minuten dünsten. Porreestreifen hinzugeben und weitere etwa 2 Minuten dünsten.

5. Den Bräter aus dem Backofen nehmen. Das gare Rindfleisch herausnehmen und in Scheiben schneiden. Die Lorbeerblätter aus der Sauce entfernen. Die Fleischscheiben wieder in die Sauce legen und mit dem Möhren-Sellerie-Gemüse servieren. Nach Belieben mit Oregano garnieren.

Tipp: Hinweise zum Niedertemperaturgaren finden Sie im Ratgeberteil auf S. 277.

Mini-Rouladen aus dem Backofen | Beliebt

8 Portionen

Pro Portion:
E: 41 g, F: 23 g, Kh: 4 g, kJ: 1730, kcal: 413

10 Stängel	Salbei
3 EL	Olivenöl
1 Dose	geschälte Tomaten (800 g)
16	sehr dünne Kalbsschnitzel (je etwa 80 g) frisch gemahlener Pfeffer
8 lange, dünne Scheiben	Emmentaler-Käse (je etwa 20 g)
4 dicke Scheiben	Emmentaler Käse (je etwa 40 g)
2 EL	Speisestärke Salz

Zubereitungszeit: 60 Minuten
Garzeit: 20–25 Minuten

1. Salbei abspülen und trocken tupfen. Die Blättchen von 6 Stängeln zupfen. Blättchen in einer Fettpfanne (mit Olivenöl bestrichen) verteilen. Tomaten in einem Sieb abtropfen lassen, den Saft dabei auffangen. Die Tomaten in kleine Stücke schneiden.

2. Den Backofen vorheizen.
Ober-/Unterhitze: etwa 220 °C
Heißluft: etwa 200 °C

3. Schnitzelscheiben mit Küchenpapier trocken tupfen und mit Pfeffer bestreuen. Die dünnen Käsescheiben der Länge nach halbieren. Die Blättchen von den restlichen Salbeistängeln zupfen. Je 1–2 Blättchen auf die halbierten Käsescheiben legen.

4. Die Schnitzelscheiben mit je 1 Käsescheibe belegen, sodass am oberen Ende etwa 1 cm Rand frei bleibt. Einige Tomatenstückchen darauf verteilen. Die belegten Schnitzelscheiben von der schmalen Seite her aufrollen, leicht andrücken und mit der Fleischnaht nach unten in die Fettpfanne legen.

5. Die dicken Käsescheiben in 16 Streifen schneiden. Käsestreifen auf die Rouladen legen. Die Fettpfanne in den vorgeheizten Backofen schieben. Die Mini-Rouladen 20–25 Minuten garen.

6. Die garen Rouladen auf einer vorgewärmten Platte anrichten. Den aufgefangenen Tomatensaft mit der Speisestärke anrühren. Den Bratensud durch ein Sieb gießen und in einem Topf auffangen. Die angerührte Speisestärke mit den restlichen Tomatenstücken hinzugeben, unter Rühren zum Kochen bringen und etwa 1 Minute unter Rühren kochen lassen. Sauce mit Salz und Pfeffer würzen.

7. Die Mini-Rouladen mit der Sauce servieren und mit den restlichen Salbeiblättchen garnieren.

Tipp: Bei Gästen mit großem Appetit das Rezept um ein Drittel erhöhen.

Nackensteaks mit
Aprikosensauce | Einfach

4 Portionen

Pro Portion:
E: 44 g, F: 30 g, Kh: 39 g, kJ: 2540, kcal: 607

1	Zwiebel
1 kleines	
Stück	Ingwerwurzel (etwa 10 g)
1 Dose	Aprikosenhälften
	(Abtropfgewicht 420 g)
180 g	Tomatenketchup
	Salz, frisch gemahlener Pfeffer
1 Spritzer	Tabasco
2	doppelte Nackensteaks
	(je etwa 400 g)
4 EL	Speiseöl, z. B. Rapsöl
1–2 EL	Schnittlauchröllchen

Zubereitungszeit: 30 Minuten
Garzeit: etwa 60 Minuten

1. Den Backofen bei Ober-/Unterhitze auf 80 °C vorheizen. Zwiebel abziehen und in kleine Würfel schneiden. Ingwer schälen und fein würfeln.

2. Aprikosen mit dem Saft pürieren, mit Ketchup verrühren, mit Ingwer, Salz, Pfeffer und Tabasco würzen.

3. Die Nackensteaks mit Küchenpapier trocken tupfen, evtl. vorhandenes Fett abschneiden. Nackensteaks mit Salz und Pfeffer bestreuen. Speiseöl in einem großen, flachen Bräter erhitzen. Die Nackensteaks darin von allen Seiten etwa 10 Minuten anbraten.

4. Zwiebelwürfel hinzufügen und kurz unter Rühren ebenfalls anbraten. Aprikosensauce hinzufügen und kurz aufkochen lassen. Den Bräter auf dem Rost im unteren Drittel in den vorgeheizten Backofen. Das Fleisch etwa 60 Minuten garen.

5. Die Nackensteaks in Scheiben schneiden, mit Sauce und Schnittlauchröllchen garniert servieren.

Tipp: Hinweise zum Niedertemperaturgaren finden Sie im Ratgeberteil auf S. 277.

Nackensteaks mit Kartoffelkruste | Einfach – beliebt

4 Portionen

Pro Portion:
E: 41 g, F: 36 g, Kh: 14 g, kJ: 2290, kcal: 546

4	*Schweinenackensteaks ohne Knochen (je 150 g)*
	Salz, frisch gemahlener Pfeffer
2 EL	*Olivenöl*
1 Pck.	*Rösti nach Schweizer Art (pfannenfertige Kartoffelzubereitung, 400 g)*
200 g	*Schmand (Sauerrahm)*
100 g	*grob geriebener Gratin-Käse*

Zubereitungszeit: 35 Minuten
Garzeit: etwa 20 Minuten

1. Den Backofen vorheizen.
Ober-/Unterhitze: etwa 200 °C
Heißluft: etwa 180 °C

2. Steaks mit Küchenpapier trocken tupfen, mit Salz und Pfeffer bestreuen. Öl in einer Pfanne erhitzen. Die Steaks darin von beiden Seiten etwa 8 Minuten braten.

3. Steaks herausnehmen und nebeneinander in eine flache Auflaufform (gefettet) legen.

4. Rösti-Masse in eine Schüssel geben, mit Schmand und Käse vermengen, evtl. mit Salz und Pfeffer würzen. Die Kartoffelmasse auf den Steaks verteilen.

5. Die Form auf dem Rost auf mittlerer Einschubleiste in den vorgeheizten Backofen schieben. Das Ganze etwa 20 Minuten garen.

Beilage: Gemischter Salat.

Tipps: Die Rösti können auch in der Pfanne nach Packungsanleitung zubereitet werden. Rösti dann mit Käse bestreuen und unter dem vorgeheizten Grill überbacken, bis der Käse etwas zerläuft. Jeweils einen Klecks Schmand auf die Rösti geben und zu den Nackensteaks servieren.

Ochsengulasch mit Aprikosen I

Mit Alkohol – raffiniert

4 Portionen

Pro Portion:

E: 41 g, F: 14 g, Kh: 12 g, kJ: 1719, kcal: 411

750 g	*Ochsenfleisch (Schwanzstück oder falsches Filet, evtl. beim Metzger vorbestellen)*
1	*große Zwiebel*
2–3 EL	*Speiseöl, z. B. Sonnenblumenöl Salz, frisch gemahlener Pfeffer*
250 ml (¼ l)	*Fleischbrühe*
375 ml (⅜ l)	*Weißwein*
1 EL	*eingelegter, grüner Pfeffer*
1 Dose	*Aprikosenhälften (Abtropfgewicht 240 g)*
1–2 EL	*Crème fraîche*

Zubereitungszeit: 20 Minuten
Garzeit: etwa 75 Minuten

1. Das Fleisch mit Küchenpapier trocken tupfen und in etwa 3 cm große Würfel schneiden. Zwiebel abziehen und würfeln.

2. Das Speiseöl in einem Bräter erhitzen. Die Fleischwürfel darin gut anbraten. Die Zwiebelwürfel hinzufügen, unterrühren und kurz mitbraten. Das Ganze mit Salz und Pfeffer würzen.

3. Brühe, Wein und Pfeffer hinzugeben und unterrühren. Das Fleisch zugedeckt etwa 60 Minuten schmoren lassen.

4. Die Aprikosen in einem Sieb abtropfen lassen. Die Hälfte der Aprikosen in kleine Stücke schneiden und pürieren. Die restlichen Aprikosen in Spalten schneiden, zusammen mit dem Aprikosenpüree unter das Fleisch rühren. Das Ganze weitere etwa 15 Minuten schmoren lassen.

5. Crème fraîche unter das Gulasch rühren. Gulasch mit Salz und Pfeffer abschmecken und servieren.

Ochsenschwanz mit Staudensellerie | Mit Alkohol

4 Portionen

Pro Portion:
E: 35 g, F: 24 g, Kh: 7 g, kJ: 1802, kcal: 429

100 g	durchwachsener Speck
4 Stangen	Staudensellerie
1	Zwiebel
1	Knoblauchzehe
1 kg	Ochsenschwanz, in etwa 3 cm dicke Scheiben geschnitten
	Salz
	frisch gemahlener Pfeffer
250 ml (¼ l)	Weißwein
1 Dose	geschälte Tomaten (800 g)

Zubereitungszeit: 30 Minuten
Garzeit: etwa 2 Stunden

1. Speck in Würfel schneiden. Staudensellerie putzen und die harten Außenfäden abziehen. Sellerie abspülen und abtropfen lassen. Sellerie in etwa 2 cm große Stücke schneiden. Zwiebel und Knoblauch abziehen und fein würfeln.

2. Ochsenschwanzstücke unter fließendem kaltem Wasser abspülen und trocken tupfen. Die Speckwürfel in einem Bratentopf glasig braten. Die Ochsenschwanzstücke in dem heißen Speckfett anbraten. Das Fleisch mit Salz und Pfeffer würzen und aus dem Topf nehmen.

3. Die Selleriestücke, Zwiebel- und Knoblauchwürfel in dem Bratensatz andünsten. Wein hinzugießen. Die Fleischstücke zum Gemüse geben.

4. Tomaten etwas zerkleinern, mit der Flüssigkeit zu dem Fleisch geben, mit Salz und Pfeffer würzen. Die Fleischstücke zugedeckt etwa 2 Stunden schmoren lassen, von Zeit zu Zeit wenden und die verdampfte Flüssigkeit durch Wasser ersetzen.

Beilage: Schupfnudeln.

Tipp: Nach Belieben das Gericht noch mit etwas Petersilie garniert anrichten.

Ochsenschwanzragout I

Mit Alkohol – dauert länger

4 Portionen

Pro Portion:
E: 31 g, F: 24 g, Kh: 17 g, kJ: 1856, kcal: 443

1 kg	Ochsenschwanz, in Stücke geschnitten
3 EL	Olivenöl
2	Zwiebeln
2	Möhren
2 Stangen	Staudensellerie
2	Tomaten
1	Lorbeerblatt
3	Gewürznelken
5	Pimentkörner
500 ml (½ l)	Fleischbrühe
250 ml (¼ l)	Malzbier
	Salz, frisch gemahlener Pfeffer
3 gestr. EL	Weizenmehl
125 ml (⅛ l)	Sherry oder Madeira

Zubereitungszeit: 30 Minuten
Garzeit: 2–2 ½ Stunden

1. Ochsenschwanz unter fließendem kaltem Wasser abspülen und trocken tupfen. Öl in einem Bratentopf erhitzen. Fleisch darin von allen Seiten anbraten.

2. Zwiebeln abziehen, fein würfeln. Möhren putzen, schälen, abspülen, abtropfen lassen und in Würfel schneiden. Staudensellerie putzen und die harten Außenfäden abziehen. Sellerie abspülen, abtropfen lassen und in dünne Scheiben schneiden.

3. Tomaten abspülen, abtrocknen, halbieren und die Stängelansätze herausschneiden. Tomaten achteln.

4. Das Gemüse mit Lorbeerblatt, Nelken und Piment zum Fleisch geben, kurze Zeit mitschmoren lassen. Fleischbrühe und Malzbier hinzugießen, unterrühren. Das Ganze mit Salz und Pfeffer würzen. Das Ragout zugedeckt 2–2 ½ Stunden leicht köcheln lassen.

5. Die garen Ochsenschwanzstücke aus der Sauce nehmen. Das Fleisch vom Knochen lösen. Mehl mit Sherry oder Madeira anrühren und in die Sauce einrühren. Sauce kurz aufkochen lassen. Die Fleischstücke in die Sauce geben, kurz miterhitzen und das Ragout nochmals abschmecken.

Osso Bucco | Klassisch – mit Alkohol

4 Portionen

Pro Portion:
E: 29 g, F: 31 g, Kh: 7 g, kJ: 1848, kcal: 442

4	Kalbshaxenscheiben mit Knochen (je etwa 200 g)
1	Möhre
1 Stange	Staudensellerie
1 Stange	Porree (Lauch)
1	Knoblauchzehe
1	Zwiebel
3	Fleischtomaten
100 ml	Olivenöl
	Salz
	frisch gemahlener Pfeffer
100 ml	Weißwein
500 ml (½ l)	Fleischbrühe
einige Stängel	Petersilie
½ TL	geriebene Bio-Zitronenschale (unbehandelt, ungewachst)

Zubereitungszeit: 30 Minuten
Garzeit: etwa 1 ½ Stunden

1. Den Backofen vorheizen.
Ober-/Unterhitze: etwa 180 °C
Heißluft: etwa 160 °C

2. Haxenscheiben unter fließendem kalten Wasser abspülen und trocken tupfen. Möhre, Sellerie und Porree putzen. Möhre schälen, abspülen, abtropfen lassen und in Streifen schneiden. Sellerie und Porree abspülen, abtropfen lassen und in Stücke schneiden.

3. Knoblauch und Zwiebel abziehen, würfeln. Tomaten abspülen und abtropfen lassen. Tomaten kreuzweise einschneiden und kurz in kochendes Wasser legen. Anschließend mit kaltem Wasser abschrecken, enthäuten, halbieren und die Stängelansätze herausschneiden. Die Tomaten entkernen und in Würfel schneiden.

4. Öl in einem Bräter erhitzen. Die Fleischscheiben darin von beiden Seiten gut anbraten, mit Salz und Pfeffer würzen. Die Zwiebelwürfel, Möhrenstreifen,

Sellerie- und Porreestücke hinzufügen und kurz mit andünsten, mit Wein ablöschen.

5. Brühe hinzugießen und Tomaten hinzufügen. Den Bräter auf dem Rost im unteren Drittel in den vorgeheizten Backofen schieben. Die Kalbshaxen etwa 1 ½ Stunden schmoren lassen.

6. Petersilie abspülen, trocken tupfen. Die Blättchen von den Stängeln zupfen und fein hacken. Petersilie kurz vor Ende der Garzeit mit Knoblauch und Zitronenschale in den Bräter geben. Osso Bucco mit Salz und Pfeffer abschmecken.

Paprikaschoten mit Hack-Reis-Füllung | Beliebt
4 Portionen

Pro Portion:
E: 25 g, F: 28 g, Kh: 28 g, kJ: 1935, kcal: 461

4 *große Paprikaschoten*
(etwa 1 kg)

Für die Füllung:
125 ml (⅛ l) *Wasser*
Salz
50 g *Langkornreis (Parboiled)*
1 *kleine Zwiebel*
375 g *Gehacktes (halb Rind-,*
halb Schweinefleisch)
1 *Ei (Größe M)*
frisch gemahlener Pfeffer

Für die Sauce:
2 *Gemüsezwiebeln*
(je 125 g)
1 *Knoblauchzehe*
1 Stängel *Thymian*
4 EL *Olivenöl*
1 Dose *geschälte Tomaten (400 g)*
125 ml (⅛ l) *Gemüsebrühe*
Zucker

Zubereitungszeit: 30 Minuten
Garzeit: etwa 45 Minuten

1. Von den Paprikaschoten einen Deckel abschneiden. Die Schoten entkernen und die weißen Scheidewände entfernen. Deckel und Schoten abspülen und trocken tupfen.

2. Für die Füllung das Wasser mit etwas Salz zum Kochen bringen. Reis darin nach Packungsanleitung zubereiten, der Reis sollte noch körnig sein.

3. Zwiebel abziehen und in kleine Würfel schneiden. Gehacktes in eine Schüssel geben. Reis, Zwiebelwürfel und Ei unterarbeiten. Die Gehacktesmasse mit Salz und Pfeffer abschmecken und die Paprikaschoten damit füllen.

4. Für die Sauce Zwiebeln abziehen und klein würfeln. Knoblauch abziehen und fein hacken. Thymian abspülen und trocken tupfen. Olivenöl in einem Bratentopf erhitzen. Zwiebel- und Knoblauchwürfel und Thymian darin andünsten.

5. Gefüllte Paprikaschoten nebeneinander in den Topf stellen. Die Paprikadeckel auf die Füllung legen. Die Paprikaschoten zugedeckt etwa 20 Minuten garen.

6. Die Tomaten mit dem Saft in die Zwischenräume der Paprikaschoten geben. Brühe hinzugießen und kurz aufkochen lassen. Die Paprikaschoten zugedeckt bei schwacher Hitze weitere etwa 25 Minuten garen.

7. Die Paprikaschoten herausnehmen, auf einer vorgewärmten Platte anrichten und warm stellen.

8. Den Thymianstängel herausnehmen. Den Tomatensud mit einem Pürierstab pürieren. Die Sauce mit Salz, Pfeffer und Zucker abschmecken.

Pilzfrikadellen „Ungarische Art" I

Einfach – schnell

4 Portionen

Pro Portion:
E: 27 g, F: 29 g, Kh: 4 g, kJ: 1601, kcal: 382

250 g	*Champignons*
500 g	*Gehacktes (halb Rind-,*
	halb Schweinefleisch)
1	*Knoblauchzehe*
1	*Zwiebel*
einige	
Stängel	*Petersilie oder Kerbel*
1	*Ei (Größe M)*
1 EL	*Semmelbrösel*
	Salz
2 gestr. TL	*Paprikapulver edelsüß*
½ gestr. TL	*Paprikapulver rosenscharf*
2–3 EL	*Sonnenblumenöl*

Zubereitungszeit: 30 Minuten

1. Champignons putzen, mit Küchenpapier abreiben, evtl. kurz abspülen, gut abtropfen lassen und in kleine Stücke schneiden. Gehacktes in eine Schüssel geben und mit den Pilzstücken vermengen.

2. Knoblauch und Zwiebel abziehen, in kleine Würfel schneiden. Kräuter abspülen und trocken tupfen. Die Blättchen von den Stängeln zupfen. Einige Blättchen zum Garnieren beiseitelegen. Restliche Blättchen fein hacken. Ei, Semmelbrösel, Knoblauch-, Zwiebelwürfel und Kräuter zur Gehacktes-Pilz-Masse geben und gut unterarbeiten. Masse mit Salz und Paprika würzen.

3. Aus der Gehacktes-Pilz-Masse mit angefeuchteten Händen 8 Frikadellen formen. Sonnenblumenöl in einer Pfanne erhitzen. Die Frikadellen von beiden Seiten darin unter gelegentlichem Wenden bei mittlerer Hitze in 10–15 Minuten braun und gar braten. Zum Servieren die Frikadellen mit den beiseitegelegten Kräuterblättchen garnieren.

Beilage: Mixed Pickles und Bauernbrot.

Tipps: Statt Champignons können auch Austern- oder Wildpilze verwendet werden. Nach Belieben mit Kerbelblättchen garnieren. Die Pilzfrikadellen schmecken auch kalt sehr gut.

Pute, gefüllt | Dauert länger
8–10 Portionen

Pro Portion:
E: 82 g, F: 68 g, Kh: 30 g, kJ: 4470, kcal: 1067

> 6 Bio-Orangen
> (unbehandelt, ungewachst)
> 2 Lorbeerblätter
> 1 TL gemahlener Zimt
> 2 EL grobkörniges Meersalz
> 1 EL Olivenöl
>
> 300 g Möhren
> 250 g Knollensellerie
> 2 Zwiebeln
> 2 Knoblauchzehen

Für die Füllung:
> 2 Stangen Porree (Lauch, 250 g)
> 250 g Weißbrot, in Scheiben
> 100 g Butter
> 3 Eier (Größe M)
> Salz
> Cayennepfeffer
>
> 1 küchenfertige Pute
> (etwa 4 1/2 kg)
> 500 ml (1/2 l) Gemüsebrühe
> frisch gemahlener Pfeffer

Außerdem:
> Holzstäbchen
> Küchengarn

Zubereitungszeit: 60 Minuten
Garzeit: 3–3 1/2 Stunden

1. Orangen heiß abspülen, trocken tupfen und die Schale fein abreiben. Lorbeerblätter zerkrümeln und mit Zimt, Orangenschale, Salz und Öl zu einer Paste verarbeiten.

2. Möhren und Sellerie putzen, schälen, abspülen, abtropfen lassen und in Scheiben schneiden. Zwiebeln abziehen und in Würfel schneiden. Knoblauch abziehen und fein hacken.

3. Für die Füllung Porree putzen, die Stangen längs halbieren, gründlich abspülen, abtropfen lassen und in feine Streifen schneiden.

4. Die abgeriebenen Orangen so schälen, dass die weiße Haut mitentfernt wird. Die Filets herausschneiden, dabei den Saft auffangen und 200 ml für die Sauce abmessen (evtl. mit Wasser auffüllen). Weißbrot entrinden und in kleine Würfel schneiden.

5. 80 g Butter zerlassen. Die Brotwürfel darin goldbraun rösten und abkühlen lassen. Restliche Butter zerlassen. Die Porreestreifen darin bei schwacher Hitze andünsten und ebenfalls abkühlen lassen.

6. Eier mit Salz und Cayennepfeffer verschlagen. Orangenfilets, Porree und Brotwürfel untermischen.

7. Den Backofen vorheizen.
Ober-/Unterhitze: 180–200 °C
Heißluft: 160–180 °C

8. Pute von innen und außen unter fließendem kalten Wasser abspülen, trocken tupfen und innen und außen mit der Orangenpaste einreiben. Die Halsöffnung mit Holzstäbchen zustecken. Die Pute füllen, mit Holzstäbchen zustecken und mit Küchengarn verschnüren (wie einen Schnürschuh). Die Keulen zusammenbinden.

9. Die Pute in eine Fettpfanne legen. Möhren, Sellerie, Zwiebeln und Knoblauch um die Pute legen und 250 ml (1/4 l) von der Gemüsebrühe dazugießen. Die Fettpfanne im unteren Drittel in den vorgeheizten Backofen schieben. Die Pute 3–3 1/2 Stunden garen. Während der Garzeit die restliche Brühe nach und nach hinzugießen.

10. Die gegarte Pute (beim Einstechen mit einer Rouladennadel muss der Fleischsaft klar austreten) aus dem Bräter nehmen und zugedeckt 5–10 Minuten ruhen lassen, damit sich der Fleischsaft setzt. Dazu die Pute auf eine Platte legen und im ausgeschalteten Backofen warm halten.

11. Für die Sauce das Gemüse aus der Fettpfanne mit dem Sud und dem abgemessenen Orangensaft in

einen Topf geben, aufkochen lassen und fein pürieren (nach Belieben durch ein Sieb streichen). Die Sauce mit Salz und Pfeffer abschmecken.

12. Die Pute tranchieren, mit Füllung und Sauce servieren.

Beilage: Semmelknödel.

Tipps: Da Putenfleisch leicht austrocknet ist eine Zubereitung bei Ober-/Unterhitze empfehlenswert. Außerdem sollte die Pute häufiger mit dem Braten- satz begossen werden.

Putencurry „Indische Art" I

Raffiniert – schnell

4–6 Portionen

Pro Portion:
E: 30 g, F: 28 g, Kh: 12 g, kJ: 1746, kcal: 420

500 g	Putenschnitzel
1	Zwiebel
1	Knoblauchzehe
250 g	Pak Choi
1	rote Paprikaschote
1	grüne Chilischote
2 EL	Sesam- oder Erdnussöl
etwa 1 ½ TL	Currypulver
	Salz
	frisch gemahlener Pfeffer
1 Msp.	gemahlener Kardamom
½ TL	gemahlener Kreuzkümmel (Cumin)
½ TL	Schwarzkümmel (Kalonji)
1 Msp.	gemahlener Ingwer
1 TL	Tamarindenpaste
400 ml	Kokosmilch (ungesüßt)
3	Limettenblätter
2 Stängel	Zitronengras
evtl.	Curryblätter
100 g	Cashewkerne
	gehackte Korianderblätter

Zubereitungszeit: 25 Minuten

1. Putenschnitzel unter fließendem kalten Wasser abspülen, trocken tupfen und in etwa ½ cm dicke Streifen schneiden. Zwiebel und Knoblauchzehe abziehen und fein würfeln.

2. Pak Choi putzen, abspülen, abtropfen lassen und dann den Strunk entfernen. Pak Choi in grobe Stücke schneiden. Paprikaschote halbieren, entstielen, entkernen und die weißen Scheidewände entfernen. Die Schote abspülen, abtropfen lassen und würfeln. Chilischote entstielen, entkernen, abspülen, abtropfen lassen und in Ringe schneiden.

3. Öl in einem Wok oder einer beschichteten Pfanne erhitzen. Die Putenstreifen darin kräftig anbraten.

Zwiebel-, Knoblauch-, Paprikawürfel und Chiliringe zufügen, kurz mitbraten, mit Currypulver, Salz, Pfeffer, Kardamom, Kreuzkümmel, Schwarzkümmel, Ingwer und Tamarindenpaste würzen. Kokosmilch zugeben.

4. Limettenblätter, Zitronengras und evtl. Curryblätter abspülen, trocken tupfen und zugeben. Putencurry wieder zum Kochen bringen und weitere etwa 5 Minuten garen. Kurz vor Ende der Garzeit Cashewkerne, Pak Choi und Koriander zugeben. Alles etwa 2 Minuten unter Rühren erhitzen, nochmals abschmecken. Zitronengras, Limettenblätter und evtl. Curryblätter entfernen.

Beilage: Couscous oder Reis.

Tipps: Die exotischen Gewürze erhalten Sie im Asia-Laden. Nach Belieben können Sie die Cashewkerne vorher in einer Pfanne ohne Fett anrösten und den Pak Choi durch Mangold ersetzen.

Putenkeule, geschmort I

Preiswert
4–5 Portionen

Pro Portion:
E: 36 g, F: 23 g, Kh: 9 g, kJ: 1597, kcal: 382

2	Knoblauchzehen
1 walnuss-großes Stück	Ingwerwurzel
½ TL	grob geschroteter Chili
3 TL	flüssiger Honig
1	Putenoberkeule ohne Knochen (etwa 800 g)
	Salz, frisch gemahlener Pfeffer
2	Zwiebeln
2	Möhren
1 Stange	Porree (Lauch)
2 EL	Sonnenblumenöl
2 EL	Tomatenmark
1	Pimentkorn
1	Lorbeerblatt
2	Gewürznelken
200 ml	Gemüse- oder Geflügelbrühe

Außerdem:

Küchengarn

Zubereitungszeit: 25 Minuten
Garzeit: etwa 50 Minuten

1. Knoblauch abziehen. Ingwer schälen. Knoblauch und Ingwer in sehr kleine Würfel schneiden und in eine kleine Schüssel geben. Chili und Honig gut unterrühren. Putenoberkeule kurz unter fließendem kalten Wasser abspülen, trocken tupfen, mit Salz und Pfeffer rundherum einreiben. Die Putenkeule von innen mit der Hälfte der Ingwer-Honig-Mischung bestreichen. Die Putenkeule mit Küchengarn zu einem Rollbraten zusammenbinden.

2. Den Backofen vorheizen.
Ober-/Unterhitze: etwa 180 °C
Heißluft: etwa 160 °C

3. Die Zwiebeln abziehen und in Spalten schneiden. Möhren putzen, schälen, abspülen, abtropfen lassen und in Scheiben schneiden. Porree putzen, die Stange längs halbieren, gründlich abspülen, gut abtropfen lassen und in Streifen schneiden.

4. Das Sonnenblumenöl in einem Bräter erhitzen. Die Putenkeule darin von allen Seiten kräftig anbraten. Putenkeule herausnehmen und kurz beiseitelegen.

5. Zwiebelspalten, Möhrenscheiben und Porreestreifen in dem verbliebenen Bratfett unter mehrmaligem Rühren andünsten. Tomatenmark unterrühren. Gemüse mit Salz, Pfeffer, Piment, Lorbeerblatt und Gewürznelken würzen. Brühe hinzugießen. Die beiseitegelegte Putenkeule auf das angedünstete Gemüse legen.

6. Den Bräter zugedeckt auf dem Rost in den vorgeheizten Backofen schieben. Die Putenkeule etwa 50 Minuten garen.

7. Den Bräter aus dem Backofen nehmen. Die gare Putenkeule aus dem Bräter nehmen und mit der restlichen Ingwer-Honig-Mischung bestreichen, auf den Rost (mit Alufolie belegt, gefettet) legen und in den heißen Backofen schieben. Die Putenkeule bei gleicher Backofentemperatur von allen Seiten knusprig braun braten.

8. Küchengarn entfernen. Die Putenkeule in Scheiben schneiden und mit dem Gemüse anrichten.

Beilage: Ofenfrisches Baguette oder Reis.

Puten-Rahm-Schnitzel mit Zwiebel-Kräuter-Kruste I

Raffiniert
4 Portionen

Pro Portion:
E: 52 g, F: 31 g, Kh: 17 g, kJ: 2350, kcal: 562

4	Putenschnitzel (je etwa 150 g)
1–2 EL	Speiseöl, z. B. Sonnenblumenöl
	Salz
	frisch gemahlener Pfeffer
400 g	Champignons
100 g	Schlagsahne
75 g	Röstzwiebeln (Fertigprodukt)
je 3 Stängel	Majoran und Thymian oder
	jeweils ½ TL gerebelter Majoran
	oder Thymian
3 EL	Semmelbrösel
150 g	geraspelter Gratin-Käse

Zubereitungszeit: 25 Minuten
Garzeit: etwa 20 Minuten

1. Putenschnitzel mit Küchenpapier trocken tupfen. Speiseöl in einer großen Pfanne erhitzen. Die Putenschnitzel darin von beiden Seiten kurz anbraten, mit Salz und Pfeffer würzen. Die Putenschnitzel in einer großen Auflaufform (gefettet) verteilen.

2. Den Backofen vorheizen.
Ober-/Unterhitze: etwa 200 °C
Heißluft: etwa 180 °C

3. Champignons putzen, mit Küchenpapier abreiben, evtl. abspülen, gut abtropfen lassen und in Scheiben schneiden. Champignonscheiben in dem verbliebenen Bratfett unter Rühren kurz andünsten, mit Salz und Pfeffer würzen. Sahne und 2–3 Esslöffel Wasser hinzugießen und unter Rühren aufkochen lassen. Die Champignonmasse auf den Putenschnitzeln verteilen und mit Röstzwiebeln bestreuen.

4. Kräuter abspülen und trocken tupfen. Die Blättchen von den Stängeln zupfen. Kräuterblättchen und Semmelbrösel mit dem geraspelten Käse mischen, auf den Putenschnitzeln verteilen. Die Form auf dem Rost auf mittlerer Einschubleiste in den vorgeheizten Backofen schieben. Die Rahmschnitzel etwa 20 Minuten garen.

5. Nach etwa 15 Minuten Garzeit mit Alufolie zudecken, damit die Kruste nicht zu dunkel wird.

Beilage: Spätzle oder Penne.

Putenschnitzel in Kokospanade I

Für Gäste
8–10 Portionen

Pro Portion:
E: 37 g, F: 27 g, Kh: 38 g, kJ: 2306, kcal: 552

10	Putenschnitzel (je etwa 120 g)
	Salz, frisch gemahlener Pfeffer
4	Eier (Größe M)
200 g	Kokosraspel
4 EL	Weizenmehl
6 EL	Olivenöl

Für die fruchtige Beilage:

2	Mangos (etwa 1 kg)
1 Dose	Ananasscheiben (Abtropfgewicht 490 g)
4–5	Bananen (etwa 500 g)
2 Pck.	Instant-Currysauce (für je 250 ml [¹/₄ l] Flüssigkeit)
400 ml	Wasser
100 g	Schlagsahne
2 EL	Mango-Chutney (Fertigprodukt)
2 EL	süße Chilisauce (Fertigprodukt)
100 g	Butter oder Margarine

einige
Stängel Minze

Zubereitungszeit: 60 Minuten
Garzeit: etwa 15 Minuten

1. Backofen vorheizen.
Ober-/Unterhitze: etwa 150 °C
Heißluft: etwa 130 °C

2. Die Putenschnitzel unter fließendem kalten Wasser abspülen, trocken tupfen, mit Salz und Pfeffer würzen. Eier in einen tiefen Teller geben und mit dem Schneebesen verschlagen. Kokosraspel ebenfalls in einen tiefen Teller geben.

3. Schnitzel zuerst in Mehl wenden, dann durch die verschlagenen Eier ziehen. Schnitzel am Tellerrand etwas abstreifen und zuletzt in den Kokosraspeln wenden. Panade fest andrücken.

4. Jeweils die Hälfte des Olivenöls in einer großen Pfanne erhitzen. Schnitzel in 2 Portionen von beiden Seiten darin braten, herausnehmen und auf ein Backblech (gefettet) legen. Das Backblech auf mittlerer Einschubleiste in den vorgeheizten Backofen schieben. Die Schnitzel etwa 15 Minuten garen.

5. In der Zwischenzeit für die Beilage das Fruchtfleisch der Mangos vom Stein schneiden. Mangostücke schälen. Das Fruchtfleisch in 8–10 gleich große Stücke schneiden. Ananasscheiben in einem Sieb abtropfen lassen. Bananen schälen.

6. Currysauce in einem Topf nach Packungsanleitung mit Wasser und Sahne zubereiten. Mango-Chutney und Chilisauce unterrühren.

7. Jeweils etwas von der Butter oder Margarine in einer großen Pfanne zerlassen. Die vorbereiteten Früchte (ganz oder halbiert) portionsweise bei schwacher Hitze unter Wenden darin braten.

8. Minze abspülen, trocken tupfen und die Blättchen von den Stängeln zupfen. Die Schnitzel mit den gebratenen Früchten und der Currysauce anrichten, mit Minzeblättchen garniert servieren.

Räuberbraten mit Röstgemüse I
Einfach – dauert länger
6 Portionen

Pro Portion:
E: 53 g, F: 22 g, Kh: 18 g, kJ: 2043, kcal: 489

1,4 kg	*Schweinefleisch (aus der Keule)*
	Salz
	frisch gemahlener Pfeffer
1 EL	*Currypulver*
2	*Zwiebeln*
2–3 EL	*Speiseöl, z. B. Rapsöl*
500 g	*Möhren*
600 g	*Kartoffeln*
400 g	*Knollensellerie*
1 Stange	*Porree (Lauch)*
25 g	*Schweineschmalz*

Zubereitungszeit: 25 Minuten
Garzeit: etwa 5 Stunden

1. Den Backofen bei Ober-/Unterhitze auf 80 °C vorheizen. Das Fleisch mit Küchenpapier trocken tupfen, evtl. Fett abschneiden. Das Fleisch mit Salz, Pfeffer und Currypulver bestreuen.

2. Die Zwiebeln abziehen, halbieren und in Würfel schneiden. Speiseöl in einem großen, flachen Bräter erhitzen. Das Fleisch darin etwa 10 Minuten von allen Seiten gut anbraten. Zwiebelwürfel hinzugeben und kurz mit anbraten.

3. Den Bräter auf dem Rost im unteren Drittel in den vorgeheizten Backofen schieben. Das Fleisch etwa 5 Stunden garen.

4. Etwa 2 Stunden vor dem Ende der Garzeit Möhren putzen, schälen, abspülen und abtropfen lassen. Die Kartoffeln schälen, abspülen und abtropfen lassen. Sellerie schälen, abspülen und abtropfen lassen. Das Gemüse in etwa 1 cm große Würfel schneiden.

5. Porreestange putzen, längs halbieren, gründlich abspülen, abtropfen lassen und in etwa 1 cm dicke Stücke schneiden.

6. Das Schmalz in einer Pfanne zerlassen. Zuerst die Kartoffeln unter Rühren darin etwa 5 Minuten anbraten. Dann Möhren- und Selleriewürfel hinzufügen und weitere etwa 5 Minuten mitbraten. Porreestücke unterheben und kurz miterwärmen.

7. Das Gemüse mit Salz und Pfeffer abschmecken und in den Bräter im Backofen geben. Das Röstgemüse bis zum Ende der Garzeit mitgaren. Den Braten aus dem Backofen nehmen, in Scheiben schneiden und mit dem Röstgemüse servieren.

Tipp: Hinweise zum Niedertemperaturgaren finden Sie im Ratgeberteil auf S. 277.

Räuberhackbraten mit Steckrüben | Preiswert

6–8 Portionen

Pro Portion:
E: 41 g, F: 46 g, Kh: 24 g, kJ: 2855, kcal: 682

1	*Brötchen (Semmel) vom Vortag*
100 g	*Zwiebeln*
2	*Knoblauchzehen*
1¼ kg	*Gehacktes (halb Rind-, halb Schweinefleisch)*
80 g	*gewürfelter Schinkenspeck*
2	*Eier (Größe M)*
1 EL	*mittelscharfer Senf*
1 EL	*geriebener Meerrettich*
	Salz, frisch gemahlener Pfeffer
5 EL	*Speiseöl, z. B. Rapsöl*
250 ml (¼ l)	*Barbecue-Sauce*
200 ml	*Fleischbrühe*

250 g	*rote Paprikaschoten*
1¼ kg	*Steckrübe*
150 ml	*Wasser*
½ TL	*Salz*
1 EL	*Zucker*
60 g	*Butter*

einige	*Stängel glatte Petersilie*

Zubereitungszeit: 40 Minuten
Garzeit: etwa 4 Stunden

1. Brötchen in kaltem Wasser einweichen. Den Backofen bei Ober-/Unterhitze auf 95 °C vorheizen.

2. Zwiebeln und Knoblauch abziehen und in feine Würfel schneiden. Brötchen gut ausdrücken und mit dem Gehackten in eine Schüssel geben. Die Zwiebel-, Knoblauch- und Schinkenspeckwürfel, Eier, Senf und Meerrettich hinzugeben. Alles gut vermengen.

3. Die Masse mit Salz und Pfeffer würzen, mit angefeuchteten Händen 2 längliche Laibe (je etwa 7 cm dick) formen. Das Öl in einem Bräter erhitzen. Die Fleischlaibe darin (evtl. nacheinander) von allen Seiten etwa 10 Minuten gut anbraten.

4. Barbecue-Sauce und Fleischbrühe in den Bräter gießen, kurz zum Kochen bringen und dann den Bräter auf dem Rost im unteren Drittel in den vorgeheizten Backofen schieben. Die beiden Hackbraten etwa 4 Stunden garen.

5. Etwa 2 Stunden vor dem Ende der Garzeit die Paprikaschoten halbieren, entstielen, entkernen und die weißen Scheidewände entfernen. Schoten abspülen, abtropfen lassen und in feine Streifen schneiden. Paprikastreifen auf die Braten geben und mitgaren. Räuberhackbraten zu Ende garen.

6. Etwa 30 Minuten vor dem Ende der Garzeit Steckrübe putzen, schälen, abspülen, abtropfen lassen und in etwa 2 cm große Würfel schneiden. Die Steckrübenwürfel mit Wasser, Salz, Zucker und Butter in einem Topf zum Kochen bringen. Zugedeckt etwa 10 Minuten bei schwacher Hitze garen.

7. Petersilie abspülen, trocken tupfen und die Blättchen von den Stängeln zupfen. Die Blättchen fein schneiden. Das Gemüse mit Salz und Pfeffer abschmecken und Petersilie unterrühren.

8. Die Räuberhackbraten in Scheiben schneiden, mit Sauce und Steckrübengemüse servieren.

Beilage: Salzkartoffeln.

Tipp: Hinweise zum Niedertemperaturgaren finden Sie im Ratgeberteil auf S. 277.

Rehkeule | Klassisch – mit Alkohol
6 Portionen

Pro Portion:
E: 46 g, F: 14 g, Kh: 14 g, kJ: 1605, kcal: 384

1 ½ kg	Rehkeule mit Knochen
3 EL	Speiseöl, z. B. Sonnenblumenöl
je 1 TL	gerebelter Majoran
	und Thymian
1 TL	gerebelter Rosmarin
100 g	fetter Speck, in dünnen Scheiben
	Salz, frisch gemahlener Pfeffer
etwa 150 ml	heißer Wildfond
1	Zwiebel
100 g	Möhren
150 g	Porree (Lauch)
2 EL	Tomatenmark

Für die Sauce:

125 ml (⅛ l)	Rotwein
250 ml (¼ l)	Wildfond oder heißes Wasser
100 g	Schlagsahne
20 g	Speisestärke
3 EL	kaltes Wasser
3 EL	Preiselbeeren (aus dem Glas)
einige	
Blättchen	vorbereiteter Thymian

Zubereitungszeit: 30 Minuten, ohne Marinierzeit
Bratzeit: 2–2 ½ Stunden

1. Die Rehkeule unter fließendem kalten Wasser abspülen, trocken tupfen und evtl. enthäuten. Das Speiseöl mit Majoran, Thymian und Rosmarin verrühren. Rehkeule damit bestreichen und mit Frischhaltefolie zugedeckt über Nacht im Kühlschrank marinieren.

2. Den Backofen vorheizen.
Ober-/Unterhitze: etwa 200 °C
Heißluft: etwa 180 °C

3. Die Hälfte der Speckscheiben in einen mit Wasser ausgespülten Bräter legen. Die Rehkeule mit Salz und Pfeffer bestreuen, auf die Speckscheiben in den Bräter legen. Die Keule mit den restlichen Speckscheiben bedecken.

4. Den Bräter ohne Deckel auf dem Rost im unteren Drittel in den vorgeheizten Backofen schieben. Die Rehkeule 2–2 ½ Stunden braten. Sobald der Bratensatz zu bräunen beginnt, den Fond zugießen. Das Fleisch ab und zu mit dem Bratensatz begießen, verdampfte Flüssigkeit nach und nach durch heißes Wasser oder Fond ersetzen.

5. Inzwischen die Zwiebel abziehen. Möhren putzen, schälen, abspülen und abtropfen lassen. Porree putzen, die Stange längs halbieren, gründlich abspülen und abtropfen lassen. Das Gemüse grob zerkleinern. Nach etwa 60 Minuten Bratzeit erst das Tomatenmark unterrühren, dann das Gemüse zugeben und weitere 1–1 ½ Stunden mitbraten.

6. Das gegarte Fleisch aus dem Bräter nehmen und zugedeckt etwa 10 Minuten ruhen lassen.

7. Für die Sauce den Bratensatz mit Rotwein und Wildfond loskochen, mit dem Gemüse durch ein Sieb streichen. Den Bratensatz mit Wasser oder Brühe auf 400 ml auffüllen, mit der Sahne zum Kochen bringen.

8. Die Speisestärke und Wasser mit einem Schneebesen verrühren. Angerührte Speisestärke in die kochende Sauce geben. Dabei darauf achten, dass keine Klümpchen entstehen. Dann die Sauce ohne Deckel etwa 5 Minuten unter gelegentlichem Rühren leicht kochen lassen.

9. Preiselbeeren, Thymianblättchen und evtl. ausgetretenen Fleischsaft unter die Sauce rühren. Die Sauce mit Salz und Pfeffer würzen. Speck von der Rehkeule entfernen. Fleisch in Scheiben schneiden und mit der Sauce servieren.

Beilage: Kartoffelklöße und Rotkohl.

Tipp: Statt der Rehkeule können Sie nach dem gleichen Rezept auch eine **Wildschweinkeule, klassisch** zubereiten. Die Keule am besten über Nacht in 1 l Buttermilch einlegen. Wenn Sie eine Wildschweinkeule ohne Knochen (etwa 1 kg) verwenden, beträgt die Garzeit etwa 1 ½ Stunden. Damit die Keule schön zusammenbleibt, binden Sie die ausgelöste Keule mit Küchengarn zusammen.

Rehkeule in Johannisbeersauce I
Fruchtig – dauert länger
8 Portionen

Pro Portion:
E: 51 g, F: 13 g, Kh: 45 g, kJ: 2161, kcal: 517

1	*Rehkeule ohne Knochen (etwa 1,8 kg)*
150 g	*Zwiebeln*
500 g	*Staudensellerie*
30 g	*Ingwerwurzel*
4 EL	*Speiseöl, z. B. Rapsöl*
	Salz, frisch gemahlener Pfeffer
100 ml	*Orangensaft*
400 ml	*Fleischbrühe*
150 g	*schwarze Johannisbeerkonfitüre*
1 EL	*mittelscharfer Senf*
1 TL	*Chiliflocken*
2	*Lorbeerblätter*
300 g	*blaue, kernlose Weintrauben*
1 Dose	*Artischockenherzen (Abtropfgewicht 240 g)*
120 g	*getrocknete Aprikosen*
250 g	*Maronen (gegart, aus der Dose)*
40 g	*Butter*
100 ml	*Gemüsebrühe*
1 EL	*Honig*
1 EL	*Weizenmehl*
1 EL	*Speisestärke*

Außerdem:

Küchengarn

Zubereitungszeit: 45 Minuten
Garzeit: etwa 5 Stunden

1. Den Backofen bei Ober-/Unterhitze auf 95 °C vorheizen. Danach die Rehkeule unter fließendem kalten Wasser abspülen, trocken tupfen, evtl. enthäuten und entsehnen.

2. Die Zwiebeln abziehen und fein würfeln. Staudensellerie putzen und die harten Außenfäden abziehen. Sellerie abspülen, abtropfen lassen und in dünne Scheiben schneiden. Evtl. etwas Selleriegrün zum Garnieren beiseitelegen. Ingwer schälen und in kleine Würfel schneiden.

3. Das Öl in einem Bräter erhitzen. Die Rehkeule mit Küchengarn zu einem gleichmäßigem Päckchen zusammenbinden. Die Keule mit Salz und Pfeffer würzen und in dem Bräter von allen Seiten etwa 10 Minuten gut anbraten.

4. Nach und nach Zwiebel- und Ingwerwürfel hinzufügen und kurz anbraten. Orangensaft, Fleischbrühe, Johannisbeerkonfitüre und Senf hinzufügen, unterrühren, kurz aufkochen lassen. Chili, Lorbeerblätter und 200 g von dem Staudensellerie unterrühren.

5. Den Bräter auf dem Rost im unteren Drittel in den vorgeheizten Backofen schieben. Die Rehkeule etwa 5 Stunden garen, dabei die Keule 2–3-mal wenden.

6. Etwa 30 Minuten vor dem Ende der Garzeit die Weintrauben waschen, abtropfen lassen, entstielen und halbieren. Artischockenherzen in einem Sieb abtropfen lassen und vierteln. Aprikosen ebenfalls vierteln. Maronen evtl. abtropfen lassen.

7. Butter in einer Pfanne zerlassen, restlichen Staudensellerie darin andünsten. Aprikosen und Brühe unterrühren, kurz aufkochen lassen. Honig unterrühren. Maronen, Weintrauben und Artischockenherzen zugeben, unterrühren und kurz erwärmen.

8. Die Rehkeule aus dem Bräter nehmen und warm stellen. Die Sauce kurz aufkochen lassen. Die Lorbeerblätter aus der Sauce entfernen. Dann Mehl und Speisestärke in etwas kaltem Wasser anrühren, in die Sauce einrühren und nochmals kurz aufkochen lassen. Die Sauce mit Salz und Pfeffer abschmecken.

9. Rehkeule in Scheiben schneiden, dabei das Küchengarn entfernen. Rehkeule mit Maronenmischung, Sauce und evtl. mit Selleriegrün garniert servieren.

Beilage: Spätzle.

Tipp: Hinweise zum Niedertemperaturgaren finden Sie im Ratgeberteil auf S. 277.

Rehmedaillons mit karamellisierten Äpfeln I

Raffiniert – für Gäste

4 Portionen

Pro Portion:
E: 28 g, F: 7 g, Kh: 23 g, kJ: 1128, kcal: 270

4	*Rehmedaillons (je etwa 125 g)*
	Salz, frisch gemahlener Pfeffer
2 EL	*Speiseöl, z. B. Rapsöl*
5–6	*Wacholderbeeren*

300 g	*Pfifferlinge*
2	*Frühlingszwiebeln*

2	*säuerliche Äpfel,*
	z. B. Cox Orange
4 EL	*Zucker*

Zubereitungszeit: 20 Minuten
Garzeit: etwa 30 Minuten

1. Den Backofen bei Ober-/Unterhitze auf 80 °C vorheizen. Einen feuerfesten Teller oder eine Auflaufform mit niedrigem Rand auf dem Rost auf mittlerer Einschubleiste miterwärmen.

2. Die Rehmedaillons mit Küchenpapier trocken tupfen und mit Salz und Pfeffer würzen. Das Speiseöl in einer Pfanne erhitzen. Die Rehmedaillons darin etwa 2 Minuten von jeder Seite gut anbraten. Wacholderbeeren zerdrücken und mit in die Pfanne geben.

3. Dann die Medaillons auf dem vorgewärmten Teller oder in der Auflaufform in den vorgeheizten Backofen schieben und etwa 30 Minuten garen. Die Pfanne mit dem Bratensatz beiseitestellen.

4. Die Pfifferlinge putzen, kurz abspülen und gut abtropfen lassen. Frühlingszwiebeln putzen, abspülen, abtropfen lassen und in dünne Scheiben schneiden. Beiseitegestellte Pfanne erwärmen. Zwiebelscheiben darin anbraten. Die Pfifferlinge hinzufügen und unter Rühren etwa 5 Minuten mitbraten. Pfifferlinge mit Salz und Pfeffer würzen.

5. Äpfel abspülen, abtrocknen und das Kerngehäuse mit einem Apfelausstecher entfernen. Äpfel in dünne Scheiben schneiden. Zucker in einer unbeschichteten Pfanne karamellisieren. Die Apfelscheiben darin wenden.

6. Rehmedaillons mit Pfifferlingen und karamellisierten Apfelscheiben anrichten und sofort servieren.

Beilage: Wildreis.

Tipps: Nach Belieben die Rehmedaillons mit Oregano garnieren.
Hinweise zum Niedertemperaturgaren finden Sie im Ratgeberteil auf S. 277.

Rehragout | Mit Alkohol
4–6 Portionen

Pro Portion:
E: 39 g, F: 24 g, Kh: 8 g, kJ: 1814, kcal: 433

100 g	*Zwiebeln*
800 g	*Rehfleisch (aus der Schulter)*
2 Stängel	*Rosmarin*
4 Stängel	*Thymian*
5 EL	*Olivenöl*
1 EL	*Tomatenmark*
2 EL	*Weizenmehl*
	Salz, frisch gemahlener Pfeffer
250 ml (¼ l)	*Rotwein*
500 ml (½ l)	*Geflügelbrühe*
3	*Lorbeerblätter*
2	*Möhren*
200 g	*Staudensellerie*
200 g	*Champignons*
2 EL	*Butterschmalz*

einige
Stängel glatte Petersilie

Zubereitungszeit: 35 Minuten
Garzeit: etwa 2 Stunden

1. Zwiebeln abziehen und klein würfeln. Rehfleisch trocken tupfen und in etwa 2 cm große Würfel schneiden. Kräuter abspülen und trocken tupfen.

2. Den Backofen vorheizen.
Ober-/Unterhitze: etwa 160 °C
Heißluft: etwa 140 °C

3. Olivenöl in einem Bräter erhitzen. Fleischwürfel von allen Seiten darin gut anbraten. Zwiebeln hinzufügen und mit andünsten. Tomatenmark unterrühren. Fleischwürfel mit Mehl bestäuben, umrühren und mit Salz und Pfeffer würzen.

4. Wein und Geflügelbrühe hinzugießen und aufkochen lassen. Lorbeerblätter, Rosmarin und Thymian hinzufügen. Den Bräter zugedeckt auf dem Rost in den vorgeheizten Backofen schieben. Das Ragout etwa 1½ Stunden garen.

5. Möhren schälen, abspülen, abtropfen lassen und in kleine Würfel schneiden. Sellerie putzen und die harten Außenfäden abziehen. Sellerie abspülen, abtropfen lassen und in kleine Stücke schneiden. Möhrenwürfel und Selleriestücke zu den Fleischwürfeln geben und weitere etwa 30 Minuten garen. Evtl. etwas Wasser hinzugeben.

6. Champignons putzen, mit Küchenpapier abreiben, evtl. abspülen, abtropfen lassen und vierteln. Butterschmalz in einer Pfanne erhitzen. Champignonviertel darin anbraten, mit Salz und Pfeffer würzen.

7. Champignons in einen Topf geben. Die Fleischwürfel und das Gemüse mit einer Schaumkelle aus dem Bräter nehmen, zu den Champignons geben.

8. Den Bratenfond zum Kochen bringen und um ein Drittel einkochen lassen. Anschließend durch ein Sieb auf das Ragout gießen. Petersilie abspülen, trocken tupfen. Die Blättchen von den Stängeln zupfen. Rehragout auf vorgewärmten Tellern anrichten, mit Petersilie bestreuen.

Beilage: Kartoffelklöße mit gebräunten Semmelbröseln und Preiselbeerkompott.

Rehragout mit Weintrauben ▌

Fruchtig
4 Portionen

Pro Portion:
E: 57 g, F: 6 g, Kh: 89 g, kJ: 2680, kcal: 640

800 g	*Rehfleisch (aus der Keule)*
200 g	*Schalotten*
1 TL	*gemahlener Koriander*
	Salz, frisch gemahlener Pfeffer
2	*Lorbeerblätter*
125 ml (⅛ l)	*roter Traubensaft*
350 g	*grüne, kernlose Weintrauben*

4 l	*Wasser*
4 gestr. TL	*Salz*
400 g	*breite Bandnudeln*

etwas	*Zitronensaft*

Zubereitungszeit: 40 Minuten
Garzeit: etwa 75 Minuten

1. Rehfleisch mit Küchenpapier trocken tupfen, evtl. enthäuten. Das Fleisch in dünne Scheiben schneiden. Schalotten abziehen und in Spalten schneiden.

2. Fleischscheiben mit Koriander, Salz, Pfeffer, Schalottenspalten und Lorbeerblättern mischen und in den gewässerten Römertopf® (4-Liter-Inhalt) geben, dabei die Herstelleranleitung beachten. Traubensaft hinzugießen. Den Römertopf® mit dem Deckel verschließen und auf dem Rost in den kalten Backofen schieben.
Ober-/Unterhitze: etwa 200 °C
Heißluft: etwa 180 °C
Das Rehragout etwa 75 Minuten garen.

3. Weintrauben abspülen, trocken tupfen und halbieren. Nach etwa 60 Minuten Garzeit die Trauben unter das Fleisch geben. Ragout im geschlossenen Topf fertig garen.

4. Das Wasser in einem großen Topf zugedeckt zum Kochen bringen. Dann Salz und Nudeln hineingeben. Nudeln im geöffneten Topf nach Packungsanleitung bissfest kochen. Dabei gelegentlich umrühren.

5. Nudeln in ein Sieb abgießen, abtropfen lassen und warm stellen. Ragout mit Salz, Pfeffer und Zitronensaft abschmecken, mit den Bandnudeln servieren.

Tipp: Ohne Römertopf® können Sie das Rezept ab Punkt 2 wie folgt zubereiten: Braten Sie die Fleischscheiben und die Schalotten in 3 Esslöffeln erhitztem Olivenöl an. Würzen Sie die Fleisch-Schalotten-Mischung mit Koriander, Salz und Pfeffer und geben Sie die Lorbeerblätter dazu. Gießen Sie den Traubensaft und zusätzlich nach und nach 200 ml heiße Fleischbrühe hinzu. Garen Sie das Rehragout etwa 45 Minuten. Zum Schluss die Weintrauben unter das Ragout geben und miterwärmen.

Rehrückenfilets mit Pfifferlingen I

Für Gäste
4 Portionen

Pro Portion:
E: 55 g, F: 31 g, Kh: 33 g, kJ: 2676, kcal: 639

800 g	*Rehrückenfilets*
	Salz, frisch gemahlener Pfeffer
4 EL	*Speiseöl, z. B. Rapsöl*
800 g	*Pfifferlinge*
2	*Zwiebeln*
3–4 Stängel	*Thymian*
80 g	*gewürfelter, roher Schinken*
1 EL	*Crème fraîche*
etwa 400 g	*TK-Kroketten*

Zubereitungszeit: 20 Minuten
Garzeit: etwa 60 Minuten

1. Den Backofen bei Ober-/Unterhitze auf 80 °C vorheizen. Einen großen, feuerfesten Teller oder eine Auflaufform mit niedrigem Rand auf dem Rost auf mittlerer Einschubleiste miterwärmen.

2. Rehrückenfilets evtl. enthäuten, mit Küchenpapier trocken tupfen, mit Salz und Pfeffer bestreuen.

3. Speiseöl in einer Pfanne erhitzen. Die Filets darin von allen Seiten etwa 8 Minuten gut anbraten. Dann die Filets auf dem vorgewärmten Teller oder in der Auflaufform in den vorgeheizten Backofen schieben und etwa 60 Minuten garen. Pfanne mit dem Bratensatz beiseitestellen.

4. Pfifferlinge putzen, kurz abspülen und gut abtropfen lassen. Zwiebeln abziehen und in kleine Würfel schneiden. Thymian abspülen, trocken tupfen und die Blättchen von den Stängeln zupfen.

5. Beiseitegestellte Pfanne mit dem Bratensatz erwärmen. Die Zwiebel- und Schinkenwürfel darin anbraten. Pfifferlinge mit in die Pfanne geben und etwa 7 Minuten braten. Crème fraîche unterrühren. Die Pfifferlinge mit Salz, Pfeffer und Thymianblättchen würzen.

6. Die TK-Kroketten in einer großen Pfanne nach Packungsanleitung zubereiten.

7. Rehrückenfilets aus dem Backofen nehmen, in Scheiben schneiden und mit Kroketten und Pfifferlingen servieren.

Tipp: Hinweise zum Niedertemperaturgaren finden Sie im Ratgeberteil auf S. 277.

Rheinischer Sauerbraten I

Dauert länger – mit Alkohol

8 Portionen

Pro Portion:

E: 54 g, F: 30 g, Kh: 23 g, kJ: 2765, kcal: 660

Für die Marinade:

2	*Möhren*
3	*Petersilienwurzeln*
1 Stück	*Knollensellerie*
1	*Zwiebel*
1 Prise	*Salz*
2	*Lorbeerblätter*
½ TL	*Pfefferkörner*
½ TL	*Senfkörner*
3	*Gewürznelken*
1	*Knoblauchzehe*
1 Stängel	*Thymian*
5	*Pimentkörner*
250 ml (¼ l)	*Kräuter- oder Weinessig*
1 l	*Rindfleischbrühe*
1 l	*Rotwein*
2 kg	*Rindfleisch ohne Knochen (aus der Keule)*
2 EL	*Schweineschmalz*
2 EL	*Zuckerrübensirup (Rübenkraut)*
2 EL	*Preiselbeeren (aus dem Glas)*

Für die Sauce:

2 EL	*Crème fraîche*
etwas	*Speisestärke*
100 g	*Rosinen*
4 EL	*gehobelte, gebräunte Mandeln*
	Salz
	frisch gemahlener Pfeffer

Zubereitungszeit: 50 Minuten, ohne Abkühl- und Marinierzeit
Garzeit: etwa 2 Stunden

1. Für die Marinade Möhren, Petersilienwurzeln und Sellerie putzen, schälen, abspülen, abtropfen lassen und in Stücke schneiden. Zwiebeln abziehen und grob würfeln. Vorbereitetes Gemüse in einen Topf geben. Restliche Zutaten für die Marinade hinzufügen, aufkochen und erkalten lassen. Die Marinade in eine große Schale oder Auflaufform geben.

2. Rindfleisch mit Küchenpapier trocken tupfen und in die Marinade legen. Rindfleisch darin zugedeckt mindestens 24 Stunden im Kühlschrank marinieren. Bei einem dicken Fleischstück sollte man die Marinierzeit noch etwas verlängern, damit die Marinade auch gut durchzieht.

3. Den Backofen vorheizen.
Ober-/Unterhitze: etwa 200 °C
Heißluft: etwa 180 °C

4. Das Rindfleisch aus der Marinade nehmen und mit Küchenpapier trocken tupfen. Die Marinade durch ein Sieb in einen Topf gießen.

5. Schweineschmalz in einem Bräter erhitzen. Rindfleisch hinzufügen und von allen Seiten scharf anbraten. Gut abgetropftes Gemüse (aus der Marinade) kurz mitbraten lassen.

6. Zuckerrübensirup und Preiselbeeren hinzugeben und unterrühren. Aufgefangene Marinade hinzugießen. Den Bräter zugedeckt auf dem Rost in den vorgeheizten Backofen schieben. Den Sauerbraten etwa 2 Stunden garen.

7. Das Rindfleisch aus dem Bräter nehmen und warm stellen.

8. Die Sauce passieren und Crème fraîche unterrühren. Die Sauce nach Belieben mit der angerührten Speisestärke binden. Sauce kurz aufkochen. Rosinen und Mandeln unterrühren. Die Sauce mit Salz und Pfeffer abschmecken. Rindfleisch hineinlegen.

9. Zum Servieren den Rheinischen Sauerbraten in Scheiben schneiden, auf einer Platte anrichten und mit der Sauce übergießen oder die Sauce dazureichen.

Beilage: Kartoffelklöße und Rotkohl.

Rinderbraten in asiatischer Marinade I Gut vorzubereiten

8 Portionen

Pro Portion:
E: 45 g, F: 14 g, Kh: 9 g, kJ: 1459, kcal: 349

> 1,6 kg Rinderhüfte

Für die Marinade:
> 20 g Ingwerwurzel
> 4 EL Speiseöl, z. B. Erdnussöl
> 1 EL Sesamöl
> 2 EL Currypulver
> 1 TL gemahlenes Zitronengras
> 2 TL Salz
> 1 EL brauner Zucker
> 2 EL Oyster Sauce (Austernsauce)

> 1 EL Speiseöl, z. B. Erdnussöl
> 180 g Zwiebeln
> 2 Knoblauchzehen
> 2 EL Sojasauce
> 400 ml Rindfleischbrühe

> 300 g Möhren
> 300 g Pastinaken
> 1 Stange Porree (Lauch)
> 200 g Mungobohnensprossen
> 1–2 EL Crème fraîche

Zubereitungszeit: 45 Minuten, ohne Marinierzeit
Garzeit: etwa 4 Stunden

1. Rindfleisch mit Küchenpapier trocken tupfen, in eine Schale legen. Für die Marinade Ingwer schälen und fein würfeln, mit Erdnussöl, Sesamöl, Currypulver, Zitronengras, Salz, Zucker und Oyster Sauce verrühren. Das Rindfleisch mit der Marinade einstreichen. Fleisch zugedeckt etwa 24 Stunden im Kühlschrank marinieren. Das Fleisch 2–3-mal wenden.

2. Den Backofen bei Ober-/Unterhitze auf 95 °C vorheizen. Das Rindfleisch aus der Marinade nehmen, die Marinade abstreifen und beiseitestellen.

3. Öl in einem Bräter erhitzen. Das Fleisch darin etwa 10 Minuten von allen Seiten gut anbraten. Zwiebeln und Knoblauch abziehen und in feine Würfel schneiden. Die Zwiebel- und Knoblauchwürfel in den Bräter geben und mit anbraten. Beiseitegestellte Marinade, Sojasauce und Rindfleischbrühe hinzugießen und kurz aufkochen lassen.

4. Den Bräter auf dem Rost im unteren Drittel in den vorgeheizten Backofen schieben. Den Braten etwa 4 Stunden garen, dabei 2–3-mal wenden.

5. Etwa 60 Minuten vor dem Ende der Garzeit Möhren und Pastinaken putzen, schälen, abspülen, abtropfen lassen und in etwa ½ cm dicke Scheiben schneiden. Möhren- und Pastinakenscheiben mit in den Bräter geben und den Braten zu Ende garen.

6. Porree putzen, die Stange längs halbieren, gründlich abspülen, abtropfen lassen und in etwa 1 cm breite Stücke schneiden. Mungobohnensprossen in ein Sieb geben, abspülen und abtropfen lassen.

7. Den Rinderbraten aus dem Bräter nehmen und warm stellen. Die Porreestücke in die Sauce geben. Die Sauce kurz aufkochen lassen. Die Crème fraîche einrühren und evtl. nochmals mit Salz abschmecken. Mungobohnensprossen unterrühren und kurz mit erwärmen. Den Braten in Scheiben schneiden und mit der Sauce servieren.

Beilage: Basmati-Reis.

Tipp: Hinweise zum Niedertemperaturgaren finden Sie im Ratgeberteil auf S. 277.

Rinderfilet auf Pak Choi I
Zubereitung im Topf mit Dämpfeinsatz (Ø etwa 24 cm)
4 Portionen

Pro Portion:
E: 36 g, F: 12 g, Kh: 6 g, kJ: 1160, kcal: 277

1 Bund	Zitronengras oder
	2 EL gemahlenes Zitronengras
1 kleines	
Stück	Ingwerwurzel
600 g	Rinderfilet (Mittelstück)
	Salz
	frisch gemahlener Pfeffer
8 kleine	Pak-Choi-Stauden
	(Chinesischer Senfkohl)
2 EL	Sesamöl
125 ml (⅛ l)	Soja- oder Teriyakisauce

Zubereitungszeit: 30 Minuten
Dämpfzeit: 30–35 Minuten

1. Zitronengras abspülen, abtropfen lassen und aufschlagen. Ingwer schälen, abspülen, abtropfen lassen und in Scheiben schneiden. Den Topf etwa 3 cm hoch mit Wasser füllen, aufgeschlagenes oder gemahlenes Zitronengras und Ingwerscheiben hinzufügen und zum Kochen bringen.

2. Rinderfilet mit Küchenpapier trocken tupfen, mit Salz und Pfeffer bestreuen. Filet in einen Dämpfeinsatz legen. Den Einsatz in den Topf hängen und mit einem Deckel verschließen. Wasser nur noch leicht köcheln lassen. Das Filet 20–25 Minuten dämpfen.

3. Pak Choi putzen, dabei die Stauden ganz lassen. Stauden abspülen und abtropfen lassen. Filet aus dem Dämpfeinsatz nehmen und warm stellen. 4 Pak-Choi-Stauden in den Dämpfeinsatz legen, mit einem Deckel verschließen und etwa 5 Minuten dämpfen. Stauden herausnehmen und warm stellen. Die restlichen Stauden auf die gleiche Weise zubereiten, evtl. heißes Wasser nachfüllen.

4. Sesamöl in einer Pfanne erwärmen. Die gedämpften Pak-Choi-Stauden hinzugeben und darin schwenken. Pak Choi mit Salz und Pfeffer würzen.

5. Rinderfilet in Scheiben schneiden, mit Pfeffer und Salz bestreuen. Das Filet mit Pak Choi und Soja- oder Teriyakisauce servieren.

Tipps: Statt Pak Choi können Sie auch Mangold verwenden. Sie können dieses Rezept auch im Zwei-Etagen-Bambusdämpfer zubereiten. Dabei das Filet zuerst etwa 10 Minuten im Bambusdämpfer dämpfen. Das Gemüse im zweiten Einsatz daraufsetzen und bis zum Ende der Filetdämpfzeit mitdämpfen.

Rinderfilet mit Limettenbutter und Pfifferlingen I

Etwas teurer

2 Portionen

Pro Portion:

E: 44 g, F: 46 g, Kh: 4 g, kJ: 2553, kcal: 609

400 g	*Rinderfilet*
	Salz
	frisch gemahlener, weißer Pfeffer
85 g	*Butter*
400 g	*Pfifferlinge*
3	*Schalotten*

Für die Limettenbutter:

2 EL	*Limettensaft*
35 g	*Butter*

Zubereitungszeit: 40 Minuten

1. Rinderfilet mit Küchenpapier trocken tupfen. Das Filet enthäuten, mit Salz und Pfeffer würzen.

2. Etwas Butter in einer Pfanne zerlassen. Das Rinderfilet darin rundherum anbraten, herausnehmen und auf einen Teller legen. Solange das Filet noch warm ist, es mit etwas Butter bestreichen und zugedeckt etwa 15 Minuten ruhen lassen.

3. In der Zwischenzeit Pfifferlinge putzen, evtl. kurz abspülen und gut abtropfen lassen. Pfifferlinge evtl. halbieren oder vierteln. Schalotten abziehen und in kleine Würfel schneiden.

4. Etwas von der restlichen Butter in einer zweiten Pfanne zerlassen. Die Schalottenwürfel darin andünsten. Die Pfifferlinge mit Salz und Pfeffer würzen, in 2 Portionen mit etwas Butter zu den Schalottenwürfeln geben und unter mehrmaligem Wenden etwa 2 Minuten dünsten.

5. Das Rinderfilet in Scheiben schneiden, von beiden Seiten mit Salz und Pfeffer bestreuen. Restliche Butter in der gesäuberten Pfanne zerlassen. Die Medaillons von jeder Seite etwa 1 ½ Minuten braten, herausnehmen und auf vorgewärmte Teller legen.

6. Für die Limettenbutter Limettensaft und Butter zum Bratensatz geben und kurz aufkochen lassen. Die Medaillons mit der Limettenbutter bestreichen und mit den Pfifferlingen anrichten.

Beilage: Grüne Nudeln.

Rinderfilet mit Maiskolben I

Etwas teurer
4 Portionen

Pro Portion:
E: 45 g, F: 24 g, Kh: 12 g, kJ: 1875, kcal: 447

2	*doppelte Rinderfilets (je etwa 400 g)*
	Salz, frisch gemahlener Pfeffer
4 EL	*Olivenöl*
4	*frische Maiskolben*
	Wasser
1 TL	*Salz*
100 g	*Cocktailtomaten*
60 g	*Butter*
einige	
	Stängel Basilikum

Zubereitungszeit: 20 Minuten
Garzeit: etwa 45 Minuten

1. Den Backofen bei Ober-/Unterhitze auf 80 °C vorheizen. Einen feuerfesten Teller oder eine Auflaufform mit niedrigem Rand auf dem Rost auf mittlerer Einschubleiste miterwärmen.

2. Die Rinderfilets mit Küchenpapier trocken tupfen, mit Salz und Pfeffer würzen.

3. Olivenöl in einer Pfanne erhitzen. Die Rinderfilets darin etwa 10 Minuten von allen Seiten gut anbraten. Dann die Filets nebeneinander auf dem vorgewärmten Teller oder in der Auflaufform auf dem Rost in den vorgeheizten Backofen schieben. Filets etwa 45 Minuten garen.

4. Maiskolben putzen, die Enden abschneiden und die Fäden entfernen. Wasser mit Salz in einem großen Topf zum Kochen bringen und die Maiskolben darin etwa 12 Minuten kochen. Dann die Maiskolben in einem Sieb abtropfen lassen.

5. Tomaten abspülen und abtropfen lassen. Butter in einer großen Pfanne zerlassen. Maiskolben und

Tomaten darin kurz erwärmen, anschließend evtl. mit Salz würzen.

6. Basilikum abspülen, trocken tupfen und die Blättchen von den Stängeln zupfen. Etwa die Hälfte der Blättchen fein schneiden. Das Rinderfilet in Scheiben schneiden, mit Maiskolben und Basilikum garniert servieren.

Beilage: Kleine gebratene Kartoffeln.

Tipp: Hinweise zum Niedertemperaturgaren finden Sie im Ratgeberteil auf S. 277.

Rinderhaxe, geschmort I

Mit Alkohol

4 Portionen

Pro Portion:
E: 53 g, F: 19 g, Kh: 11 g, kJ: 1875, kcal: 447

2 Bund	*Suppengrün (Möhren,*
	Sellerie, Porree)
3–4	*Zwiebeln*
1–2	*Knoblauchzehen*
4 Scheiben	*Rinderhaxe (Beinscheibe,*
	etwa 1,2 kg)
	Salz
	frisch gemahlener Pfeffer
	gerebelter Rosmarin
3 EL	*Olivenöl*
2	*Lorbeerblätter*
750 ml (¾ l)	*Fleischbrühe*
125 ml (⅛ l)	*Weißwein*
375 g	*Champignons*

Zubereitungszeit: 30 Minuten
Garzeit: etwa 2 ½ Stunden

1. Das Suppengrün putzen, abspülen, abtropfen lassen und in kleine Stücke oder Scheiben schneiden. Zwiebeln und Knoblauch abziehen und würfeln.

2. Die Rinderhaxenscheiben unter fließendem kaltem Wasser abspülen, trocken tupfen, mit Salz, Pfeffer und Rosmarin bestreuen.

3. Olivenöl in einem Bratentopf erhitzen. Die Rinderhaxenscheiben von beiden Seiten darin anbraten, dann herausnehmen.

4. Vorbereitetes Suppengrün, Zwiebelwürfel und den Knoblauch in den Bratentopf geben und andünsten, dabei gelegentlich umrühren.

5. Die Fleischscheiben, Lorbeerblätter, Fleischbrühe und Weißwein hinzufügen, kurz aufkochen lassen. Das Fleisch zugedeckt etwa 2 Stunden schmoren.

6. Die Champignons putzen, evtl. mit Küchenpapier abreiben, kurz abspülen, gut abtropfen lassen und vierteln. Die Champignonviertel in den Bräter geben, unterrühren und etwa 30 Minuten mitschmoren. Das Ganze nochmals mit Salz und Pfeffer abschmecken.

Rinderhüftsteak in Zitronen-Kapern-Sauce | Raffiniert

4 Portionen

Pro Portion:
E: 43 g, F: 22 g, Kh: 14 g, kJ: 1825, kcal: 437

Für das Gemüse:

2	Möhren
2	Petersilienwurzeln
300 g	Knollensellerie
2 Stangen	Porree (Lauch)
1	Bio-Zitrone (unbehandelt, ungewachst)
1 EL	Kapern (aus dem Glas)
4	Rinderhüftsteaks (je etwa 180 g)
	Salz
	frisch gemahlener Pfeffer
etwas	Weizenmehl
7–8 Stängel	Thymian
2 EL	Olivenöl
30 g	Butter
320 ml	Fleisch- oder Gemüsebrühe
1 Prise	Zucker
30 g	kalte Butter

Zubereitungszeit: 40 Minuten

1. Für das Gemüse Möhren, Petersilienwurzeln und Sellerie putzen, schälen, abspülen, abtropfen lassen und in feine Streifen schneiden. Porree putzen, die Stangen längs halbieren, gründlich abspülen, abtropfen lassen und ebenfalls in Streifen schneiden.

2. Zitrone heiß abspülen, abtrocknen und etwa die Hälfte der Schale abreiben. Kapern abtropfen lassen und klein schneiden.

3. Die Rinderhüftsteaks mit Küchenpapier trocken tupfen, mit Salz und Pfeffer würzen und leicht mit Mehl bestäuben. Die Thymianstängel abspülen und trocken tupfen.

4. Öl in einer großen Pfanne erhitzen. Die Steaks darin von beiden Seiten bei starker Hitze anbraten. Die Hitze reduzieren, Thymian in die Pfanne geben.

Die Steaks bei mittlerer Hitze in 5–6 Minuten langsam fertig braten. Die Steaks sollten innen noch rosa sein.

5. In der Zwischenzeit die Butter für das Gemüse in einem Topf zerlassen. Die Gemüsestreifen darin andünsten.

6. Zitronenschale und Kapernstücke zum Gemüse geben und unterrühren. 120 ml Brühe hinzugießen und aufkochen. Das Gemüse zugedeckt bei schwacher Hitze etwa 6 Minuten dünsten. Gemüse mit Salz und Zucker abschmecken.

7. Die Steaks aus der Pfanne nehmen und warm halten. Restliche Brühe in die Pfanne geben und den Bratensatz aufkochen. Die Pfanne von der Kochstelle nehmen. Die kalte Butter in kleinen Stücken in die Sauce rühren.

8. Das Fleisch mit dem Gemüse und der Sauce anrichten.

Beilage: Kleine, neue Kartoffeln.

Tipp: 1 Esslöffel Schmand auf einen vorgewärmten Teller geben. Das Suppengemüse darauf anrichten. Der Schmand gibt dem Gemüse einen frisch-säuerlichen Geschmack.

Rindermedaillons mit Speck I

Raffiniert – etwas teurer

4 Portionen

Pro Portion:
E: 33 g, F: 13 g, Kh: 1 g, kJ: 1071, kcal: 255

4	Medaillons vom Rinderfilet (je etwa 120 g)
	Salz, frisch gemahlener Pfeffer
4 Scheiben	Frühstücksspeck (Bacon)
3 EL	Speiseöl, z. B. Rapsöl
1	große Tomate
125 g	Mozzarella-Käse
etwa 3 Stängel	Basilikum

Außerdem:

Küchengarn

Zubereitungszeit: 15 Minuten
Garzeit: etwa 40 Minuten

1. Den Backofen bei Ober-/Unterhitze auf 80 °C vorheizen. Einen feuerfesten Teller oder eine Auflaufform mit niedrigem Rand auf dem Rost auf mittlerer Einschubleiste miterwärmen.

2. Medaillons mit Küchenpapier trocken tupfen, mit Salz und Pfeffer würzen.

3. Jedes Medaillon mit 1 Scheibe Frühstücksspeck umwickeln, diese mit Küchengarn festbinden.

4. Speiseöl in einer Pfanne erhitzen. Die Medaillons darin etwa 3 Minuten von jeder Seite gut anbraten. Dann die Medaillons nebeneinander auf dem vorgewärmten Teller oder in der Auflaufform auf dem Rost in den vorgeheizten Backofen schieben. Die Medaillons etwa 15 Minuten garen.

5. In der Zwischenzeit die Tomate abspülen, abtrocknen und den Stängelansatz herausschneiden. Tomate in 4 Scheiben schneiden. Mozzarella abtropfen lassen und ebenfalls in 4 Scheiben schneiden.

6. Jedes Medaillon mit einer Tomaten- und Mozzarella-Scheibe belegen. Die Medaillons zurück in den Backofen schieben, weitere etwa 25 Minuten garen.

7. Das Basilikum abspülen, trocken tupfen und die Blättchen von den Stängeln zupfen. Medaillons mit Basilikum garniert und mit Pfeffer bestreut servieren.

Tipp: Hinweise zum Niedertemperaturgaren finden Sie im Ratgeberteil auf S. 277.

Rinderrouladen | Klassisch
4 Portionen

Pro Portion:
E: 44 g, F: 21 g, Kh: 8 g, kJ: 1654, kcal: 395

4	Rinderouladen (aus der Keule, je 180–200 g)
	Salz
	frisch gemahlener Pfeffer
2–3 TL	mittelscharfer Senf
60 g	durchwachsener Speck
4	Zwiebeln
2	mittelgroße Gewürzgurken
1 Bund	Suppengrün (Sellerie, Möhren, Porree)
3 EL	Speiseöl, z. B. Sonnenblumenöl
etwa 250 ml (¼ l)	heißes Wasser oder Gemüsebrühe
etwa 1 geh. TL	Speisestärke
3 EL	Wasser

Außerdem:

Rouladennadeln oder Küchengarn

Zubereitungszeit: 20 Minuten
Garzeit: etwa 1 ½ Stunden

1. Rinderrouladen mit Küchenpapier trocken tupfen, mit Salz und Pfeffer würzen. Die Rinderrouladen mit Senf bestreichen. Speck in dünne Scheiben schneiden. 2 Zwiebeln abziehen, halbieren. Zwiebeln und Gewürzgurken in Scheiben schneiden.

2. Die vorbereiteten Zutaten auf die Fleischscheiben geben. Die Scheiben von der schmalen Seite her aufrollen und mit Rouladennadeln feststecken oder mit Küchengarn zusammenbinden.

3. Die restlichen 2 Zwiebeln abziehen und vierteln. Sellerie und Möhren putzen, schälen, abspülen und abtropfen lassen. Porree putzen, die Stange längs halbieren, gründlich abspülen und abtropfen lassen. Vorbereitetes Suppengrün klein schneiden.

4. Öl in einem Bratentopf erhitzen. Die Rouladen von allen Seiten darin gut anbraten. Zwiebeln und Suppengrün kurz mitbraten. Gut die Hälfte des Wassers oder der Brühe zugießen. Die Rouladen zugedeckt etwa 1 ½ Stunden bei mittlerer Hitze schmoren.

5. Rouladen gelegentlich wenden. Verdampfte Flüssigkeit nach und nach durch heißes Wasser oder Brühe ersetzen. Die gegarten Rouladen (Rouladennadeln oder Küchengarn entfernen) auf einer vorgewärmten Platte anrichten und warm stellen.

6. Den Bratensatz durch ein Sieb streichen, mit Wasser oder Brühe auf 375 ml (³⁄₈ l) auffüllen und zum Kochen bringen. Speisestärke mit Wasser anrühren, in die kochende Sauce rühren und ohne Deckel bei schwacher Hitze etwa 5 Minuten leicht kochen. Die Sauce mit Salz, Pfeffer und Senf abschmecken.

Beilage: Blumenkohl, Rotkohl oder Erbsen und Möhren und Salzkartoffeln.

Tipps: Nach Belieben können Sie etwa 100 ml Wasser oder Gemüsebrühe durch Rotwein ersetzen und statt Zwiebeln 1 Bund Frühlingszwiebeln verwenden. Füllen Sie die Rouladen statt mit durchwachsenem Speck, Gewürzgurken und Zwiebeln mit Frühstücksspeckscheiben, geviertelten Möhrenstücken und Frühlingszwiebelstücken.

Rinderrouladen, süßsauer I

Mit Alkohol – deftig
8 Portionen

Pro Portion:
E: 50 g, F: 32 g, Kh: 16 g, kJ: 2393, kcal: 572

Zum Vorbereiten:

150 g	Schalotten
200 g	gemischtes Backobst
1 Bund	glatte Petersilie
500 g	Thüringer Mett
1 TL	gerebelter Majoran
8	Rinderrouladen
	(aus der Keule, je 180–200 g)
	Salz
	frisch gemahlener Pfeffer
40 g	Butterschmalz
300 ml	Gemüsebrühe
200 ml	trockener Rotwein
2	Lorbeerblätter
2 gestr. EL	Speisestärke
3 EL	Wasser

Außerdem:

Holzstäbchen oder
Rouladennadeln

Zubereitungszeit: 45 Minuten
Garzeit: etwa 1 ¾ Stunden

1. Zum Vorbereiten die Schalotten abziehen und in feine Spalten schneiden. Backobst in kleine Stücke schneiden.

2. Petersilie abspülen und trocken tupfen. Die Blättchen von den Stängeln zupfen. Einige Blättchen zum Garnieren beiseitelegen. Die restlichen Blättchen fein hacken.

3. Mett in eine Schüssel geben. Majoran und Petersilie unterkneten.

4. Rouladen mit Küchenpapier trocken tupfen, mit Salz und Pfeffer bestreuen. Die Mettmasse auf den Rouladen verteilen, von der schmalen Seite her aufrollen und mit Holzstäbchen oder Rouladennadeln feststecken.

5. Das Butterschmalz in einem Bräter zerlassen. Die Rouladen von allen Seiten gut darin anbraten und herausnehmen. Brühe zum Bratensatz gießen und zum Kochen bringen, bis sich der Bratensatz gelöst hat. Backobststückchen, Schalottenspalten, Rotwein, Lorbeerblätter und die angebratenen Rouladen hinzugeben. Rouladen zugedeckt bei schwacher Hitze etwa 1 ¾ Stunden schmoren. Die garen Rouladen herausnehmen (Holzstäbchen oder Rouladennadeln entfernen) und auf einer vorgewärmten Platte anrichten. Zugedeckt warm stellen.

6. Speisestärke mit Wasser anrühren. Angerührte Speisestärke unter Rühren in die Sauce geben, zum Kochen bringen und etwa 1 Minute kochen lassen. Sauce mit Salz und Pfeffer abschmecken. Lorbeerblätter entfernen.

7. Die Rouladen mit der Sauce und den beiseitegelegten Petersilienblättchen garniert servieren.

Rinderschmorbraten | Dauert länger

4 Portionen

Pro Portion:
E: 41 g, F: 16 g, Kh: 7 g, kJ: 1413, kcal: 337

750 g	**Rindfleisch (aus der Keule)**
	Salz
	frisch gemahlener Pfeffer
2	**Zwiebeln**
100 g	**Tomaten**
1 Bund	**Suppengrün (Sellerie, Möhren, Porree)**
3 EL	**Speiseöl, z. B. Sonnenblumen- oder Rapsöl**
1 TL	**gerebelter Thymian**
250 ml (¼ l)	**Gemüsebrühe**
	Tomatenmark
etwas	**Zucker**

Zubereitungszeit: 20 Minuten
Garzeit: etwa 1 ½ Stunden

1. Rindfleisch mit Küchenpapier trocken tupfen, mit Salz und Pfeffer einreiben. Die Zwiebeln abziehen und würfeln. Tomaten abspülen, abtropfen lassen, vierteln und die Stängelansätze herausschneiden. Tomaten in Stücke schneiden.

2. Sellerie und Möhren putzen, schälen, abspülen und abtropfen lassen. Den Porree putzen, die Stange längs halbieren, gründlich abspülen und abtropfen lassen. Vorbereitetes Suppengrün klein schneiden.

3. Öl in einem Bratentopf erhitzen. Das Fleisch darin von allen Seiten gut anbraten. Suppengrün zufügen, kurz mitbraten. Das Fleisch mit Thymian bestreuen. Etwas von der Gemüsebrühe zugießen, zum Kochen bringen. Das Fleisch zugedeckt etwa 1 ½ Stunden bei schwacher bis mittlerer Hitze schmoren.

4. Das Fleisch während des Schmorens gelegentlich wenden. Verdampfte Flüssigkeit nach und nach durch Gemüsebrühe ersetzen.

5. Nach dem Ende der Garzeit das gegarte Fleisch etwa 10 Minuten zugedeckt ruhen lassen, damit sich der Fleischsaft setzt. Das Fleisch dann in Scheiben schneiden und auf einer vorgewärmten Platte anrichten.

6. In der Zwischenzeit den Bratensatz mit dem Gemüse pürieren oder durch ein Sieb streichen, evtl. noch etwas Gemüsebrühe zufügen. Die Sauce erhitzen, mit Salz, Pfeffer, Tomatenmark und Zucker abschmecken. Die Sauce zum Braten servieren.

Beilage: Kartoffelklöße oder Salzkartoffeln und grüne Bohnen.

Tipps: Anstelle der Gemüsebrühe können Sie auch halb Gemüsebrühe, halb Rotwein verwenden. Reste von dem Schmorbraten können mit der Sauce eingefroren werden.

Rinderschulter, geschmort I

Für Gäste

4 Portionen

Pro Portion:

E: 55 g, F: 32 g, Kh: 25 g, kJ: 2571, kcal: 613

1 kg	*Rinderschulter*
	Salz, frisch gemahlener Pfeffer
4 EL	*Olivenöl*
3	*Zwiebeln*
1 EL	*Tomatenmark*
500–750 ml	
(¹/₂–³/₄ l)	*Fleischbrühe*
2	*Lorbeerblätter*
1 EL	*Senf*
500 g	*Kartoffeln*
300 g	*Knollensellerie*
400 g	*Möhren*
1 Stange	*Porree (Lauch)*
2 TL	*Speisestärke*

Zubereitungszeit: 30 Minuten
Garzeit: etwa 2 Stunden

1. Rinderschulter mit Küchenpapier trocken tupfen, evtl. Sehnen und das Fett abschneiden, mit Salz und Pfeffer würzen.

2. Das Öl in einem Bräter erhitzen. Das Fleisch von allen Seiten darin anbraten. Zwiebeln abziehen, vierteln und mit anbraten. Tomatenmark unterrühren, mit 500 ml (¹/₂ l) Fleischbrühe auffüllen, kurz aufkochen. Lorbeerblätter hinzugeben. Senf unterrühren.

3. Das Fleisch zugedeckt bei schwacher Hitze etwa 2 Stunden garen, dabei ab und zu wenden.

4. Kartoffeln, Sellerie und Möhren schälen, abspülen, abtropfen lassen und grob zerteilen. Porree putzen, die Stange längs halbieren, gründlich abspülen und in 2–3 cm große Stücke zerteilen.

5. Das Gemüse nach etwa 80 Minuten Garzeit zum Fleisch geben: zuerst die Kartoffeln, dann Sellerie, Möhren und zuletzt den Porree. Nach Bedarf etwas Brühe zugeben, dabei die Hitze wieder erhöhen und, sobald alles kocht, zurückschalten.

6. Das Fleisch aus dem Sud nehmen und in Scheiben schneiden. Speisestärke mit kaltem Wasser anrühren, in den kochende Sauce einrühren und kurz aufkochen lassen. Dann die Sauce mit Salz, Pfeffer und Senf abschmecken, mit dem Gemüse zum Fleisch servieren.

Tipp: Ein Teil der Fleischbrühe kann durch Rot- oder Weißwein ersetzt werden.

Rindersteaks mit Käsesauce I

Einfach

4 Portionen

Pro Portion:

E: 39 g, F: 32 g, Kh: 6 g, kJ: 1956, kcal: 468

> 4 *Rindersteaks (aus der Hüfte,*
> *je etwa 150 g)*
> *Salz*
> *frisch gemahlener Pfeffer*
> 4 EL *Speiseöl, z. B. Rapsöl*

Für die Käsesauce:

> 1 *Zwiebel*
> 20 g *Butter*
> 150 ml *Fleischbrühe*
> 100 g *Schlagsahne*
> 150 g *Sahne-Schmelzkäse*
> 1 TL *Speisestärke*
> 1 EL *kaltes Wasser*
> *frisch geriebene Muskatnuss*

> *einige*
> *Stängel Petersilie*

Zubereitungszeit: 20 Minuten

Garzeit: etwa 45 Minuten

1. Den Backofen bei Ober-/Unterhitze auf 80 °C vorheizen. Einen feuerfesten Teller oder eine Auflaufform mit niedrigem Rand auf dem Rost auf mittlerer Einschubleiste miterwärmen.

2. Die Rindersteaks mit Küchenpapier trocken tupfen und evtl. vorhandenes Fett abschneiden. Steaks mit Salz und Pfeffer würzen.

3. Speiseöl in einer Pfanne erhitzen. Die Steaks darin etwa 4 Minuten von jeder Seite gut anbraten. Dann die Steaks nebeneinander auf dem vorgewärmten Teller oder in der Auflaufform auf dem Rost in den vorgeheizten Backofen schieben. Die Steaks etwa 45 Minuten garen.

4. Für die Käsesauce Zwiebel abziehen, halbieren und fein würfeln. Butter in einem Topf zerlassen.

Die Zwiebelwürfel darin andünsten. Brühe und Sahne unterrühren, kurz aufkochen lassen. Die Sauce etwas einkochen lassen.

5. Käse in die Sauce einrühren. So lange rühren, bis der Käse geschmolzen ist.

6. Die Speisestärke mit Wasser verrühren und in die Sauce einrühren. Sauce nochmals kurz aufkochen lassen, mit Salz, Pfeffer und Muskat abschmecken.

7. Petersilie abspülen, trocken tupfen und die Blättchen von den Stängeln zupfen. Blättchen fein hacken. Die Rindersteaks mit der Käsesauce und Petersilie bestreut servieren.

Beilage: Bandnudeln mit Tomatenwürfeln und ein gemischter Salat.

Tipp: Hinweise zum Niedertemperaturgaren finden Sie im Ratgeberteil auf S. 277.

Rindfleisch in Portwein I

Mit Alkohol – einfach
4 Portionen

Pro Portion:
E: 43 g, F: 4 g, Kh: 30 g, kJ: 1583, kcal: 379

250 g	Zwiebeln
800 g	Tafelspitz
	Salz
	frisch gemahlener Pfeffer
10 EL	roter Portwein
200 g	Wild-Preiselbeeren
	(aus dem Glas)
2	Lorbeerblätter
	gemahlener Piment
	frisch geriebene Muskatnuss
1	Bio-Zitrone
	(unbehandelt, ungewachst)

Zubereitungszeit: 20 Minuten
Garzeit: etwa 2 Stunden

1. Die Zwiebeln abziehen, halbieren und in Spalten schneiden. Fleisch mit Küchenpapier trocken tupfen, mit Salz und Pfeffer einreiben.

2. Acht Esslöffel des Portweins, 100 g von den Preiselbeeren, Zwiebelspalten und Lorbeerblätter vermengen, in einen gewässerten Römertopf® (4-Liter-Inhalt) geben, dabei die Herstellungsanleitung beachten. Das Fleisch darauflegen. Den Römertopf® mit dem Deckel verschließen und auf dem Rost in den kalten Backofen schieben.
Ober-/Unterhitze: etwa 220 °C
Heißluft: etwa 200 °C
Das Rindfleisch etwa 2 Stunden garen.

3. Nach etwa 60 Minuten Garzeit das Fleisch umdrehen und im geschlossenen Römertopf® fertig garen. Nach dem Ende der Garzeit das Fleisch aus dem Römertopf® nehmen und zugedeckt warm stellen.

4. Die restlichen Preiselbeeren unter den Bratensud rühren. Die Sauce mit Salz, Pfeffer, Piment, Muskat und dem restlichen Portwein abschmecken.

5. Die Zitrone heiß abwaschen und abtrocknen. Die Zitrone halbieren und in Scheiben schneiden. Das Fleisch in dünne Scheiben schneiden, mit Portweinsauce und Zitronenscheiben anrichten.

Beilage: Roggenbrot oder Polenta-Nocken mit brauner Butter.

Rindfleischcurry **I** Einfach – beliebt
4 Portionen

Pro Portion:
E: 29 g, F: 23 g, Kh: 4 g, kJ: 1397, kcal: 336

500 g	*Rinderfilet oder Rumpsteak ohne Fettrand*
1	*grüne Chilischote*
100 g	*Bambussprossen, in Streifen (aus der Dose oder dem Glas)*
1 kleines	
Bund	*Basilikum*
400 ml	*Kokosmilch*
2 TL	*gelbe Currypaste*
2 TL	*Kurkuma (Gelbwurz)*
etwas	*Zucker*
	Salz

Zubereitungszeit: 20 Minuten
Garzeit: 8–10 Minuten

1. Das Rinderfilet oder Rumpsteak mit Küchenpapier trocken tupfen und in Streifen schneiden.

2. Chilischote halbieren, entstielen, entkernen, abspülen, abtrocknen und schräg in Streifen schneiden. Bambussprossen in ein Sieb geben und abtropfen lassen.

3. Basilikum abspülen und trocken tupfen. Die Blättchen von den Stängeln zupfen.

4. Kokosmilch in einer Pfanne erhitzen. Currypaste und Kurkuma unterrühren. Die Fleischstreifen, zwei Drittel der Basilikumblättchen, Chilistreifen, Bambussprossen und etwas Zucker hinzufügen. Zum Kochen bringen und 8–10 Minuten leicht kochen lassen.

5. Rindfleischcurry vor dem Servieren mit Salz würzen und mit den restlichen Basilikumblättchen bestreuen.

Beilage: Reis oder Couscous.

Rindfleischragout | Einfach

4 Portionen

Pro Portion:
E: 30 g, F: 20 g, Kh: 7 g, kJ: 1379, kcal: 329

600 g	*Rindfleisch ohne Knochen (z. B. aus der Schulter)*
etwa 750 ml	
(¾ l)	*Salzwasser*
1	*mittelgroße Zwiebel*
1	*kleines Lorbeerblatt*
4	*Pimentkörner*
1 Pck.	*TK-Suppengrün*
35 g	*Margarine*
30 g	*Weizenmehl*
1	*Zwiebel*
500 ml (½ l)	*Rindfleischbrühe*
	Salz
	frisch gemahlener Pfeffer
	Zucker
evtl. etwas	*Gurkenflüssigkeit*
1	*Gewürzgurke*

Zubereitungszeit: 30 Minuten
Garzeit: etwa 1 ½ Stunden

1. Rindfleisch mit Küchenpapier trocken tupfen und in Würfel schneiden. Salzwasser in einem Topf zum Kochen bringen. Die Fleischwürfel hineingeben, wieder zum Kochen bringen, abschäumen.

2. Zwiebel abziehen, mit Lorbeerblatt, Piment und Suppengrün hinzugeben. Das Fleisch zugedeckt in etwa 1 ½ Stunden gar kochen.

3. Das gare Fleisch aus dem Topf nehmen. Die Brühe durch ein Sieb gießen, dabei auffangen und etwa 500 ml (½ l) davon abmessen.

4. Für die Sauce die Margarine in einem Topf zerlassen. Das Weizenmehl unter Rühren so lange darin erhitzen, bis es braun ist. Die Zwiebel abziehen, fein würfeln und in das Mehl geben. Abgemessene Rindfleischbrühe hinzugießen, mit einem Schneebesen durchschlagen. Darauf achten, dass keine Klümpchen

entstehen. Die Sauce zum Kochen bringen, etwa 5 Minuten köcheln lassen. Das Fleisch in die Sauce geben. Das Ragout mit Salz, Pfeffer, Zucker und evtl. etwas Gurkenflüssigkeit abschmecken. Die Gewürzgurke in Würfel schneiden und in das Ragout geben.

Beilage: Petersilienkartoffeln und gebackene Rote Bete.

Tipp: Für die gebackene Rote Bete 4 vorgegarte Rote Betekugeln (500 g, mit Schale) jeweils in ein Stück Alufolie wickeln und bei Heißluft: etwa 150 °C im vorgeheizten Backofen etwa 15 Minuten backen. Zum Servieren die Alufolie öffnen, die Kugeln etwas einschneiden und vorsichtig aufdrücken. Jeweils 1 Esslöffel Schmand daraufgeben, mit Pfeffer bestreuen.

Roastbeef in Estragon-Rotwein-Sauce | Für Gäste – mit Alkohol

8 Portionen

Pro Portion:
E: 47 g, F: 15 g, Kh: 8 g, kJ: 1558, kcal: 372

1,6 kg	Roastbeef
	Salz
	frisch gemahlener Pfeffer
3 EL	Estragon-Senf oder mittelscharfer Senf
2–3 EL	Olivenöl
800 g	Staudensellerie
10	rote Zwiebeln
3	Knoblauchzehen
1 Bund	Estragon
2 EL	Olivenöl
2 TL	Zucker
200 ml	trockener Rotwein
300 ml	Rinderfond oder Fleischbrühe

Zubereitungszeit: 50 Minuten
Garzeit: etwa 1 ½ Stunden

1. Den Backofen bei Ober-/Unterhitze auf 95 °C vorheizen. Einen feuerfesten Teller oder eine Auflaufform auf dem Rost auf mittlerer Einschubleiste miterhitzen. Roastbeef mit Küchenpapier trocken tupfen, mit Salz und Pfeffer bestreuen und mit Senf einstreichen.

2. Öl in einem Bräter erhitzen. Das Roastbeef darin von allen Seiten etwa 10 Minuten anbraten.

3. Dann das Roastbeef auf dem vorgewärmten Teller oder in der Auflaufform auf dem Rost in den vorgeheizten Backofen schieben und etwa 1 ½ Stunden garen. Den Bräter mit dem Bratensatz beiseitestellen.

4. Etwa 40 Minuten vor dem Ende der Garzeit Sellerie putzen und die harten Außenfäden abziehen. Sellerie abspülen, abtropfen lassen und in etwa 3 cm lange Stücke schneiden.

5. Zwiebeln und Knoblauch abziehen, Zwiebeln vierteln, Knoblauch halbieren. Estragon abspülen und

trocken tupfen. Einige Stängel zum Garnieren beiseitelegen. Die Blättchen von den restlichen Stängeln zupfen.

6. Beiseitegestellten Bräter mit dem Bratensatz und Olivenöl erhitzen. Die Zwiebelviertel, Knoblauchhälften und Selleriestücke hinzufügen, kurz anbraten und etwa 10 Minuten unter gelegentlichem Rühren garen.

7. Zucker auf das Gemüse streuen und karamellisieren. Rotwein und Rinderfond oder Fleischbrühe hinzugießen. Estragonblättchen unterrühren, mit Salz und Pfeffer würzen. Die Sauce zum Kochen bringen und etwa 5 Minuten bei mittlerer Hitze etwas einkochen.

8. Roastbeef in Scheiben schneiden, mit Sauce und beiseitegelegten Estragonstängeln garniert servieren.

Beilage: Kartoffeln.

Tipp: Hinweise zum Niedertemperaturgaren finden Sie im Ratgeberteil auf S. 277.

Roastbeef in Malzbier I
Für Gäste
4 Portionen

Pro Portion:
E: 47 g, F: 12 g, Kh: 12 g, kJ: 1468, kcal: 350

800 g	Roastbeef
2 EL	Speiseöl, z. B. Rapsöl
400 g	Staudensellerie
1 Bund	Frühlingszwiebeln (etwa 250 g)
3	Knoblauchzehen
	Salz
	frisch gemahlener Pfeffer
1 EL	Estragon-Senf
200 ml	Malzbier

etwas Selleriegrün und Estragon

Zubereitungszeit: 40 Minuten
Garzeit: 50–60 Minuten

1. Roastbeef mit Küchenpapier trocken tupfen, evtl. Fett abschneiden.

2. Speiseöl in einer Pfanne erhitzen. Roastbeef darin von allen Seiten anbraten, herausnehmen und etwas abkühlen lassen.

3. Staudensellerie putzen und die harten Außenfäden abziehen. Den Sellerie abspülen, abtropfen lassen und in etwa 3 cm lange Stücke schneiden. Die Frühlingszwiebeln putzen, abspülen, abtropfen lassen und ebenfalls in 3 cm lange Stücke schneiden. Knoblauch abziehen und fein würfeln.

4. Die Sellerie- und Frühlingszwiebelstücke in einer Schüssel mischen. Knoblauch hinzugeben, mit Salz und Pfeffer würzen.

5. Die Gemüsemischung in einen gewässerten Römertopf® (3-Liter-Inhalt) geben, dabei die Herstelleranleitung beachten. Roastbeef mit Estragon-Senf bestreichen und darauflegen. Malzbier hinzugießen.

6. Den Römertopf® mit dem Deckel verschließen und auf dem Rost im unteren Drittel in den kalten Backofen schieben.
Ober-/Unterhitze: etwa 200 °C
Heißluft: etwa 180 °C
Roastbeef 50–60 Minuten garen.

7. Selleriegrün und Estragon abspülen, trocken tupfen und das Roastbeef damit garnieren.

Tipp: Statt Roastbeef gut abgehangene Rinderhüfte nehmen.

Roastbeef mit Blattspinat **I**

Etwas teurer
6 Portionen

Pro Portion:
E: 55 g, F: 34 g, Kh: 27 g, kJ: 2651, kcal: 632

1,2 kg	*Roastbeef*
	Salz, frisch gemahlener Pfeffer
4 EL	*Speiseöl, z. B. Olivenöl*
1 kg	*Blattspinat*
4 EL	*Speiseöl, z. B. Olivenöl*
etwa 600 g	*TK-Rösti*
2	*Zwiebeln*
3	*Knoblauchzehen*
40 g	*Butter*
125 g	*gewürfelter, roher Schinken*
	frisch geriebene Muskatnuss

Zubereitungszeit: 20 Minuten
Garzeit: etwa 2 ½ Stunden

1. Den Backofen bei Ober-/Unterhitze auf 80 °C vorheizen. Das Roastbeef mit Küchenpapier trocken tupfen, mit Salz und Pfeffer bestreuen.

2. Speiseöl in einem flachen Bräter erhitzen. Roastbeef darin von allen Seiten etwa 10 Minuten gut an-braten. Den Bräter auf dem Rost im unteren Drittel in den vorgeheizten Backofen schieben. Roastbeef etwa 2 ½ Stunden garen.

3. Etwa 20 Minuten vor dem Ende der Garzeit Spinat verlesen, dicke Stiele entfernen. Spinat gründlich waschen und in einem Sieb abtropfen lassen.

4. Speiseöl in einer Pfanne erhitzen. Die Rösti darin nach Packungsanleitung zubereiten.

5. Zwiebeln und Knoblauch abziehen, in kleine Würfel schneiden. Butter in einem Topf zerlassen. Zwiebel- und Knoblauchwürfel darin unter Rühren andünsten.

6. Schinkenwürfel hinzufügen, kurz anbraten. Spinat dazugeben und mit Salz, Pfeffer und Muskat würzen. Spinat zugedeckt bei schwacher Hitze etwa 5 Minuten garen. Spinat vorsichtig umrühren, nochmals mit Salz und Pfeffer abschmecken.

7. Das Roastbeef aus dem Backofen nehmen, danach in Scheiben schneiden und mit Spinat und Rösti servieren.

Tipps: Das Roastbeef schmeckt, in dünne Scheiben geschnitten und mit Remoulade serviert, auch kalt sehr gut. Hinweise zum Niedertemperaturgaren finden Sie im Ratgeberteil auf S. 277.

Roastbeef mit Kräuter-Senf-Kruste | Für Gäste

4 Portionen

Pro Portion:
E: 56 g, F: 15 g, Kh: 2 g, kJ: 1539, kcal: 367

1 kg Roastbeef
2–3 EL Speiseöl
  Salz, frisch gemahlener Pfeffer

Für die Kräuter-Senf-Kruste:
1 Bund Petersilie
je 1 kleines
Bund Majoran, Thymian, Basilikum
4 EL mittelscharfer Senf

Zubereitungszeit: 10 Minuten, ohne Ruhezeit
Garzeit: 35–40 Minuten

1. Den Backofen vorheizen.
Ober-/Unterhitze: etwa 220 °C
Heißluft: etwa 200 °C

2. Roastbeef mit Küchenpapier trocken tupfen und den Fettrand mit einem scharfen Messer entfernen.

3. Öl in einer Pfanne erhitzen. Das Roastbeef darin rundherum anbraten, mit Salz und Pfeffer würzen. Roastbeef in eine flache Auflaufform legen. Die Form auf dem Rost auf mittlerer Einschubleiste in den vorgeheizten Backofen schieben. Das Roastbeef etwa 20 Minuten garen.

4. Für die Kräuter-Senf-Kruste Kräuter abspülen, trocken tupfen. Die Blättchen von den Stängeln zupfen, fein hacken und mit Senf vermengen. Das Roastbeef mit der Kräuter-Senf-Mischung bestreichen, zurück in den Backofen schieben. Das Roastbeef weitere 15–20 Minuten garen.

5. Anschließend das Roastbeef etwa 10 Minuten zugedeckt ruhen lassen, damit sich der Fleischsaft setzt. Roastbeef in Scheiben schneiden und servieren.

Beilage: Baguette oder Bratkartoffeln, Brokkoli oder Spargel, Remouladensauce und Salat.

Roastbeef mit Zwiebel-Burgunder-Sauce | Mit Alkohol

4 Portionen

Pro Portion:
E: 46 g, F: 19 g, Kh: 17 g, kJ: 1930, kcal: 461

750 g	Roastbeef
	Salz
	frisch gemahlener Pfeffer
3 EL	Olivenöl
1 kg	Zwiebeln
6	Lorbeerblätter
250 ml (¼ l)	Rotwein
1–2 EL	Crème fraîche
1 EL	körniger Senf
evtl. 1–2 EL	dunkler Saucenbinder

Zubereitungszeit: 20 Minuten
Garzeit: etwa 20 Minuten

1. Roastbeef mit Küchenpapier trocken tupfen. Die Fettseite mit einem Messer leicht einschneiden. Das Fleisch mit Salz und Pfeffer einreiben.

2. Olivenöl in einem Bräter erhitzen. Das Roastbeef darin von allen Seiten gut anbraten. Zwiebeln abziehen, in Scheiben schneiden, mit den Lorbeerblättern zum Roastbeef geben und kurz mitbraten lassen.

3. Nach und nach Rotwein hinzugießen, kurz aufkochen. Roastbeef zugedeckt etwa 20 Minuten schmoren lassen.

4. Das gare Fleisch herausnehmen, in Alufolie wickeln, warm stellen und etwa 10 Minuten ruhen lassen.

5. Crème fraîche mit Senf verrühren, zum Bratensatz geben und kurz aufkochen lassen. Die Sauce mit Salz und Pfeffer abschmecken. Nach Belieben mit Saucenbinder andicken.

6. Danach das Roastbeef aus der Folie nehmen und in Scheiben schneiden. Roastbeefscheiben auf einer vorgewärmten Platte anrichten und mit der Sauce servieren.

Beilage: Röstkartoffeln, mit Rosmarinnadeln bestreut, und grüner Salat.

Roastbeef-Röllchen mit Kartoffelecken I Mit Alkohol

4 Portionen

Pro Portion:
E: 33 g, F: 32 g, Kh: 30 g, kJ: 2373, kcal: 566

8 dünne	
Scheiben	Roastbeef
	(je etwa 60 g)
1	kleine, rote Paprikaschote
1 Bund	Frühlingszwiebeln
80 g	mittelalter Gouda-Käse am Stück
	Salz, frisch gemahlener Pfeffer
3 EL	Olivenöl
40 ml	Weinbrand
450 g	TK-Kartoffelecken

Außerdem:

Holzstäbchen

Zubereitungszeit: 20 Minuten
Garzeit: etwa 30 Minuten

1. Den Backofen bei Ober-/Unterhitze auf 80 °C vorheizen. Eine Auflaufform mit niedrigem Rand auf dem Rost auf mittlerer Einschubleiste miterwärmen.

2. Fleischscheiben mit Küchenpapier trocken tupfen und den Fettrand abschneiden. Scheiben nebeneinander auf die Arbeitsfläche legen.

3. Die Paprikaschote halbieren, entstielen, entkernen und die weißen Scheidewände entfernen. Die Schote abspülen, abtropfen lassen und in Streifen schneiden. Frühlingszwiebeln putzen, abspülen, abtropfen lassen und in etwa 3 cm lange Stücke schneiden.

4. Den Käse in 8 fingerdicke, etwa 3 cm lange Stücke schneiden. Die Fleischscheiben mit Salz und Pfeffer bestreuen, jeweils mit 1–2 Paprikastreifen, 1–2 Frühlingszwiebelstücken und 1 Käsestück belegen. Die Fleischscheiben von der schmalen Seite her fest aufrollen und mit Holzstäbchen feststecken.

5. Olivenöl in einer Pfanne erhitzen. Die Roastbeef-Röllchen darin etwa 5 Minuten von allen Seiten gut anbraten. Dann die Röllchen in die vorgewärmte Auflaufform legen und auf dem Rost in den vorgeheizten Backofen schieben. Den Weinbrand unter Rühren in die Pfanne mit dem Bratensatz geben und zu den Röllchen in die Auflaufform geben. Die Röllchen etwa 30 Minuten garen.

6. Kartoffelecken nach Packungsanleitung in einer Pfanne zubereiten und mit den Roastbeef-Röllchen servieren.

Tipps: 1 Esslöffel Olivenöl in einer Pfanne erhitzen. Die restlichen Frühlingszwiebelstücke und evtl. Paprikastreifen darin unter Rühren anbraten, mit Salz und Pfeffer abschmecken und dazu servieren. Hinweise zum Niedertemperaturgaren finden Sie im Ratgeberteil auf S. 277.

Rollbraten mit Hackfüllung I

Dauert länger

4 Portionen

Pro Portion:

E: 35 g, F: 23 g, Kh: 12 g, kJ: 1667, kcal: 398

1	große, doppelte Rinderroulade (etwa 25 x 30 cm, vom Metzger zuschneiden lassen)
1	Zwiebel
200 g	Gehacktes vom Rind
1	Ei (Größe M)
2 EL	Semmelbrösel
1 TL	mittelscharfer Senf
	Salz
	frisch gemahlener Pfeffer
1 gestr. TL	Paprikapulver edelsüß
¼ TL	Chilipulver
1	rote Paprikaschote (etwa 200 g)
4 EL	Speiseöl, z. B. Rapsöl
400 ml	Fleischbrühe
1 Dose	passierte Tomaten (400 g)

Außerdem:

Küchengarn oder
Rouladennadeln

Zubereitungszeit: 20 Minuten
Garzeit: etwa 6 Stunden

1. Den Backofen bei Ober-/Unterhitze auf 80 °C vorheizen. Rinderroulade mit Küchenpapier trocken tupfen, evtl. vorhandenes Fett und Sehnen abschneiden.

2. Zwiebel abziehen und fein würfeln. Gehacktes mit Zwiebelwürfeln, Ei und Semmelbröseln vermengen, mit Salz, Pfeffer, Paprika- und Chilipulver würzen.

3. Paprikaschote halbieren, entstielen, entkernen und die weißen Scheidewände entfernen. Die Schotenhälften abspülen, abtropfen lassen und vierteln.

4. Fleisch mit Salz und Pfeffer bestreuen. Hackfleischmasse mittig darauf verteilen und mit den Paprikastücken belegen. Das Fleisch von der schmalen Seite her fest aufrollen und mit Küchengarn zusammenbinden oder mit Rouladennadeln feststecken.

5. Öl in einem großen, flachen Bräter erhitzen. Die Fleischrolle darin von allen Seiten etwa 10 Minuten gut anbraten. Brühe und passierte Tomaten unterrühren, kurz aufkochen lassen. Den Bräter auf dem Rost im unteren Drittel in den vorgeheizten Backofen schieben. Den Braten etwa 6 Stunden garen, dabei 2–3-mal wenden.

6. Küchengarn oder Rouladennadeln vom Rollbraten entfernen. Den Braten in Scheiben schneiden und mit der Sauce servieren.

Beilage: Petersilienkartoffeln, Kohlrabigemüse.

Tipp: Hinweise zum Niedertemperaturgaren finden Sie im Ratgeberteil auf S. 277.

Rumpsteak, doppeltes mit Püree

Mit Alkohol

4 Portionen

Pro Portion:

E: 50 g, F: 24 g, Kh: 24 g, kJ: 2314, kcal: 552

> 2 doppelte Rumpsteaks
> (je etwa 400 g)
> Salz
> frisch gemahlener Pfeffer
> 1 gestr. TL Kräuter der Provence
> 3 EL Speiseöl, z. B. Rapsöl
>
> 600 g mehligkochende Kartoffeln
> 400 g Petersilienwurzeln
> 1 gestr. TL Salz
> 150 ml heiße Milch
> 30 g Butter
> frisch geriebene Muskatnuss
>
> 60 ml Weinbrand

Zubereitungszeit: 70 Minuten

1. Den Backofen bei Ober-/Unterhitze auf 80 °C vorheizen. Einen großen, feuerfesten Teller oder eine Auflaufform mit niedrigem Rand auf dem Rost auf mittlerer Einschubleiste miterwärmen.

2. Steaks mit Küchenpapier trocken tupfen, evtl. entsehnen und das Fett abschneiden. Steaks mit Salz, Pfeffer und Kräutern der Provence würzen.

3. Das Öl in einer Pfanne erhitzen. Die Rumpsteaks darin von allen Seiten etwa 10 Minuten gut anbraten. Dann die Rumpsteaks auf dem vorgewärmten Teller oder in der Auflaufform in den vorgeheizten Backofen schieben und etwa 30 Minuten garen. Die Pfanne beiseitestellen.

4. In der Zwischenzeit die Kartoffeln und Petersilienwurzeln schälen, abspülen, abtropfen lassen und in Stücke schneiden. Die Kartoffel- und Petersilienwurzelstücke in einem Topf mit Wasser bedeckt zum Kochen bringen. Salz hinzufügen. Die Gemüsestücke in etwa 20 Minuten gar kochen.

5. Gemüsestücke abgießen, mit Milch und Butter zu Püree zerstampfen. Das Petersilienwurzel-Kartoffel-Püree mit Salz und Muskatnuss abschmecken.

6. Dann den Weinbrand in die beiseitegestellte Pfanne geben und den Bratensatz loskochen. Ausgetretenen Bratensaft der Rumpsteaks hinzufügen. Sauce mit Salz und Pfeffer abschmecken. Rumpsteaks in dicke Scheiben schneiden, mit Sauce und Petersilienwurzel-Kartoffel-Püree servieren.

Beilage: Gemischter Salat.

Tipps: Hinweise zum Niedertemperaturgaren finden Sie im Ratgeberteil auf S. 277.
Durch unterschiedliche Anbratzeiten können Sie den Gargrad der Rumpsteaks beim Niedertemperaturgaren variieren.
Bei einer Anbratzeit von etwa 8 Minuten sind die Rumpsteaks „rare"(innen noch blutig), bei einer Anbratzeit von etwa 10 Minuten sind sie „medium" (rosa) und bei einer Anbratzeit von etwa 12 Minuten „well-done" (durchgebraten).

Rumpsteaks mit gedünsteten Schalotten I Mit Alkohol

4 Portionen

Pro Portion:
E: 48 g, F: 27 g, Kh: 6 g, kJ: 1961, kcal: 468

Für die Schalotten:

> 750 g **Schalotten**
> 40 g **Butter**
> 4 EL **Weißwein**
> 1 TL **grüner Pfeffer, in Lake**
> **Salz**
> **frisch gemahlener Pfeffer**
>
> 4 **Rumpsteaks**
> 2 EL **Olivenöl**
> 1 EL **Butter**
>
> 2 EL **Weißwein**

Zubereitungszeit: 40 Minuten

1. Schalotten abziehen, große Schalotten halbieren. Butter in einer Pfanne zerlassen. Die Schalotten darin unter mehrmaligem Wenden andünsten. Wein und abgetropften, grünen Pfeffer hinzufügen, mit Salz und Pfeffer würzen. Die Schalotten zugedeckt etwa 10 Minuten dünsten, dabei ab und zu umrühren.

2. In der Zwischenzeit die Rumpsteaks mit Küchenpapier trocken tupfen. Das Fett an den Rändern etwas einschneiden.

3. Olivenöl und Butter in einer zweiten Pfanne erhitzen. Die Rumpsteaks hinzufügen und von jeder Seite etwa 3 Minuten braten, herausnehmen. Mit Salz und Pfeffer bestreuen. Die Rumpsteaks auf einer vorgewärmten Platte anrichten, zugedeckt warm stellen.

4. Weißwein zum Bratensatz geben und unter Rühren loskochen. Den Weinsud auf den Rumpsteaks verteilen. Schalotten auf der Platte mit anrichten.

Beilage: Bratkartoffeln.

Saltimbocca alla romana I

Mit Alkohol – schnell

4 Portionen

Pro Portion:
E: 25 g, F: 22 g, Kh: 3 g, kJ: 1385, kcal: 333

4 dünne	
Scheiben	*Kalbfleisch*
	(aus der Keule, je etwa 100 g)
4	*Salbeiblätter*
4 Scheiben	*Parmaschinken*
	Salz, frisch gemahlener Pfeffer
20 g	*Weizenmehl*
2–3 EL	*Speiseöl, z. B. Sonnenblumenöl*

Für die Sauce:

125 ml (¹/₈ l)	*Weißwein oder Wermut*
125 g	*Crème double*
	Zucker

Außerdem:

Holzstäbchen

Zubereitungszeit: 30 Minuten

1. Das Kalbfleisch mit Küchenpapier trocken tupfen. Salbeiblätter abspülen und trocken tupfen. Die Kalbfleischscheiben mit je 1 Scheibe Parmaschinken und 1 Salbeiblatt belegen, zusammenklappen und mit Holzstäbchen feststecken. Das Fleisch mit Salz und Pfeffer würzen, dann in Mehl wenden.

2. Das Speiseöl in einer Pfanne erhitzen. Das Fleisch darin von jeder Seite 3–4 Minuten braten. Das Fleisch auf eine vorgewärmte Platte geben und zugedeckt warm stellen.

3. Für die Sauce den Bratensatz mit Weißwein oder Wermut loskochen und etwas einkochen lassen (reduzieren). Crème double unterrühren. Die Sauce erhitzen, mit Salz, Pfeffer und Zucker abschmecken.

4. Den aus dem Fleisch ausgetretenen Fleischsaft unterrühren. Die Sauce über das Fleisch geben.

Beilage: Mit einem Döschen Safran (0,2 g) gekochter Reis oder Steinpilze und Baguette.

Tipp: Anstelle von Kalbfleisch können Sie auch Schweine- oder Putenschnitzel verwenden.

Sauerbraten I Mit Alkohol – klassisch
4 Portionen

Pro Portion:
E: 43 g, F: 13 g, Kh: 14 g, kJ: 1538, kcal: 368

750 g **Rindfleisch ohne Knochen
(aus der Oberschale)**

Für die Marinade:
2 **Zwiebeln**
1 Bund **Suppengrün (Sellerie, Möhren,
Porree)**
5 **Wacholderbeeren**
15 **Pfefferkörner**
5 **Pimentkörner**
2 **Gewürznelken**
1 **Lorbeerblatt**
250 ml (¼ l) **Weißweinessig**
375 ml (⅜ l) **Wasser oder Rotwein**

3 EL **Speiseöl, z. B. Sonnenblumen-
oder Rapsöl
Salz, frisch gemahlener Pfeffer**
375 ml (⅜ l) **Marinadenflüssigkeit**
50 g **Pumpernickel oder Honigkuchen**
etwas **Zucker**

Zubereitungszeit: 45 Minuten, ohne Marinierzeit
Garzeit: etwa 2 Stunden

1. Rindfleisch mit Küchenpapier trocken tupfen.

2. Für die Marinade Zwiebeln abziehen und in Scheiben schneiden. Sellerie und Möhren putzen, schälen, abspülen und abtropfen lassen. Den Porree putzen, die Stange längs halbieren, gründlich abspülen und abtropfen lassen. Vorbereitetes Suppengrün klein schneiden.

3. Zwiebeln und Suppengrün mit Wacholderbeeren, Pfefferkörnern, Pimentkörnern, Nelken, Lorbeerblatt, Weißweinessig und Wasser oder Rotwein verrühren. Das Fleisch in eine Schüssel geben und die Marinade hinzugießen. Das Fleisch zugedeckt etwa 2 Tage im Kühlschrank marinieren, dabei das Fleisch ab und zu wenden.

4. Anschließend das Fleisch aus der Marinade nehmen und trocken tupfen. Die Marinade durch ein Sieb gießen, 375 ml (⅜ l) davon abmessen. Marinade und Gemüse beiseitestellen.

5. Öl in einem Bräter erhitzen. Das Fleisch darin von allen Seiten kräftig anbraten, mit Salz und Pfeffer würzen. Das abgetropfte Gemüse zufügen und kurz mitbraten. Etwas von der abgemessenen Marinade zu dem Fleisch gießen. Das Fleisch zugedeckt etwa 30 Minuten bei mittlerer Hitze schmoren, dabei gelegentlich wenden. Verdampfte Flüssigkeit nach und nach durch Marinade ersetzen.

6. Pumpernickel oder Honigkuchen fein zerkleinern, zufügen und weitere etwa 1 ½ Stunden schmoren.

7. Das gegarte Fleisch zugedeckt etwa 10 Minuten ruhen lassen, damit sich der Fleischsaft setzt.

8. Den Bratensatz mit dem Gemüse durch ein Sieb streichen und nochmals erhitzen. Den Bratensatz mit Salz, Pfeffer und Zucker abschmecken. Das Fleisch in Scheiben schneiden und auf einer vorgewärmten Platte anrichten. Die Sauce zu dem Braten servieren.

Beilage: Makkaroni oder Kartoffelklöße und Rotkohl.

Schaschlik | Beliebt
4 Stück

Pro Stück:
E: 38 g, F: 25 g, Kh: 8 g, kJ: 1704, kcal: 408

etwa 600 g Schweineschulter

je 1 rote und gelbe Paprikaschote
1 Gemüsezwiebel
125 g durchwachsener Speck

etwas Speiseöl, z. B. Olivenöl
Schaschlikgewürz oder Pfeffer,
Salz und Paprikapulver

Außerdem:
4 Schaschlikspieße

Zubereitungszeit: 35 Minuten

1. Den Backofengrill auf etwa 240 °C vorheizen. Die Schweineschulter mit Küchenpapier trocken tupfen, in etwa 3 cm große Würfel schneiden.

2. Paprika halbieren, entstielen, entkernen, die weißen Scheidewände entfernen. Die Schoten abspülen, trocken tupfen und in Stücke schneiden.

3. Zwiebeln abziehen und Stücke schneiden. Speck in etwa 2 cm dicke Scheiben schneiden.

4. Die vorbereiteten Zutaten abwechselnd auf geölte Schaschlikspieße stecken. Schaschliks rundherum mit Speiseöl bestreichen.

5. Die Schaschlikspieße auf dem Rost (mit Alufolie belegt) unter dem vorgeheizten Grill des Backofens etwa 8 Minuten unter mehrmaligem Wenden grillen.

6. Schaschliks mit Schaschlikgewürz oder Pfeffer, Salz und Paprikapulver bestreuen und servieren.

Tipps: Probieren Sie die Schaschlikspieße mit Leber. Dazu etwa die Hälfte der Schweineschulter durch 4 Scheiben Schweineleber (etwa 250 g, nicht zu dick geschnitten) ersetzen. Die Leberscheiben in Stücke schneiden und mit auf die Spieße stecken. Zusätzlich die Schaschliks mit Rosmarin würzen.

Scheibenbraten **|** Einfach

4 Portionen

Pro Portion:
E: 31 g, F: 15 g, Kh: 22 g, kJ: 1471, kcal: 351

2 Stangen	*Porree (Lauch)*
400 g	*Kartoffeln*
4	*Möhren*
4	*Zwiebeln*
4 Scheiben	*Kasseler Nacken (je etwa 150 g)*
	Salz, frisch gemahlener Pfeffer
knapp 500 ml	
(½ l)	*Fleischbrühe*
2	*Lorbeerblätter*

Zubereitungszeit: 25 Minuten
Garzeit: 50–60 Minuten

1. Den Backofen vorheizen.
Ober-/Unterhitze: etwa 180 °C
Heißluft: etwa 160 °C

2. Den Porree putzen, längs halbieren, gründlich abspülen, abtropfen lassen und in etwa 2 cm dicke Streifen schneiden. Die Kartoffeln schälen, abspülen, abtropfen lassen und in Scheiben schneiden. Möhren putzen, schälen, abspülen, abtropfen lassen und in nicht zu dünne Scheiben schneiden. Zwiebeln abziehen, halbieren und in Scheiben schneiden.

3. Das Kasseler mit Küchenpapier trocken tupfen und die Scheiben nebeneinander in einen Bräter (gefettet) legen. Das Fleisch mit Zwiebeln, Porree, Möhren und Kartoffeln belegen, mit Salz und Pfeffer würzen.

4. Die Brühe angießen. Die Lorbeerblätter hinzufügen. Den Bräter zugedeckt auf dem Rost in den vorgeheizten Backofen schieben. Anschließend den Scheibenbraten 50–60 Minuten garen.

5. Nach 40–50 Minuten Garzeit den Deckel abnehmen und alles noch etwa 10 Minuten garen.

Tipps: Anstelle von Kasseler Nacken können Sie auch Schweinenackensteaks verwenden. Dann das Fleisch kräftig mit Salz und Pfeffer würzen und evtl. vor dem Einschichten kurz von beiden Seiten anbraten. So schmeckt es noch würziger. Sie können die Zutaten schon am Vortag zubereiten, in den Bräter schichten und erst am nächsten Tag in den vorgeheizten Backofen schieben.

Schichtbraten I Für Gäste
4–6 Portionen

Pro Portion:
E: 52 g, F: 18 g, Kh: 5 g, kJ: 1661, kcal: 397

1 Bund Suppengrün
1 Gemüsezwiebel
1 EL eingelegte, grüne Pfefferkörner (aus dem Glas)
300 g Hähnchenbrustfilet
8 dünne, große
Scheiben Rumpsteaks ohne Fettkante (etwa 400 g)
8 dünne, große
Scheiben Schweineschnitzel (etwa 400 g)
1 EL gerebelter Estragon
Salz, frisch gemahlener Pfeffer
75 g zerlassene Butter

Außerdem:

Küchengarn

Zubereitungszeit: 35 Minuten
Garzeit: etwa 70 Minuten

1. Suppengrün putzen, abspülen, abtropfen lassen und in sehr kleine Würfel schneiden. Zwiebel abziehen, zuerst in dünne Scheiben schneiden und dann in Ringe teilen. Pfefferkörner abtropfen lassen und klein hacken.

2. Hähnchenbrustfilet unter fließendem kalten Wasser abspülen und trocken tupfen. Die Rumpsteaks und die Schnitzel nur mit Küchenpapier trocken tupfen. Hähnchenbrustfilets in dünne, möglichst große Scheiben schneiden.

3. Acht etwa 30 cm lange Stücke Küchengarn abschneiden und im Abstand von etwa 2 cm nebeneinander auf die Arbeitsfläche legen. Eine Lage Rindfleischscheiben in Größe eines Römertopf®-Bodens (4-Liter-Inhalt) darauflegen, mit etwas Estragon, Salz und Pfeffer würzen. Darauf einige Gemüsewürfel streuen und mit Zwiebelringen belegen.

4. Den Vorgang so lange wiederholen, bis die Fleischscheiben aufgebraucht sind. Dabei die Fleischsorten wechseln und mit einer Lage Fleisch abschließen. Die Küchengarnfäden über dem Fleisch zusammenbinden.

5. Den Schichtbraten in den gewässerten Römertopf® legen, dabei die Herstelleranleitung beachten. Restliche Gemüsewürfel hinzugeben. Den Schichtbraten mit der zerlassenen Butter begießen. Den Römertopf® mit dem Deckel verschließen und auf dem Rost in den kalten Backofen schieben.
Ober-/Unterhitze: etwa 200 °C
Heißluft: etwa 180 °C
Schichtbraten etwa 70 Minuten garen.

6. Den Schichtbraten aus dem Römertopf® nehmen, das Küchengarn entfernen. Braten warm stellen.

7. Gemüse mit dem Bratensud in einen Topf gießen, aufkochen lassen und pürieren. Die Sauce nochmals mit den Gewürzen abschmecken. Den Schichtbraten in Scheiben schneiden und mit der Sauce servieren.

Beilage: Zucchinigemüse und Baguette.

Schinkenbraten „Hawaii" I

Fruchtig – für die Party – dauert länger

8 Portionen

Pro Portion:

E: 48 g, F: 10 g, Kh: 19 g, kJ: 1544, kcal: 369

1,6 kg	Schweinefleisch (2 Schinkenbraten aus der Oberschale) Salz frisch gemahlener Pfeffer
4 EL	Olivenöl
1 Dose	Ananasscheiben (Abtropfgewicht 510 g)
24	Gewürznelken
200 ml	Fleischbrühe
3 Dosen	Sauerkraut (Einwaage je 800 g)
6	Gewürznelken
2	Lorbeerblätter

Zubereitungszeit: 60 Minuten, ohne Ruhezeit
Garzeit: etwa 3 ½ Stunden

1. Den Backofen vorheizen.
Ober-/Unterhitze: etwa 140 °C
Heißluft: etwa 120 °C

2. Schweinefleisch mit Küchenpapier trocken tupfen, mit Salz und Pfeffer einreiben.

3. Das Olivenöl in einem großen Bräter erhitzen. Die Schinkenbraten evtl. nacheinander von allen Seiten darin anbraten.

4. Ananasscheiben in einem Sieb abtropfen lassen, den Saft dabei auffangen. Ananasscheiben halbieren und in Stücke schneiden.

5. Jeden Schinkenbraten in gleichmäßigen Abständen mit einem scharfen Messer etwa 1 cm tief einschneiden (etwa 12 Einschnitte). Je 1 Ananasstück in einen Einschnitt stecken. Jeden Schinkenbraten gleichmäßig mit Gewürznelken spicken. Die Schinkenbraten nebeneinander wieder in den Bräter legen. Etwas von der Brühe hinzugießen.

6. Den Bräter auf dem Rost im unteren Drittel in den vorgeheizten Backofen schieben. Schinkenbraten etwa 3 Stunden garen.

7. Nach etwa 2 Stunden Garzeit Sauerkraut mit einer Gabel etwas auseinanderzupfen. Sauerkraut, restliche Ananasstücke, Ananassaft, Nelken und Lorbeerblätter mit in den Bräter zum Schinkenbraten geben.

8. Nach etwa 3 Stunden Garzeit die Backofentemperatur auf Ober-/Unterhitze: etwa 220 °C, Heißluft: etwa 200 °C heraufschalten. Schinkenbraten weitere etwa 30 Minuten garen.

9. Den Schinkenbraten herausnehmen, auf eine Platte legen und etwa 10 Minuten zugedeckt ruhen lassen.

10. Sauerkraut mit Salz und Pfeffer abschmecken. Schinkenbraten in Scheiben schneiden und mit dem Sauerkraut servieren.

Beilage: Kartoffelpüree oder Bauernbrot.

Tipp: Falls kein großer Bräter vorhanden ist, können die Schinkenbraten nach dem Anbraten in einer Pfanne auch in einer Fettpfanne zubereitet werden.

Schlesischer Schwärtelbraten I

Einfach

6 Portionen

Pro Portion:

E: 45 g, F: 16 g, Kh: 3 g, kJ: 1412, kcal: 338

1 1/4 kg	*Schweinekeule mit Schwarte*
	Salz, frisch gemahlener Pfeffer
2–3 EL	*Sonnenblumenöl*
1 Bund	*Suppengrün (Möhre, Sellerie,*
	Porree)
1 TL	*Kümmelsamen*
etwa 250 ml	
(1/4 l)	*Fleischbrühe*

Zubereitungszeit: 30 Minuten

Garzeit: 1 1/2–2 Stunden

1. Den Backofen vorheizen.

Ober-/Unterhitze: etwa 200 °C

Heißluft: etwa 180 °C

2. Schweinekeule mit Schwarte unter fließendem kalten Wasser abspülen und trocken tupfen. Die Schwarte so einschneiden, dass Quadrate entstehen. Die Keule mit Salz und Pfeffer einreiben.

3. Das Sonnenblumenöl in einem großen Bräter erhitzen. Die Schweinekeule darin von allen Seiten gut anbraten.

4. Suppengrün putzen, abspülen, abtropfen lassen, in Stücke schneiden und kurz mit anbraten, dafür evtl. die Schweinekeule aus dem Bräter nehmen.

5. Die Keule mit der Schwarte nach oben in den Bräter geben und mit Kümmelsamen bestreuen. Etwas Fleischbrühe hinzugießen. Den Bräter auf dem Rost im unteren Drittel in den vorgeheizten Backofen schieben. Den Schwärtelbraten 1 1/2–2 Stunden garen.

6. Die verdampfte Flüssigkeit nach und nach durch Fleischbrühe ersetzen. Den Schwärtelbraten ab und zu mit dem Bratensatz begießen.

7. Den garen Braten aus dem Bräter nehmen und zugedeckt warm stellen. Bratensatz mit dem Suppengrün durch ein Sieb streichen. Evtl. noch etwas Brühe hinzugießen, sodass eine gebundene Sauce entsteht. Die Sauce kurz aufkochen lassen, mit Salz und Pfeffer abschmecken.

Tipp: Servieren Sie den Braten mit Möhren-Porree-Gemüse und Misch- oder Schwarzbrot.

Schmetterlingssteaks „Hawaii" I

Für Gäste

12 Portionen

Pro Portion:

E: 49 g, F: 17 g, Kh: 6 g, kJ: 1582, kcal: 377

12	*Schmetterlingssteaks vom Schwein (je 180 g)*
150 ml	*Sojasauce*
	frisch gemahlener Pfeffer
1 TL	*Paprikapulver edelsüß*
6 Scheiben	*Ananas (aus der Dose)*
6 Scheiben	*gekochter Schinken*
6 kleine Scheiben	*Gouda-Käse*
4 EL	*Olivenöl*

Außerdem:

Holzstäbchen

Zubereitungszeit: 40 Minuten
Garzeit: etwa 40 Minuten

1. Die Steaks mit Küchenpapier trocken tupfen. Die Steaks so weit aufschneiden, dass sie gut auseinandergeklappt werden können, sie aber noch zusammenhalten (evtl. bereits beim Metzger einschneiden lassen).

2. Die Steaks zusammengeklappt in einen Gefrierbeutel geben und flach klopfen. Danach die Steaks wieder aus dem Gefrierbeutel nehmen.

3. Sojasauce mit Pfeffer und Paprika verrühren. Die Steaks damit von innen und außen mit einem Pinsel bestreichen.

4. Den Backofen vorheizen.
Ober-/Unterhitze: etwa 180 °C
Heißluft: etwa 160 °C

5. Die Ananasscheiben in einem Sieb abtropfen lassen und halbieren. Schinkenscheiben ebenfalls halbieren. Käsescheiben vierteln.

6. Die Steaks aufklappen und der Reihe nach mit je 1 Käsescheibe, je ½ Schinken- und Ananasscheibe und zuletzt wieder mit je 1 Käsescheibe belegen. Die Steaks zusammenklappen und die Öffnung mit Holzstäbchen zusammenstecken.

7. Das Olivenöl portionsweise in einer Pfanne erhitzen. Die Steaks darin portionsweise kurz von beiden Seiten anbraten und auf ein Backblech legen. Das Backblech auf mittlerer Einschubleiste in den vorgeheizten Backofen schieben. Die Steaks etwa 40 Minuten garen.

Beilage: Kartoffel- oder Nudelsalat.

Schmorbraten mit Tomaten I

Etwas aufwendiger – mit Alkohol
6 Portionen

Pro Portion:
E: 52 g, F: 34 g, Kh: 12 g, kJ: 2487, kcal: 592

Für die Marinade:

3	Zwiebeln
2	Knoblauchzehen
1 Stück	Knollensellerie
1	Möhre
4 EL	Olivenöl
je 1 Stängel	Thymian, Rosmarin,
	Majoran und Petersilie
375 ml (³/₈ l)	Rotwein

1 ½ kg	Rindfleisch
3	Knoblauchzehen
	Salz
	frisch gemahlener Pfeffer
3 EL	Olivenöl
150 g	Knollensellerie
250 g	Möhren
8	kleine Zwiebeln
500–750 g	Tomaten
1 Prise	Zucker

Zubereitungszeit: 50 Minuten,
ohne Abkühl- und Marinierzeit
Garzeit: etwa 2 ½ Stunden

1. Für die Marinade Zwiebeln und Knoblauch abziehen und in kleine Würfel schneiden. Sellerie und Möhre schälen, abspülen, abtropfen lassen und ebenfalls in Würfel schneiden.

2. Olivenöl in einem Topf erhitzen. Die Zwiebel-, Knoblauch-, Sellerie- und Möhrenwürfel darin andünsten. Kräuter abspülen, trocken tupfen und zu den Gemüsewürfeln geben. Den Rotwein hinzugießen, zum Kochen bringen und etwa 5 Minuten kochen lassen. Marinade erkalten lassen.

3. Rindfleisch mit Küchenpapier trocken tupfen, in eine Schale legen und mit der Marinade übergießen. Das Rindfleisch zugedeckt etwa 24 Stunden im Kühl-

schrank marinieren, dabei das Fleisch ab und zu wenden.

4. Das Rindfleisch aus der Marinade nehmen und abtropfen lassen. Kräuter entfernen. Marinade und Gemüse beiseitestellen.

5. Den Knoblauch abziehen und fein würfeln. Das Rindfleisch damit einreiben, mit Salz und Pfeffer bestreuen.

6. Den Backofen vorheizen.
Ober-/Unterhitze: etwa 220 °C
Heißluft: etwa 200 °C

7. Olivenöl in einem Bräter erhitzen. Das Rindfleisch von allen Seiten darin anbraten. Sellerie und Möhren putzen, schälen, abspülen, abtropfen lassen und in Würfel schneiden. Zwiebeln abziehen.

8. Die vorbereiteten Zutaten zum Rindfleisch geben und andünsten. Die Hälfte der beiseitegestellten Marinade und das beiseitegestellte Gemüse (aus der Marinade) hinzugeben.

9. Den Bräter zugedeckt auf dem Rost in den vorgeheizten Backofen schieben. Fleisch etwa 2 ½ Stunden schmoren (das Fleisch ab und zu wenden).

10. Nach etwa 1 ½ Stunden Schmorzeit nach und nach die restliche Marinade hinzufügen. Das Rindfleisch dann weitere etwa 45 Minuten ohne Deckel weiterschmoren lassen.

11. Die Tomaten kreuzweise einschneiden und kurz in kochendes Wasser legen. Die Tomaten kurz in kaltem Wasser abschrecken, enthäuten, halbieren, entkernen. Die Stängelansätze herausschneiden. Die Tomaten in Stücke schneiden, zum Schmorbraten geben und die letzten 10–15 Minuten mitschmoren lassen.

12. Den Schmorbraten aus dem Bräter nehmen, kurz ruhen lassen und Scheiben schneiden. Fleischscheiben auf einer vorgewärmten Platte anrichten.

13. Die Gemüsesauce mit Salz, Pfeffer und Zucker abschmecken und dazureichen.

Schmorsteaks mit Oliven I
Dauert länger
4 Portionen

Pro Portion:
E: 63 g, F: 39 g, Kh: 6 g, kJ: 2666, kcal: 637

2 Scheiben	Hohe Rippe (je etwa 600 g) frisch gemahlener Pfeffer
1	Zwiebel
4 EL	Olivenöl
15	Oliven, mit Paprika gefüllt
2 EL	eingelegter, grüner Pfeffer (in Lake)
750 ml (³/₄ l)	Fleischbrühe
2	Tomaten
	Salz
1 EL	Weizenmehl
100 g	saure Sahne

Zubereitungszeit: 30 Minuten
Garzeit: etwa 1 ½ Stunden

1. Hohe Rippe unter fließendem kalten Wasser abspülen und trocken tupfen, mit Pfeffer würzen. Die Zwiebel abziehen und in kleine Würfel schneiden.

2. Das Olivenöl in einem Bräter erhitzen. Die Fleischscheiben darin von jeder Seite gut anbraten.

3. Die Zwiebelwürfel und Oliven hinzufügen und kurz mitbraten lassen. Grünen Pfeffer kurz abspülen, abtropfen lassen und unterrühren.

4. Brühe hinzugießen und zum Kochen bringen. Das Fleisch zugedeckt etwa 1 ½ Stunden bei schwacher Hitze schmoren lassen.

5. Tomaten abspülen, kreuzweise einschneiden und einige Sekunden in kochendes Wasser legen. Tomaten mit kaltem Wasser abschrecken, enthäuten, halbieren, entkernen und die Stängelansätze herausschneiden. Tomaten achteln und etwa 10 Minuten vor dem Ende der Garzeit zum Fleisch geben.

6. Das gare Fleisch herausnehmen und mit Salz bestreuen, warm stellen.

7. Mehl mit saurer Sahne anrühren, in die Sauce einrühren und kurz aufkochen. Die Sauce etwa 5 Minuten köcheln lassen.

Beilage: Baguette oder Reis.

Schnittlauchfleisch | Für Gäste
4 Portionen

Pro Portion:
E: 47 g, F: 5 g, Kh: 18 g, kJ: 1311, kcal: 314

800 g	*mageres Rindfleisch*
	(aus der Hüfte)
	Salz, frisch gemahlener Pfeffer
4	*Möhren (etwa 350 g)*
1	*Petersilienwurzel*
etwa 250 g	*Wirsing*
400 g	*festkochende Kartoffeln*
2 Bund	*Schnittlauch*
500 ml (½ l)	*Fleischbrühe*

Zubereitungszeit: 40 Minuten
Garzeit: etwa 2½ Stunden

1. Rindfleisch mit Küchenpapier trocken tupfen, mit Salz und Pfeffer würzen.

2. Möhren und Petersilienwurzel putzen, schälen, abspülen, abtropfen lassen und in Scheiben schneiden.

3. Vom Wirsing evtl. die groben, äußeren Blätter entfernen. Vom Wirsingstück den Strunk herausschnei-den. Wirsing abspülen, abtropfen lassen und in Stücke schneiden.

4. Kartoffeln schälen, abspülen, abtropfen lassen und in gleich große Würfel schneiden.

5. Den Schnittlauch abspülen, trocken tupfen, etwas Schnittlauch zum Garnieren beiseitelegen und den Rest in etwa 3 cm lange Stücke schneiden.

6. Die vorbereiteten Gemüsezutaten in einer Schüssel mischen, mit Salz und Pfeffer würzen, in den gewäs-serten Römertopf® (3-Liter-Inhalt) geben, dabei die Herstelleranleitung beachten. Gleichzeitig eine Ver-tiefung in das Gemüse hineindrücken. Rindfleisch in die Vertiefung legen, die Brühe angießen.

7. Den Römertopf® mit dem Deckel verschließen und auf dem Rost im unteren Drittel in den kalten Backofen schieben.
Ober-/Unterhitze: 180–200 °C
Heißluft: 160–180 °C
Das Fleisch etwa 2½ Stunden garen.

8. Schnittlauchfleisch in dünne Scheiben schneiden und mit den beiseitegelegten Schnittlauchhalmen garniert servieren.

Schnitzelpfanne | Für die Party

8 Portionen

Pro Portion:
E: 38 g, F: 21 g, Kh: 9 g, kJ: 1611, kcal: 385

8	Schweineschnitzel (ausgelöste Kotelettscheiben, je etwa 125 g)
	Salz, frisch gemahlener Pfeffer
40 g	Weizenmehl
4 EL	Olivenöl
4 Scheiben	gekochter Schinken
125 g	Camembert-Käse
8 TL	Preiselbeerdessert

Für die Sauce:

20 g	Butter
15 g	Weizenmehl
200 g	Schlagsahne
125 ml (1/8 l)	Fleischbrühe
100 g	Champignons
1 TL	mittelscharfer Senf

Zubereitungszeit: 35 Minuten
Garzeit: etwa 20 Minuten

1. Schnitzel mit Küchenpapier trocken tupfen, mit Salz und Pfeffer bestreuen. Schnitzel in Mehl wenden.

2. Jeweils die Hälfte des Öls in einer großen Pfanne erhitzen. Schnitzel in 2 Portionen von beiden Seiten darin anbraten. Schnitzel herausnehmen und in eine große, flache Auflaufform legen.

3. Die Schinkenscheiben halbieren, den Camembert in 8 Scheiben schneiden. Die Schinkenscheiben auf den Schnitzeln verteilen. Camembertscheiben darauflegen. Jeweils 1 Teelöffel Preiselbeeren auf die Käsescheiben geben.

4. Den Backofen vorheizen.
Ober-/Unterhitze: etwa 180 °C
Heißluft: etwa 160 °C

5. Für die Sauce Butter in einem Topf zerlassen. Mehl unter Rühren so lange darin erhitzen, bis es hellgelb

ist. Sahne und Brühe nach und nach hinzugießen, mit einem Schneebesen durchschlagen. Darauf achten, dass keine Klümpchen entstehen.

6. Die Sauce zum Kochen bringen und etwa 5 Minuten köcheln lassen, dabei gelegentlich umrühren.

7. Champignons putzen, mit Küchenpapier abreiben, evtl. kurz abspülen und gut abtropfen lassen. Champignons in Scheiben schneiden.

8. Senf unter die Sauce rühren. Die Sauce mit Salz und Pfeffer würzen. Champignons unterrühren. Die Sauce auf die eingeschichteten Zutaten gießen. Die Form auf dem Rost in den vorgeheizten Backofen schieben. Die Schnitzel etwa 20 Minuten garen.

Tipp: Das Auge isst mit, deshalb die Schnitzelpfanne mit Petersilienblättchen bestreut servieren.

Schulterbraten mit Spitzpaprika I
Preiswert – dauert länger
4 Portionen

Pro Portion:
E: 43 g, F: 38 g, Kh: 11 g, kJ: 2333, kcal: 558

> 800 g *magere Schweineschulter*
>   2 EL *Gyros-Gewürzmischung*
>   1 *Gemüsezwiebel*
>   2 *Knoblauchzehen*
>   5 EL *Speiseöl, z. B. Rapsöl*
>   1 EL *Tomatenmark*
>
> 600 g *grüne Spitzpaprikaschoten*
>   3 EL *Speiseöl, z. B. Rapsöl*
>   1 EL *Gyros-Gewürzmischung*
>
> 200 ml *Gemüsebrühe*
>   *Salz*
>   *frisch gemahlener Pfeffer*

Zubereitungszeit: 20 Minuten
Garzeit: etwa 4 Stunden

1. Den Backofen bei Ober-/Unterhitze auf 80 °C vorheizen. Von der Schulter Fett und Sehnen entfernen. Fleisch mit Küchenpapier trocken tupfen und mit der Gyros-Gewürzmischung bestreuen.

2. Zwiebel und Knoblauch abziehen und in kleine Würfel schneiden. Speiseöl in einem großen, flachen Bräter erhitzen. Das Fleisch darin etwa 10 Minuten von allen Seiten gut anbraten. Zwiebel- und Knoblauchwürfel hinzugeben und kurz mit anbraten.

3. Den Bräter auf dem Rost im unteren Drittel in den vorgeheizten Backofen schieben. Das Fleisch etwa 4 Stunden garen.

4. Nach etwa 2 Stunden Garzeit die Schulter einmal wenden und das Tomatenmark unter die Zwiebelmischung rühren. Dann den Bräter wieder zurück in den Backofen schieben, das Fleisch weitergaren lassen.

5. Etwa 25 Minuten vor dem Ende der Garzeit Paprikaschoten halbieren, entstielen, entkernen und die weißen Scheidewände entfernen. Die Schoten abspülen, abtropfen lassen und in mundgerechte Stücke schneiden.

6. Speiseöl in einem Topf erhitzen. Die Paprikastücke darin kurz anbraten. Gyros-Gewürzmischung unterrühren. Die Paprikastücke unter gelegentlichem Rühren etwa 5 Minuten dünsten. Evtl. etwas Wasser hinzugeben.

7. Den Braten aus dem Backofen nehmen und warm stellen. Brühe in den Bratenfond einrühren und kurz aufkochen lassen. Die Sauce mit Salz und Pfeffer abschmecken.

8. Den Schulterbraten in Scheiben schneiden, mit Sauce und Paprikagemüse servieren.

Beilage: Salzkartoffeln.

Tipp: Hinweise zum Niedertemperaturgaren finden Sie im Ratgeberteil auf S. 277.

Schwarzwälder Schäufele I

Einfach – mit Alkohol

4 Portionen

Pro Portion:

E: 32 g, F: 18 g, Kh: 2 g, kJ: 1222, kcal: 292

1 l   *Wasser*
1   *Zwiebel*
500 ml (½ l)   *Weißwein*
1 TL   *Salz*
3   *Gewürznelken*
1   *Lorbeerblatt*
4   *Wacholderbeeren*
5   *Pfefferkörner*
1–2 TL   *gerebelter Thymian*

750 g   *gepökelte, leicht*
geräucherte Schweineschulter
(oder Schweinenacken)

Zubereitungszeit: 15 Minuten
Garzeit: etwa 1 ½ Stunden

1. Wasser in einem Topf zum Kochen bringen. Zwiebel abziehen, mit Wein, Salz, Nelken, Lorbeerblatt, Wacholderbeeren, Pfefferkörnern und Thymian in den Topf geben. Das Ganze wieder zum Kochen bringen.

2. Die Schweineschulter mit Küchenpapier trocken tupfen. Das Fleisch in den Topf geben, zum Kochen bringen, evtl. abschäumen. Das Fleisch zugedeckt bei schwacher Hitze etwa 1 ½ Stunden gar ziehen lassen.

3. Das gare Fleisch aus dem Topf nehmen, in Scheiben schneiden und servieren.

Beilage: Kartoffelwürfel mit frischen Kräutern bestreut und rahmiges Sauerkraut. Dazu das Sauerkraut wie gewohnt kochen und dann etwas Béchamelsauce unterrühren.

Schwedische Köttbullar I

Beliebt – klassisch

4 Portionen

Pro Portion:
E: 37 g, F: 44 g, Kh: 25 g, kJ: 2705, kcal: 646

100 g	Semmelbrösel
250 ml (¼ l)	Milch
1	Zwiebel
600 g	Gehacktes vom Rind
etwa ½ TL	Salz
	frisch gemahlener Pfeffer
1	Ei (Größe M)
3 EL	Speiseöl, z. B. Sonnenblumenöl
3	Gewürzgurken
etwa 150 g	Schlagsahne
1–2 EL	Gurkensaft (aus dem Glas)

Zubereitungszeit: 40 Minuten, ohne Quellzeit

1. Semmelbrösel mit Milch in einer Schüssel gut verrühren und etwa 30 Minuten quellen lassen.

2. Zwiebel schälen und auf der Haushaltsreibe fein reiben oder sehr fein hacken. Gehacktes mit Semmel-bröselmasse, geriebener Zwiebel, Salz, Pfeffer und Ei zu einem geschmeidigen Teig verarbeiten.

3. Aus der Gehacktesmasse mit angefeuchteten Händen walnussgroße Bällchen formen.

4. Öl in der Pfanne erhitzen. Köttbullar evtl. portionsweise darin von beiden Seiten unter gelegentlichem Wenden bei mittlerer Hitze 8–10 Minuten braten. Köttbular aus der Pfanne nehmen und zugedeckt warm stellen.

5. Gurken in feine Würfel schneiden, mit Sahne und Gurkensaft ins restliche Bratfett geben, aufkochen und etwa 2 Minuten einkochen lassen. Die Sauce mit Salz und Pfeffer würzen.

6. Köttbullar wieder in die Sauce geben und kurz darin erwärmen.

Beilage: Salzkartoffeln oder Reis mit Blattsalat.

Tipps: Statt eingelegter Gurken Perlzwiebeln oder Senffrüchte verwenden. Noch preiswerter wird es, wenn Sie statt Rindergehacktes ersatzweise halb Rinder-, halb Schweinegehacktes nehmen.

Schweinebauch
mit Senffrüchten | Preiswert
8 Portionen

Pro Portion:
E: 33 g, F: 61 g, Kh: 8 g, kJ: 2967, kcal: 709

1,6 kg	**Schweinebauch mit Schwarte ohne Knochen**
120 g	**Zwiebeln**
220 g	**Möhren**
150 g	**Knollensellerie**
1 Stange	**Porree (Lauch)**
2–3 EL	**Speiseöl, z. B. Rapsöl**
	Salz
	frisch gemahlener Pfeffer
50 ml	**Weißweinessig**
400 ml	**Fleischbrühe**
1 Glas	**Senffrüchte (Abtropfgewicht 120 g)**
1 EL	**Honig**
1 EL	**mittelscharfer Senf**

Zubereitungszeit: 40 Minuten
Garzeit: etwa 4 Stunden

1. Den Backofen bei Ober-/Unterhitze auf 95 °C vorheizen. Das Schweinefleisch trocken tupfen. Die Schwarte rautenförmig etwa 1 cm tief einschneiden.

2. Zwiebeln abziehen und fein würfeln. Möhren und Sellerie putzen, schälen, abspülen, abtropfen lassen und in kleine Würfel schneiden.

3. Porree putzen, die Stange längs halbieren, gründlich abspülen und abtropfen lassen. Den Porree in etwa 1 cm große Stücke schneiden.

4. Das Öl in einem Bräter erhitzen. Den Schweinebauch mit Salz und Pfeffer würzen und darin von allen Seiten etwa 10 Minuten anbraten.

5. Zwiebelwürfel hinzufügen und kurz mit anbraten. Dann Sellerie- und Möhrenwürfel in den Bräter geben, unterrühren und ebenfalls kurz anbraten. Zum Schluss die Porreestücke unterrühren. Weißweinessig und Fleischbrühe hinzugießen. Senffrüchte abtropfen

lassen, evtl. in kleine Stücke schneiden, mit Honig und Senf unterrühren, das Ganze kurz aufkochen lassen.

6. Den Bräter auf dem Rost im unteren Drittel in den vorgeheizten Backofen schieben. Den Schweinebauch etwa 4 Stunden garen, dabei 2–3-mal wenden.

7. Den Schweinebauch aus dem Bräter nehmen und auf eine hitzebeständige Platte legen. Diese auf dem Rost in den Backofen schieben und die Schwarte unter dem vorgeheizten Backofengrill (etwa 240 °C) 5–10 Minuten knusprig grillen.

8. Die Sauce evtl. nochmals kurz aufkochen lassen und mit Salz und Pfeffer abschmecken. Den Schweinebauch in Scheiben schneiden und mit der Sauce servieren.

Beilage: Kartoffeln oder Semmelknödel.

Tipps: Die Schweinebauchschwarte bereits vom Metzger in kleine Rauten schneiden lassen. Hinweise zum Niedertemperaturgaren finden Sie im Ratgeberteil auf S. 277.

Schweinebraten „Asia-Style" mit buntem Kohlgemüse | Einfach

6 Portionen

Pro Portion:
E: 51 g, F: 28 g, Kh: 28 g, kJ: 2397, kcal: 572

1 ¼ kg	Schweinekotelett am Stück ohne Knochen
220 g	Zwiebeln
2	Knoblauchzehen
4 EL	Sesamöl
	Salz, frisch gemahlener Pfeffer
1 EL	Currypulver
1 TL	gemahlener Kreuzkümmel
3 EL	Sambal-Sauce, feurig scharf
120 ml	Tomatenketchup
3 EL	Sojasauce
2 EL	Fischsauce
300 ml	Fleischbrühe

Für das Kohlgemüse:

1 kg	Weißkohl
120 g	Zwiebeln
30 g	Ingwerwurzel
4 EL	Erdnussöl
2 EL	ungeschälte Sesamsamen
1 EL	Rohrzucker
250 ml (¼ l)	Hühnerbrühe
220 g	rote Paprikaschoten
1	Mango

Zubereitungszeit: 50 Minuten
Garzeit: etwa 3 Stunden

1. Den Backofen bei Ober-/Unterhitze auf 95 °C vorheizen. Das Fleisch mit Küchenpapier trocken tupfen.

2. Zwiebeln und Knoblauch abziehen und in kleine Würfel schneiden. Das Sesamöl in einem Bräter erhitzen. Das Schweinefleisch mit Salz und Pfeffer würzen, darin von allen Seiten etwa 10 Minuten anbraten.

3. Zwiebel- und Knoblauchwürfel hinzufügen und mit anbraten. Currypulver, Kreuzkümmel, Sambal-Sauce, Ketchup, Soja-, Fischsauce und Fleischbrühe unterrühren und kurz aufkochen lassen.

4. Den Bräter auf dem Rost im unteren Drittel in den vorgeheizten Backofen schieben. Den Schweinebraten etwa 3 Stunden garen, dabei 2–3-mal wenden.

5. Etwa 45 Minuten vor dem Ende der Garzeit für das Gemüse den Weißkohl putzen, vierteln, abspülen und den Strunk herausschneiden. Kohl in feine Streifen schneiden. Zwiebeln abziehen, Ingwer schälen. Beides fein würfeln.

6. Das Öl in einem Topf erhitzen. Die Zwiebelwürfel darin andünsten. Ingwer, Sesamsamen, Rohrzucker und Weißkohlstreifen unterrühren, mit Salz würzen. Brühe hinzugießen und zum Kochen bringen. Weißkohlstreifen 10–12 Minuten garen.

7. Paprikaschoten halbieren, entstielen, entkernen und die weißen Scheidewände entfernen. Schoten abspülen, abtropfen lassen und würfeln. Die Paprikawürfel unter den Kohl rühren.

8. Mango halbieren, das Fruchtfleisch vom Stein schneiden und schälen. Fruchtfleisch würfeln, unter das Kohlgemüse rühren und kurz erwärmen.

9. Den Schweinebraten aus dem Bräter nehmen und in Scheiben schneiden. Die Sauce evtl. nochmals mit den Gewürzen abschmecken, mit Fleisch und Kohlgemüse servieren.

Tipp: Hinweise zum Niedertemperaturgaren finden Sie im Ratgeberteil auf S. 277.

Schweinebraten in Bier I Mit Alkohol

6–8 Portionen

Pro Portion:
E: 60 g, F: 36 g, Kh: 8 g, kJ: 2551, kcal: 611

2 kg	Schweinerollbraten
	(aus der Schulter)
	Salz
	frisch gemahlener Pfeffer
3 EL	Speiseöl, z. B. Sonnenblumenöl
2	kleine Zwiebeln
2	Möhren
4	Knoblauchzehen
2 gestr. EL	Weizenmehl
100 ml	Apfel- oder
	Obstessig
1 Flasche	
(0,33 l)	helles Bier
100 ml	Fleisch- oder Gemüsefond
4 EL	mittelscharfer Senf
2 EL	Semmelbrösel
50 g	kalte Butter

Zubereitungszeit: 45 Minuten
Garzeit: etwa 2 1/4 Stunden

1. Den Rollbraten mit Küchenpapier trocken tupfen, mit Salz und Pfeffer würzen.

2. Speiseöl in einem Bräter erhitzen. Den Rollbraten darin etwa 5 Minuten rundherum anbraten. Den Rollbraten aus dem Bräter nehmen.

3. Zwiebeln abziehen, zuerst in Scheiben schneiden, dann in Ringe teilen. Möhren putzen, schälen, abspülen, abtropfen lassen und in Würfel schneiden. Knoblauch abziehen.

4. Den Backofen vorheizen.
Ober-/Unterhitze: etwa 160 °C
Heißluft: etwa 140 °C

5. Zwiebelringe, Möhrenwürfel und Knoblauch in dem verbliebenen Bratfett unter mehrmaligem Rühren bei mittlerer Hitze anbraten. Das Mehl daraufstäuben und

mit einem Kochlöffel gut durchrühren, damit das Mehl das Gemüse bedeckt. Nochmals etwa 2 Minuten unter gelegentlichem Rühren weiterbraten, mit Essig und Bier ablöschen. Die Zutaten aufkochen lassen und bei mittlerer Hitze auf die Hälfte einkochen lassen. Dann den Fleisch- oder Gemüsefond hinzugießen und wieder zum Kochen bringen.

6. Anschließend den angebratenen Rollbraten (mit dem Saft, der aus dem Braten herausgelaufen ist) wieder in den Bräter legen. Den Bräter auf dem Rost in den vorgeheizten Backofen schieben. Den Rollbraten etwa 2 Stunden garen, dabei den Rollbraten zwischendurch wenden.

7. Den Braten aus dem Bräter nehmen. Von dem Rollbraten das Netz bzw. Küchengarn entfernen. Den Rollbraten auf ein Backblech (gefettet) legen. Die Backofentemperatur um etwa 80 °C erhöhen (Ober-/Unterhitze: etwa 240 °C, Heißluft: etwa 220 °C).

8. Den entstandenen Bratenfond durch ein Sieb in einen Topf gießen und etwa 15 Minuten leicht einkochen lassen. In der Zwischenzeit den Rollbraten gleichmäßig mit 2 Esslöffeln Senf bestreichen und mit Semmelbröseln bestreuen. Dabei die Semmelbrösel vorsichtig andrücken. Die Panade mit hauchdünn geschnittenen Butterscheiben belegen.

9. Das Backblech in den heißen Backofen schieben. Die Panade 10–15 Minuten überbacken, bis eine feste, braune Kruste entstanden ist.

10. Den restlichen Senf mit einem Schneebesen unter den leicht eingekochten Bratenfond rühren. Nochmals mit Salz und Pfeffer abschmecken. Den Schweinebraten vom Backblech nehmen, in Scheiben schneiden, auf einer vorgewärmten Platte anrichten und mit der Sauce servieren.

Beilage: Kartoffelpüree oder in Butter geschwenkte Salzkartoffeln.

Tipps: Gut schmeckt der Braten auch mit Malzbier. Der Braten ist fertig, wenn das Fleisch beim Hineinstechen mit einer Fleischgabel leicht von der Fleischgabel fällt.

Schweinebraten mit dicken Bohnen | Deftig – dauert länger

6–8 Portionen

Pro Portion:
E: 53 g, F: 34 g, Kh: 31 g, kJ: 2676, kcal: 639

1,6 kg	gepökelter Schweinekrustenbraten
	frisch gemahlener Pfeffer
1–2 TL	Gyros-Gewürzmischung
5	Zwiebeln
4 EL	Speiseöl, z. B. Olivenöl
3 kg	frische, dicke Bohnen
1 Topf	Bohnenkraut
3 EL	Speiseöl, z. B. Olivenöl
120 g	gewürfelter, roher Schinken
150 ml	Wasser
150 g	Schlagsahne
1 gestr. TL	Salz
250 ml (¼ l)	Fleischbrühe
1 EL	Weizenmehl
2 EL	kaltes Wasser

Zubereitungszeit: 30 Minuten
Garzeit: etwa 5 Stunden

1. Den Backofen bei Ober-/Unterhitze auf 80 °C vorheizen. Vom Krustenbraten Schwarte und Fett abschneiden. Fleisch mit Küchenpapier trocken tupfen, mit Pfeffer und Gyros-Gewürzmischung bestreuen.

2. Die Zwiebeln abziehen und in Würfel schneiden. Speiseöl in einem großen, flachen Bräter erhitzen. Das Fleisch darin etwa 10 Minuten von allen Seiten gut anbraten. Etwa zwei Drittel der Zwiebelwürfel hinzugeben und kurz mit anbraten.

3. Den Bräter auf dem Rost im unteren Drittel in den vorgeheizten Backofen schieben. Das Fleisch etwa 5 Stunden garen.

4. Etwa 60 Minuten vor dem Ende der Garzeit die Bohnenkerne aus den Hülsen palen. Bohnenkraut abspülen und trocken tupfen.

5. Öl in einem Topf erhitzen. Die restlichen Zwiebel- und die Schinkenwürfel darin anbraten. Bohnenkerne, Bohnenkraut, Wasser, Sahne und Salz hinzufügen, zum Kochen bringen und zugedeckt etwa 20 Minuten köcheln lassen. Bohnenkraut entfernen. Die Bohnen mit Salz und Pfeffer würzen.

6. Das Fleisch aus dem Backofen nehmen und warm stellen. Fleischbrühe in den Bratenfond einrühren und zum Kochen bringen. Mehl mit Wasser anrühren, in die Sauce einrühren, kurz aufkochen und etwa 5 Minuten köcheln lassen. Sauce mit Salz und Pfeffer würzen.

7. Den Schweinebraten in Scheiben schneiden, mit der Sauce und den dicken Bohnen servieren.

Beilage: Kartoffelbrei.

Tipps: Sie können auch 2 Gläser (Abtropfgewicht je 360 g) dicke Bohnen verwenden. Lassen Sie unter Punkt 5 die Bohnen etwa 20 Minuten vor dem Ende der Garzeit abtropfen. Geben Sie die Bohnen nur mit Sahne und Bohnenkraut zu den angebratenen Zwiebel- und Schinkenwürfeln. Köcheln Sie die Bohnen etwa 5 Minuten.
Hinweise zum Niedertemperaturgaren finden Sie im Ratgeberteil auf S. 277.

Schweinebraten mit Kräuterkruste **I Dauert länger**

4 Portionen

Pro Portion:
E: 48 g, F: 38 g, Kh: 10 g, kJ: 2442, kcal: 583

800 g	*Schweinekotelett am Stück ohne Knochen*
4 EL	*Olivenöl*
1	*Knoblauchzehe*
1	*Bio-Zitrone (unbehandelt, ungewachst)*
1–2 TL	*gerebelter Rosmarin*
1–2 TL	*gerebelter Thymian*
1–2 TL	*Koriandersamen*
2 EL	*Olivenöl*
	Salz, frisch gemahlener Pfeffer
500 g	*Champignons*
20 g	*Butter*
200 g	*Schlagsahne*
200 ml	*Fleischbrühe*
1 Bund	*Frühlingszwiebeln*
1 TL	*Speisestärke oder Weizenmehl*
1 EL	*kaltes Wasser*

Zubereitungszeit: 30 Minuten
Garzeit: etwa 4 Stunden

1. Den Backofen bei Ober-/Unterhitze auf 80 °C vorheizen. Einen feuerfesten Teller oder eine Auflaufform mit niedrigem Rand auf dem Rost auf mittlerer Einschubleiste miterwärmen.

2. Das Fleisch mit Küchenpapier trocken tupfen und das Fett abschneiden. Öl in einer Pfanne erhitzen. Das Fleisch darin etwa 10 Minuten von allen Seiten gut anbraten.

3. Knoblauch abziehen und fein würfeln. Zitrone heiß abwaschen, abtrocknen und die Schale fein abreiben.

4. Knoblauch mit Rosmarin, Thymian, Koriandersamen und Zitronenschale in einem Mörser fein zerreiben. Mit dem Olivenöl verrühren und mit Salz und Pfeffer würzen. Das angebratene Fleisch mit der Kräutermischung bestreichen.

5. Das Kräuterfleisch auf dem vorgewärmten Teller oder in der Auflaufform auf dem Rost in den vorgeheizten Backofen schieben und etwa 4 Stunden garen.

6. Etwa 45 Minuten vor dem Ende der Garzeit Champignons putzen und je nach Größe halbieren oder vierteln. Butter in einer Pfanne zerlassen. Die Champignons darin in 3 Portionen nacheinander anbraten und aus der Pfanne nehmen.

7. Sahne und Brühe unter Rühren in die Pfanne gießen. Die Sauce kurz aufkochen. Champignons unterrühren und etwa 5 Minuten köcheln lassen.

8. Frühlingszwiebeln putzen, abspülen, abtropfen lassen und schräg in feine Ringe schneiden.

9. Stärke oder Mehl mit Wasser anrühren und in die Sauce einrühren. Sauce nochmals kurz aufkochen, etwa 5 Minuten köcheln lassen, mit Salz und Pfeffer abschmecken. Frühlingszwiebelringe unterrühren und kurz erwärmen.

10. Den Schweinebraten in Scheiben schneiden, mit der Champignonsauce servieren.

Beilage: Reis.

Tipp: Hinweise zum Niedertemperaturgaren finden Sie im Ratgeberteil auf S. 277.

Schweinebraten mit Kräuter-Senf-Hülle | Einfach

4 Portionen

Pro Portion:
E: 44 g, F: 27 g, Kh: 6 g, kJ: 1856, kcal: 445

1	Zwiebel
1	Knoblauchzehe
2–3 EL	mittelscharfer Senf
1 Pck.	TK-Kräuter der Provence
800 g	Schweinenacken ohne Knochen
	Salz, frisch gemahlener Pfeffer
2 EL	Sonnenblumenöl
150 ml	heiße Fleisch- oder Gemüsebrühe
500 g	Suppengrün (Sellerie, Möhren,
	Porree)
20 g	Butter
125 ml (1/8 l)	Gemüsebrühe
evtl. 1 TL	Speisestärke
evtl. 1–2 EL	Wasser

Zubereitungszeit: 35 Minuten
Garzeit: etwa 60 Minuten

1. Den Backofen vorheizen.
Ober-/Unterhitze: etwa 200 °C
Heißluft: etwa 180 °C

2. Zwiebel und Knoblauch abziehen und fein würfeln, mit Senf und Kräutern verrühren.

3. Schweinenacken mit Küchenpapier trocken tupfen. Das Fleisch mit Salz und Pfeffer würzen.

4. Sonnenblumenöl in einem Bräter erhitzen. Das Fleisch darin rundherum gut anbraten. Dann den Braten oben und an den Seiten mit der Senf-Kräuter-Mischung einstreichen.

5. Den Bräter auf dem Rost in den vorgeheizten Backofen schieben. Das Fleisch etwa 15 Minuten garen und anschließend die Fleischbrühe hinzugießen. Den Bräter zurück in den Backofen schieben. Den Braten weitere etwa 35 Minuten garen. Verdampfte Flüssigkeit durch heiße Fleischbrühe oder Wasser ersetzen.

6. In der Zwischenzeit das Suppengrün putzen. Dazu Sellerie schälen. Möhren putzen und schälen. Sellerie und Möhren abspülen und abtropfen lassen. Porree putzen. Die Stange längs halbieren, gründlich waschen und abtropfen lassen. Das vorbereitete Suppengrün in dünne Streifen schneiden.

7. Etwa 15 Minuten vor dem Ende der Garzeit Butter in einem Topf zerlassen. Zuerst die Möhren- und Selleriestreifen darin unter gelegentlichem Rühren andünsten. Dann die Porreestreifen hinzufügen und ebenfalls unter gelegentlichem Rühren kurz andünsten. Gemüsebrühe hinzugießen und das Gemüse zugedeckt etwa 5 Minuten dünsten. Das Gemüse mit Salz und Pfeffer abschmecken.

8. Anschließend den garen Braten aus dem Bräter nehmen und auf eine vorgewärmte Platte legen. Den Braten warm stellen.

9. Sauce zum Kochen bringen. Nach Belieben Speisestärke mit Wasser anrühren und unter Rühren in die kochende Sauce gießen. Die Sauce aufkochen lassen und mit Salz und Pfeffer abschmecken. Kräuter-Senf-Braten in Scheiben schneiden, mit Sauce und Gemüse servieren.

Beilage: Frisch aufgebackenes Kräuterbaguette oder Spätzle und ein grüner Salat.

Schweinebraten mit Rotkohl I

Klassisch – dauert länger
6–8 Portionen

Pro Portion:
E: 53 g, F: 31 g, Kh: 24 g, kJ: 2464, kcal: 590

1 ½ kg	Schweinefleisch (aus der Unterschale)
	Salz, frisch gemahlener Pfeffer
4	Zwiebeln
150 g	Knollensellerie
4 EL	Speiseöl, z. B. Rapsöl
1 EL	Tomatenmark
1 EL	mittelscharfer Senf
1 Kopf	Rotkohl (etwa 1,4 kg)
50 g	Schweineschmalz
120 g	gewürfelter, roher Schinken
75 ml	Rotweinessig
500 ml (½ l)	Fleischbrühe
8	Gewürznelken
3	Lorbeerblätter
¼ gestr. TL	gemahlener Zimt
1 gestr. EL	Zucker
2	Äpfel
120 g	Johannisbeergelee
250 ml (¼ l)	Fleischbrühe
100 g	Schlagsahne

Zubereitungszeit: 20 Minuten
Garzeit: etwa 5 Stunden

1. Den Backofen bei Ober-/Unterhitze auf 80 °C vorheizen. Das Fleisch mit Küchenpapier trocken tupfen und mit Salz und Pfeffer bestreuen.

2. Zwiebeln abziehen, halbieren und in kleine Würfel schneiden. Sellerie schälen, abspülen, abtropfen lassen und in etwa 1 cm große Würfel schneiden. Speiseöl in einem großen, flachen Bräter erhitzen. Das Fleisch darin etwa 10 Minuten von allen Seiten gut anbraten.

3. Etwa die Hälfte der Zwiebelwürfel und die Selleriewürfel hinzugeben und kurz mit anbraten. Tomatenmark und Senf unterrühren.

4. Den Bräter auf dem Rost im unteren Drittel in den vorgeheizten Backofen schieben und das Fleisch etwa 5 Stunden garen.

5. Etwa 60 Minuten vor dem Ende der Garzeit vom Rotkohl die groben, äußeren Blätter entfernen, Kohl vierteln, den Strunk herausschneiden. Kohlviertel waschen, abtropfen lassen, in feine Streifen schneiden.

6. Schweineschmalz in einem Topf zerlassen. Restliche Zwiebelwürfel und die Schinkenwürfel darin anbraten. Essig und Fleischbrühe hinzugießen. Rotkohlstreifen, Nelken, Lorbeerblätter, Zimt, Zucker und Pfeffer hinzufügen. Das Ganze einmal aufkochen lassen und zugedeckt etwa 40 Minuten köcheln lassen.

7. Äpfel schälen, halbieren, entkernen und in kleine Würfel schneiden. Apfelwürfel mit dem Johannisbeergelee unter den Rotkohl rühren, nochmals kurz aufkochen lassen und mit Salz und Pfeffer abschmecken.

8. Den Schweinebraten aus dem Backofen nehmen und warm stellen. Fleischbrühe in den Bratensatz einrühren und zum Kochen bringen. Sahne einrühren und die Sauce mit Salz und Pfeffer abschmecken. Schweinebraten in Scheiben schneiden und mit dem Rotkohl und der Sauce servieren.

Tipp: Hinweise zum Niedertemperaturgaren finden Sie im Ratgeberteil auf Seite 277.

Schweinebraten mit süßsaurer Sauce | Raffiniert
6–8 Portionen

Pro Portion:
E: 51 g, F: 11 g, Kh: 41 g, kJ: 2229, kcal: 532

1 ¹/₂ kg	*Schweinefleisch (aus der Oberschale)*
	Salz
¹/₂ gestr. TL	*Currypulver*
¹/₂ gestr. TL	*Chilipulver*
1 Msp.	*gemahlener Koriander*
4 EL	*Speiseöl, z. B. Sonnenblumenöl*
1 Glas	*saure Gurken (Abtropfgewicht 185 g)*
2	*Zwiebeln*
3	*Knoblauchzehen*
30 g	*Ingwerwurzel*
1	*rote Paprikaschote*
1 Bund	*Frühlingszwiebeln*
150 g	*Sojasprossen*
500 ml	*Asia-Sauce, süßsauer*
1 Dose	*Ananasstücke (Abtropfgewicht 340 g)*

Zubereitungszeit: 20 Minuten
Garzeit: etwa 5 Stunden

1. Den Backofen bei Ober-/Unterhitze auf 80 °C vorheizen. Einen großen, feuerfesten Teller oder eine Auflaufform mit niedrigem Rand im unteren Drittel auf dem Rost miterwärmen.

2. Vom Schweinefleisch das Fett und evtl. Sehnen entfernen. Schweinefleisch mit Küchenpapier trocken tupfen und mit Salz, Curry-, Chilipulver und Koriander bestreuen.

3. Speiseöl in einer Pfanne erhitzen. Das Schweinefleisch darin von allen Seiten etwa 10 Minuten gut anbraten. Das angebratene Fleisch auf dem vorgewärmten Teller oder in der Auflaufform in den vorgeheizten Backofen schieben. Das Fleisch etwa 5 Stunden garen. Pfanne mit dem Bratensatz beiseitestellen.

4. Etwa 30 Minuten vor dem Ende der Garzeit Gurken in einem Sieb abtropfen lassen und in Würfel schneiden. Zwiebeln und Knoblauch abziehen und in kleine Würfel schneiden. Ingwer schälen und fein würfeln.

5. Paprikaschote halbieren, entstielen, entkernen und die weißen Scheidewände entfernen. Die Schote abspülen, abtropfen lassen und in feine Streifen schneiden. Frühlingszwiebeln putzen, abspülen, abtropfen lassen und in feine Ringe schneiden.

6. Die beiseitegestellte Pfanne mit dem Bratensatz erwärmen. Zwiebel-, Knoblauch- und Ingwerwürfel darin anbraten. Sojasprossen hinzufügen und kurz mitbraten. Die Asia-Sauce unter Rühren hinzugießen. Gurkenwürfel, Paprikastreifen und Ananasstücke mit dem Saft hinzugeben. Sauce kurz aufkochen lassen. Frühlingszwiebelringe dazugeben und miterwärmen.

7. Den Schweinebraten aus dem Backofen nehmen. Bratensaft in die Sauce einrühren. Braten in Scheiben schneiden und mit der süßsauren Sauce servieren.

Beilage: Reis.

Tipp: Hinweise zum Niedertemperaturgaren finden Sie im Ratgeberteil auf S. 277.

Schweinefilet mit Chinakohl und Spätzle I

Exotisch – mit Alkohol
4 Portionen

Pro Portion:
E: 39 g, F: 34 g, Kh: 17 g, kJ: 2300, kcal: 551

500 g	Schweinefilet

Für die Marinade:

3 EL	Sojasauce
2 EL	Sherry
etwas	gemahlener Ingwer
etwas	gemahlener Koriander

2 ½ l	Wasser
2 ½ gestr. TL	Salz
250 g	Spätzle

1 kg	Chinakohl
500 ml (½ l)	Rinderbrühe

Für die Sauce:

375 ml (³/₈ l)	Rinderbrühe (vom Chinakohl)
200 g	Schlagsahne
1 Pck.	Zwiebelsuppe, Feinschmecker-Art

3 EL	Speiseöl, z. B. Sonnenblumenöl

Zubereitungszeit: 40 Minuten, ohne Marinierzeit

1. Schweinefilet mit Küchenpapier trocken tupfen, Fett und Haut entfernen. Filet in etwa ½ cm dicke Scheiben schneiden. Sojasauce, Sherry, Ingwer und Koriander gut verrühren. Die Fleischscheiben damit bestreichen und zum Marinieren etwa 2 Stunden zugedeckt in den Kühlschrank stellen.

2. Das Wasser in einem großen Topf zugedeckt zum Kochen bringen. Dann Salz und Spätzle zugeben. Die Spätzle im geöffneten Topf bei mittlerer Hitze nach Packungsanleitung knapp gar kochen lassen, dabei gelegentlich umrühren. Anschließend die Spätzle in ein Sieb geben, mit heißem Wasser abspülen und abtropfen lassen.

3. Chinakohl putzen, den Kohl vierteln, den Strunk herausschneiden. Kohl abspülen, abtropfen lassen und in feine Streifen schneiden. Die Brühe in einem Topf zum Kochen bringen. Die Kohlstreifen hineingeben und etwa 5 Minuten darin garen, dann in einem Sieb abtropfen lassen. Dabei die Brühe auffangen und für die Sauce 375 ml (³/₈ l) davon abmessen.

4. Den Backofen vorheizen.
Ober-/Unterhitze: etwa 200 °C
Heißluft: etwa 180 °C

5. Für die Sauce die aufgefangene Brühe und Sahne in einem Topf zum Kochen bringen. Zwiebelsuppenpulver hinzugeben und unter Rühren aufkochen lassen. Kohlstreifen unterheben.

6. Öl in einer Pfanne erhitzen. Fleisch aus der Marinade nehmen und in der Pfanne kurz von beiden Seiten anbraten.

7. Spätzle und Fleischscheiben in eine große, flache Auflaufform (gefettet) geben. Die Kohlstreifen mit der Sauce darauf verteilen. Die Form auf dem Rost in den vorgeheizten Backofen schieben und das Ganze etwa 30 Minuten garen.

Schweinefilet mit Kruste I Für Gäste

8 Portionen

Pro Portion:
E: 36 g, F: 25 g, Kh: 10 g, kJ: 1689, kcal: 403

2	*Schweinefilets (je etwa 600 g)*
	Salz, frisch gemahlener Pfeffer
4 EL	*Olivenöl*
8 dünne	
Scheiben	*fetter Speck (je etwa 15 g)*

Für die Bröselkruste:

60 g	*Semmelbrösel*
1	*Eigelb (Größe M)*
50 g	*weiche Butter*
3 geh. TL	*mittelscharfer Senf*
25 g	*TK-Kräuter-Mischung*

Für die Sauce:

125 ml (¹/₈ l)	*Wasser*
50 ml	*Balsamico-Essig*
100 ml	*Fleischfond*
4 EL	*Sojasauce*
1 geh. TL	*Zucker*
	Paprikapulver edelsüß
2 TL	*Speisestärke*
etwas	*kaltes Wasser*

Zubereitungszeit: 60 Minuten
Garzeit: etwa 35 Minuten

1. Den Backofen vorheizen.
Ober-/Unterhitze: etwa 200 °C
Heißluft: etwa 180 °C

2. Die Schweinefilets mit Küchenpapier trocken tupfen, evtl. Sehnen oder Haut entfernen. Das Fleisch mit etwas Salz und Pfeffer würzen. Das Öl in einer Pfanne erhitzen. Die Filets darin rundherum anbraten. Speckscheiben darauf verteilen und die Filets nebeneinander in einen Bräter legen.

3. Für die Kruste die Semmelbrösel mit Eigelb, Butter, Senf und Kräutern verrühren und mit Salz und Pfeffer würzen. Die Masse vorsichtig auf den Speckscheiben verteilen und etwas andrücken.

4. Den Bräter auf dem Rost auf mittlerer Einschubleiste in den vorgeheizten Backofen schieben. Das Filet etwa 10 Minuten garen.

5. In der Zwischenzeit für die Sauce Wasser mit Essig, Fond, Sojasauce, Zucker, Paprikapulver und Pfeffer in einem kleinen Topf verrühren, zum Kochen bringen.

6. Nach dem Ende der Garzeit die Sauce neben das Filet in den Bräter geben. Das Filet noch weitere etwa 25 Minuten garen.

7. Das Fleisch vorsichtig aus dem Bräter nehmen und etwa 10 Minuten zugedeckt ruhen lassen. Die Sauce etwas einkochen lassen. Die Speisestärke mit Wasser anrühren, in die kochende Sauce einrühren und kurz aufkochen lassen. Die Sauce evtl. nochmals mit den Gewürzen abschmecken.

8. Das Fleisch in Scheiben schneiden und mit der Sauce servieren.

Tipp: Wer es asiatisch mag, kann dazu eine Asia-Gemüse-Mischung im Wok zubereiten und servieren.

Schweinefilet mit Pfirsichen I
Fruchtig
4 Portionen

Pro Portion:
E: 36 g, F: 14 g, Kh: 24 g, kJ: 1520, kcal: 364

2	Zwiebeln
1	gelbe Paprikaschote
1	rote Paprikaschote
600 g	Schweinefilet
	Salz, frisch gemahlener Pfeffer
4 EL	Speiseöl, z. B. Rapsöl
80 ml	Fleischbrühe
120 ml	Tomatenketchup
¼ TL	Chilipulver
4	Pfirsiche
einige	
Stängel	Petersilie

Zubereitungszeit: 30 Minuten
Garzeit: etwa 60 Minuten

1. Den Backofen bei Ober-/Unterhitze auf 80 °C vorheizen. Zwiebeln abziehen, halbieren und in kleine Würfel schneiden. Paprikaschoten halbieren, entstielen, entkernen und die weißen Scheidewände entfernen. Die Schoten abspülen, abtropfen lassen und in Streifen schneiden.

2. Das Schweinefilet mit Küchenpapier trocken tupfen, evtl. vorhandenes Fett und Sehnen abschneiden. Filet mit Salz und Pfeffer bestreuen. Das Speiseöl in einem großen, flachen Bräter erhitzen. Das Filet darin von allen Seiten etwa 10 Minuten gut anbraten.

3. Zwiebelwürfel und Paprikastreifen hinzufügen, kurz unter Rühren ebenfalls anbraten. Brühe und Ketchup unterrühren. Die Gemüse-Saucen-Mischung mit Salz, Pfeffer und Chilipulver abschmecken. Den Bräter auf dem Rost im unteren Drittel in den vorgeheizten Backofen schieben. Das Filet etwa 60 Minuten garen.

4. Etwa 30 Minuten vor dem Ende der Garzeit die Pfirsiche mit kochendem Wasser übergießen, etwa 1 Minute ziehen lassen, danach mit kaltem Wasser abschrecken und enthäuten. Pfirsiche halbieren und entsteinen. Pfirsiche in Spalten schneiden und zum Schweinefilet in den Bräter geben. Den Bräter zurück in den Backofen schieben und das Schweinefilet zu Ende garen.

5. Petersilie abspülen, trocken tupfen und die Blättchen von den Stängeln zupfen. Blättchen fein hacken. Das Schweinefilet in Scheiben schneiden, mit Sauce, Pfirsichen und Petersilie bestreut servieren.

Beilage: Pommes frites.

Tipps: Statt frischer Pfirsiche können Sie auch Pfirsiche aus der Dose nehmen.
Hinweise zum Niedertemperaturgaren finden Sie im Ratgeberteil auf S. 277.

Schweinefilet, mit Sojasauce mariniert | Einfach

4 Portionen

Pro Portion:
E: 40 g, F: 12 g, Kh: 5 g, kJ: 1238, kcal: 296

> 2 Schweinefilets (je etwa 350 g)
etwa 100 ml Sojasauce
20 g Butter
frisch gemahlener Pfeffer
Paprikapulver edelsüß

Für die Sauce:
250 ml (¼ l) Fleischbrühe
1–2 EL Weizenmehl
3 EL kaltes Wasser
4 EL Schlagsahne

Zubereitungszeit: 20 Minuten, ohne Marinierzeit
Garzeit: etwa 25 Minuten

1. Schweinefilets mit Küchenpapier trocken tupfen, enthäuten und entfetten. Die Filets in eine Schale legen und mit Sojasauce begießen. Die Schale mit Frischhaltefolie zudecken und etwa 30 Minuten in den Kühlschrank stellen. Die Filets 2–3-mal in der Sojasauce wenden.

2. Den Backofen vorheizen.
Ober-/Unterhitze: etwa 200 °C
Heißluft: etwa 180 °C

3. Butter in einem kleinen Topf zerlassen. Die Filets aus der Sojasauce nehmen, mit Küchenpapier trocken tupfen und mit Pfeffer und Paprika würzen. Filets in eine Auflaufform legen und mit zerlassener Butter bestreichen. Die Form auf dem Rost in den vorgeheizten Backofen schieben. Die Filets etwa 25 Minuten garen.

4. Das gare Fleisch auf eine vorgewärmte Platte legen, zugedeckt noch einige Minuten ruhen lassen.

5. Für die Sauce die Fleischbrühe in die Auflaufform gießen. Den Bratensatz mit einem Pinsel vom Boden und vom Rand der Form lösen. Das Ganze in einen Topf abgießen und zum Kochen bringen.

6. Mehl mit Wasser anrühren und in die Sauce einrühren. Die Sauce unter Rühren zum Kochen bringen und etwa 5 Minuten köcheln lassen. Sahne unterrühren. Sauce mit Salz, Pfeffer und Sojasauce (von der Marinade) abschmecken. Das Fleisch in Scheiben schneiden und mit der Sauce anrichten.

Beilage: Gemüse und Salzkartoffeln oder Vollkorn-Baguette.

Schweinefilet, überbacken I
Beliebt
4 Portionen

Pro Portion:
E: 37 g, F: 23 g, Kh: 11 g, kJ: 1475, kcal: 353

500 g	Schweinefilet
2–3 EL	Rapsöl
	Salz
	frisch gemahlener Pfeffer
200 g	Champignons
1–2 EL	Rapsöl
1 EL	Crème fraîche
1 TL	mittelscharfer Senf
einige Spritzer	Worcestersauce
100 g	geriebener Emmentaler Käse

Zubereitungszeit: 30 Minuten
Garzeit: etwa 15 Minuten

1. Das Schweinefilet evtl. entsehnen, enthäuten und mit Küchenpapier trocken tupfen. Das Filet in 8 gleich dicke Medaillons schneiden.

2. Öl in einer großen Pfanne erhitzen. Die Medaillons darin (evtl. in 2 Portionen) von beiden Seiten gut anbraten, mit Salz und Pfeffer würzen. Dann aus der Pfanne nehmen und nebeneinander in eine Auflaufform (gefettet) legen. Die Pfanne beiseitestellen.

3. Den Backofen vorheizen.
Ober-/Unterhitze: etwa 200 °C
Heißluft: etwa 180 °C

4. Champignons putzen, mit Küchenpapier abreiben, evtl. abspülen, gut abtropfen lassen und in Scheiben schneiden,

5. Das Öl in der beiseitegestellten Pfanne erhitzen. Die Champignonscheiben darin anbraten, mit Salz und Pfeffer würzen. Crème fraîche und Senf unterrühren, mit Worcestersauce abschmecken.

6. Die Champignonmasse auf den Medaillons verteilen. Den Käse daraufstreuen.

7. Die Auflaufform auf dem Rost in den vorgeheizten Backofen schieben. Die Medaillons etwa 15 Minuten überbacken.

Tipp: Die Medaillons vor dem Servieren noch mit 2 fein gewürfelten Tomaten und 1 Esslöffel gehackte Petersilie bestreuen.

Schweinefilet-Kartoffel-Pfanne I
Mit Alkohol
4 Portionen

Pro Portion:
E: 45 g, F: 29 g, Kh: 23 g, kJ: 2300, kcal: 549

600 g	*Schweinefilet*
4 EL	*Sojasauce*
600 g	*kleine Kartoffeln*
150 g	*durchwachsener Speck*
250 g	*Champignons*
3	*Frühlingszwiebeln*
6 EL	*Olivenöl*
125 ml (⅛ l)	*Rotwein*
	Salz, frisch gemahlener Pfeffer
	Paprikapulver edelsüß
1 EL	*Schnittlauchröllchen*

Zubereitungszeit: 50 Minuten,
ohne Marinier- und Abkühlzeit

1. Schweinefilet mit Küchenpapier trocken tupfen, Fett und Haut entfernen. Filet in etwa 1 cm dicke Scheiben schneiden. Filetscheiben in eine Schüssel legen, mit der Sojasauce beträufeln und zum Marinieren zugedeckt 3–4 Stunden in den Kühlschrank stellen, dabei zwischendurch wenden.

2. Kartoffeln gründlich waschen, mit Wasser bedeckt zum Kochen bringen und zugedeckt in 20–25 Minuten gar kochen. Kartoffeln abgießen, mit kaltem Wasser abschrecken, abtropfen lassen, etwas abkühlen lassen und pellen.

3. Speck in Streifen schneiden. Champignons putzen, mit Küchenpapier abreiben, evtl. kurz abspülen und trocken tupfen. Größere Champignons halbieren.

4. Die Frühlingszwiebeln putzen, abspülen, abtropfen lassen und in Ringe schneiden. Schweinefilet aus der Marinade nehmen und trocken tupfen.

5. Etwas von dem Speiseöl in einer Pfanne erhitzen. Das Schweinefilet darin von beiden Seiten anbraten und herausnehmen. Restliches Speiseöl in der Pfanne erhitzen. Kartoffeln hinzugeben und goldgelb braten, Speckstreifen mit anbraten. Frühlingszwiebelringe, Schweinefilet und Rotwein hinzufügen, mit Salz, Pfeffer und Paprika würzen. Die Zutaten zum Kochen bringen und etwa 5 Minuten garen. Die Schweinefilet-Kartoffel-Pfanne mit Schnittlauchröllchen bestreuen und in der Pfanne servieren.

Tipps: Größere Kartoffeln evtl. vierteln. Die Kartoffeln am Vorabend kochen, pellen und zugedeckt kalt stellen. Statt des Rotweins Fleisch- oder Gemüsebrühe verwenden.

Schweinefiletpfanne mit Spätzle I
Für die Party
10–12 Portionen

Pro Portion:
E: 44 g, F: 41 g, Kh: 27 g, kJ: 2733, kcal: 655

> 1 ½ kg *Schweinefilet*
> 4 *mittelgroße Zwiebeln*
> *(etwa 400 g)*
> 500 g *Champignons*
> 8 EL *Speiseöl, z. B. Sonnenblumenöl*
> *Salz, frisch gemahlener Pfeffer*
> 800 g *Spätzle (aus dem Kühlregal)*

Für den Käse-Sahne-Guss:

> 200 g *Kräuter-Schmelzkäse*
> 400 g *Schlagsahne*
> 450 g *Crème fraîche Kräuter*
> 1 EL *gehackte Petersilie*
> 1 EL *Schnittlauchröllchen*

> 100 g *geraspelter Käse,*
> *z. B. Gouda oder Parmesan*

> *evtl. 2 EL gehackte Kräuter*

Zubereitungszeit: 50 Minuten
Garzeit: etwa 40 Minuten je Form

1. Schweinefilet mit Küchenpapier trocken tupfen, Fett und Haut entfernen. Schweinefilet längs halbieren und in dünne Scheiben schneiden.

2. Zwiebeln abziehen, in Würfel schneiden. Champignons putzen, mit Küchenpapier abreiben, evtl. abspülen, gut abtropfen lassen und in Scheiben schneiden.

3. Die Fleischscheiben in 4 Portionen anbraten. Dafür jeweils etwa 1 ½ Esslöffel des Speiseöls in einer großen Pfanne erhitzen. Die Fleischscheiben darin kurz von beiden Seiten anbraten, mit Salz und Pfeffer würzen, herausnehmen und auf einen Teller legen.

4. Jeweils die Hälfte des restlichen Speiseöls in die Pfanne geben. Die Zwiebelwürfel und Champignonscheiben darin in 2 Portionen kurz anbraten, mit Salz und Pfeffer würzen.

5. Die Spätzle aus den Packungen nehmen und in 2 Auflaufformen (gefettet) verteilen. Jeweils die Hälfte der Fleischscheiben daraufgeben und mit der Hälfte der Champignon-Zwiebel-Masse belegen.

6. Den Backofen vorheizen.
Ober-/Unterhitze: etwa 200 °C
Heißluft: etwa 180 °C

7. Für den Guss Schmelzkäse zuerst mit etwas von der Sahne verrühren, dann mit der restlichen Sahne und Crème fraîche glatt rühren, mit Salz und Pfeffer würzen. Petersilie und Schnittlauchröllchen unterrühren. Jeweils die Hälfte der Käse-Sahne-Sauce in die Auflaufformen geben und mit Käse bestreuen.

8. Die Auflaufformen nacheinander (bei Heißluft zusammen) auf dem Rost auf unterer Einschubleiste in den vorgeheizten Backofen schieben. Das Schweinefilet mit Spätzle etwa 40 Minuten je Form garen.

9. Nach Belieben Schweinefilet mit Spätzle mit gehackten Kräutern bestreut servieren.

Beilage: Gemischter Blattsalat oder Tomatensalat.

Schweinekoteletts mit Bier-Kümmel-Sauce | Mit Alkohol

4 Portionen

Pro Portion:
E: 35 g, F: 29 g, Kh: 2 g, kJ: 1753, kcal: 418

2	Knoblauchzehen
4	Schweinekoteletts mit Fettrand
	(je etwa 200 g)
	Salz, frisch gemahlener Pfeffer
¼ TL	Kümmelsamen
4 EL	Speiseöl, z. B. Rapsöl

200 ml	dunkles Bier
250 ml (¼ l)	Fleischfond
50 g	kalte Butterwürfel
2–3 Stängel	Thymian

Zubereitungszeit: 30 Minuten
Garzeit: etwa 16 Minuten

1. Knoblauch abziehen und zerdrücken. Koteletts unter fließendem kalten Wasser abspülen, trocken tupfen, mit Salz, Pfeffer und Kümmel würzen.

2. Öl in einer Pfanne erhitzen, Knoblauch hinzufügen. Die Schweinekoteletts darin von beiden Seiten je etwa 8 Minuten braten.

3. Die fertigen Koteletts herausnehmen, in Folie wickeln und warm stellen. Den Bratensaft mit Bier ablöschen und einkochen lassen. Fleischfond hinzugießen und wiederum auf etwa ein Drittel einkochen lassen. Dann die Sauce durch ein feines Sieb geben.

4. Die Sauce mit Salz und Pfeffer abschmecken. Die Butter in die Sauce einrühren. Den Thymian abspülen, trocken tupfen, die Blättchen von den Stängeln zupfen. Schweinekoteletts mit Sauce und Thymian garniert servieren.

Beilage: Kartoffelpüree oder Brot.

Schweinekoteletts mit Tomaten I

Einfach – mit Alkohol

4 Portionen

Pro Portion:

E: 37 g, F: 21 g, Kh: 7 g, kJ: 1618, kcal: 386

4	*Schweinekoteletts*
	Salz, frisch gemahlener Pfeffer
5 EL	*Olivenöl*
2	*Zwiebeln*
2	*Knoblauchzehen*
5	*große Tomaten*
125 ml (⅛ l)	*trockener Weißwein*
2 EL	*Tomatenmark*
1 TL	*gerebelter Oregano*
1 TL	*gerebelter Thymian*
einige	
Stängel	*Basilikum*

Zubereitungszeit: 20 Minuten
Garzeit: etwa 30 Minuten

1. Den Backofen bei Ober-/Unterhitze auf 80 °C vorheizen. Einen feuerfesten Teller oder eine Auflaufform mit niedrigem Rand auf dem Rost auf mittlerer Einschubleiste miterwärmen.

2. Schweinekoteletts unter fließendem kalten Wasser abspülen, trocken tupfen, mit Salz und Pfeffer würzen.

3. Olivenöl in einer Pfanne erhitzen. Die Koteletts darin etwa 2 Minuten von jeder Seite gut anbraten. Dann die Koteletts nebeneinander auf dem vorgewärmten Teller oder in der Auflaufform auf dem Rost in den vorgeheizten Backofen schieben. Die Koteletts etwa 30 Minuten garen. Pfanne mit dem Bratensatz beiseitestellen.

4. Zwiebeln und Knoblauch abziehen und in kleine Würfel schneiden. Tomaten abspülen, abtropfen lassen, halbieren und die Stängelansätze herausschneiden. Tomaten in Stücke schneiden.

5. Die beiseitegestellte Pfanne mit dem Bratensatz erwärmen. Die Zwiebel- und Knoblauchwürfel darin anbraten. Wein und Tomatenmark unterrühren. Die Tomatenstücke hinzufügen und etwa 5 Minuten schmoren lassen. Tomatengemüse mit Salz, Pfeffer, Oregano und Thymian würzen.

6. Basilikum abspülen, trocken tupfen und die Blättchen von den Stängeln zupfen. Einige zum Garnieren beiseitelegen. Restliche Blättchen fein schneiden und unter das Tomatengemüse rühren. Koteletts mit dem Tomatengemüse und mit den beiseitegelegten Basilikumblättern garniert servieren.

Beilage: Vollkornbrot.

Tipp: Hinweise zum Niedertemperaturgaren finden Sie im Ratgeberteil auf S. 277.

Schweine-Kräuter-Filet **|** Raffiniert
4 Portionen

Pro Portion:
E: 48 g, F: 19 g, Kh: 4 g, kJ: 1599, kcal: 382

800 g	*Schweinefilet*
	Salz, frisch gemahlener Pfeffer
2 EL	*Olivenöl*
1 großes	
Bund	*gemischte Kräuter,*
	z. B. Petersilie, Estragon,
	Schnittlauch, Zitronenmelisse,
	Thymian
750 g	*buntes Gemüse, z. B. Zucchini,*
	Bundmöhren, Champignons,
	Cocktailtomaten
50 g	*Butterschmalz*

Zubereitungszeit: 60 Minuten

1. Den Backofen bei Ober-/Unterhitze auf 80 °C vorheizen. Einen großen feuerfesten Teller oder eine Auflaufform mit niedrigem Rand auf dem Rost auf mittlerer Einschubleiste miterwärmen.

2. Das Schweinefilet evtl. enthäuten. Schweinefilet mit Küchenpapier trocken tupfen und mit Salz und Pfeffer bestreuen.

3. Olivenöl in einer Pfanne erhitzen. Das Schweinefilet darin von allen Seiten etwa 8 Minuten gut anbraten.

4. Inzwischen die Kräuter abspülen, trocken tupfen, Blättchen von den Stängeln zupfen und fein hacken. Das Filet in den Kräutern wälzen, gut andrücken. Dann das Fleisch auf dem vorgewärmten Teller oder in der Auflaufform in den vorgeheizten Backofen schieben und etwa 45 Minuten garen. Pfanne mit dem Bratensatz beiseitestellen.

5. In der Zwischenzeit das Gemüse putzen. Von den Zucchini die Enden abschneiden, abspülen, abtrocknen, halbieren und in Scheiben schneiden. Von den Bundmöhren das Grün bis auf 2–3 cm abschneiden, evtl. schälen, abspülen, halbieren oder vierteln.

6. Die Champignons mit Küchenpapier abreiben, evtl. abspülen, gut abtropfen lassen und dann in Scheiben schneiden. Cocktailtomaten abspülen, abtrocknen, halbieren oder vierteln. Die Bundmöhren 3–5 Minuten in kochendem Salzwasser vorgaren, in ein Sieb zum Abtropfen geben.

7. Butterschmalz in der beiseitegestellten Pfanne erhitzen. Dann das Gemüse bis auf die Tomaten darin 6–8 Minuten braten. Die Tomaten zugeben und noch etwa 2 Minuten braten. Gemüse mit Salz und Pfeffer würzen.

8. Das Schweinefilet aus dem Backofen nehmen, in Scheiben schneiden und mit dem Gemüse auf einer vorgewärmten Platte anrichten.

Tipps: Das Gemüse mit 1 Esslöffel Oregano- oder Thymianblättchen würzen und mit 1– 2 Esslöffeln Balsamico-Essig abschmecken.
Hinweise zum Niedertemperaturgaren finden Sie im Ratgeberteil auf S. 277.

Schweinekrustenbraten **|** Einfach

4 Portionen

Pro Portion:
E: 53 g, F: 18 g, Kh: 4 g, kJ: 1634, kcal: 391

1 kg	*Schweinefleisch mit Schwarte (aus der Keule)*
	Salz
	frisch gemahlener Pfeffer
	gerebelter Thymian
	gerebelter Salbei
	gerebelter Rosmarin
500 ml (½ l)	*Fleischbrühe*
1–2 EL	*Weizenmehl*
2–3 EL	*kaltes Wasser*

Zubereitungszeit: 25 Minuten
Garzeit: 1 ¾–2 Stunden

1. Den Backofen vorheizen.
Ober-/Unterhitze: etwa 200 °C
Heißluft: etwa 180 °C

2. Das Fleisch mit Küchenpapier trocken tupfen. Die Schwarte gitterartig einschneiden. Salz mit Pfeffer, Thymian, Salbei und Rosmarin vermischen und das Fleisch damit einreiben. Die Gewürzmischung auch in die Fleischeinschnitte geben.

3. Das Fleisch mit der Schwarte nach oben in einen mit Wasser ausgespülten Bräter legen. Den Bräter auf dem Rost in den vorgeheizten Backofen schieben. Das Fleisch 1 ¾–2 Stunden garen.

4. Sobald der Bratensatz bräunt, etwas Fleischbrühe hinzugießen. Garendes Fleisch ab und zu mit dem Bratensatz begießen, verdampfte Flüssigkeit nach und nach durch Fleischbrühe ersetzen. Das gare Fleisch aus dem Bräter nehmen und zugedeckt etwa 10 Minuten ruhen lassen.

5. Bratensatz evtl. mit Wasser loskochen und durch ein Sieb gießen. Nach Belieben mit Wasser oder Brühe auf 500 ml (½ l) auffüllen. Mehl mit kaltem Wasser anrühren, in die kochende Sauce einrühren und etwa 5 Minuten köcheln lassen. Die Sauce mit Salz und Pfeffer abschmecken.

6. Das Fleisch in Scheiben schneiden, auf einer vorgewärmten Platte anrichten, mit der Sauce servieren.

Beilage: Knödel oder Petersilienkartoffeln.

Tipp: Die Fleischbrühe zur Hälfte durch Bier ersetzen.

Schweinemedaillons in Curry-Kokos-Sauce | Raffiniert

2 Portionen

Pro Portion:
E: 50 g, F: 25 g, Kh: 59 g, kJ: 2802, kcal: 668

125 g	Wildreismischung
400 g	Schweinefilet
	Salz
	frisch gemahlener Pfeffer
2 EL	Speiseöl, z. B. Rapsöl
1	kleine Zwiebel
1	Apfel
8	Zitronenmelisseblättchen
1–2 TL	Currypulver indisch
125 ml (¹/₈ l)	Kokosmilch
100 ml	Gemüsebrühe
	Zucker
evtl.	Speisestärke

Zubereitungszeit: 30 Minuten

1. Die Wildreismischung nach Packungsanleitung zubereiten und warm stellen.

2. In der Zwischenzeit Schweinefilet mit Küchenpapier trocken tupfen. Filet in 4 gleich große Stücke schneiden und mit Salz und Pfeffer würzen. Speiseöl in einer Pfanne erhitzen. Die Medaillons darin rundherum etwa 6 Minuten braten, herausnehmen und auf einer vorgewärmten Platte anrichten, zugedeckt warm stellen.

3. Zwiebel abziehen, fein würfeln und in dem verbliebenem Bratfett in der Pfanne andünsten. Apfel schälen, vierteln, entkernen und mit andünsten.

4. Zitronenmelisse abspülen und trocken tupfen. Die Hälfte der Blättchen zum Garnieren beiseitestellen. Restliche Blättchen fein schneiden und mit dem Curry unterrühren.

5. Kokosmilch und Brühe hinzugießen und kurz aufkochen. Die Sauce mit Salz, Pfeffer und etwas Zucker abschmecken, nach Belieben mit angerührter Speisestärke binden. Die Medaillons mit der Curry-Kokos-Sauce anrichten und mit dem Reis servieren.

Schweinemedaillons mit
Käsecreme | Raffiniert – für Gäste

4 Portionen

Pro Portion:
E: 65 g, F: 25 g, Kh: 89 g, kJ: 3551, kcal: 849

Für die Medaillons:
12	*Schweinemedaillons (je etwa 60 g)*
3–4 Stängel	*Majoran*
120 g	*Doppelrahm-Frischkäse*
	Salz
	frisch gemahlener Pfeffer
12 Scheiben	*magerer Schinkenspeck (etwa 120 g)*
2 EL	*Olivenöl*

Für die Beilage:
4 l	*Wasser*
4 TL	*Salz*
500 g	*bunte Spaghetti*
	Knoblauchpulver
2 EL	*Olivenöl*
einige	*vorbereitete Majoranstängel und -blättchen*

Außerdem:
Küchengarn

Zubereitungszeit: 45 Minuten
Garzeit: etwa 15 Minuten

1. Die Medaillons mit Küchenpapier trocken tupfen. In jedes Medaillon von der Seite her eine kleine Tasche einschneiden.

2. Majoran abspülen und trocken tupfen. Die Blättchen von den Stängeln zupfen. Die Blättchen klein schneiden.

3. Frischkäse in einer Schüssel verrühren. Majoran unterrühren, mit Salz und Pfeffer würzen. Die Masse in einen Spritzbeutel ohne Lochtülle füllen und jeweils in die Medaillons spritzen oder mit einem kleinen Löffel hineingeben.

4. Den Backofen vorheizen.
Ober-/Unterhitze: 180–200 °C
Heißluft: 160–180 °C

5. Je 1 Speckscheibe um die Medaillons wickeln und mit je etwas Küchengarn zusammenbinden. Die Medaillons mit wenig Salz und Pfeffer würzen.

6. Olivenöl in einer Pfanne erhitzen. Die Medaillons darin portionsweise von jeder Seite etwa 2 Minuten anbraten, herausnehmen und auf eine vorgewärmte, hitzebeständige Platte legen. Die Platte auf dem Rost in den vorgeheizten Backofen schieben. Die Medaillons etwa 15 Minuten garen.

7. In der Zwischenzeit für die Beilage das Wasser in einem großen Topf zugedeckt zum Kochen bringen. Dann Salz und Spaghetti zugeben. Die Spaghetti im geöffneten Topf bei mittlerer Hitze nach Packungsanleitung kochen lassen, dabei gelegentlich umrühren.

8. Spaghetti mit Salz, Pfeffer und Knoblauch würzen, mit Olivenöl beträufeln. Medaillons mit den Spaghetti auf Tellern anrichten, mit Majoran garniert servieren.

Tipp: Zu den Medaillons schmecken auch sehr gut Gnocchi oder in Butter geschwenkte Kräuterkartoffeln.

Schweine-Mini-Rouladen I

Einfach – dauert länger
4–6 Portionen

Pro Portion:
E: 49 g, F: 13 g, Kh: 9 g, kJ: 1477, kcal: 353

1	*Zwiebel*
250 g	*Chicorée*
1 EL	*Rapsöl*
100 g	*gewürfelter, gekochter Schinken*
50 g	*Orangenmarmelade*
	Salz, frisch gemahlener Pfeffer
8	*kleine Schweineschnitzel*
	(je etwa 120 g)
50 g	*süßer Senf*
2 EL	*Rapsöl*
300 ml	*heiße Gemüsebrühe*
1–2 EL	*Crème fraîche*

Außerdem:

Holzstäbchen

Zubereitungszeit: 35 Minuten
Garzeit: etwa 3 Stunden

1. Zwiebel abziehen, halbieren, fein würfeln. Chicorée von schlechten Blättern befreien, der Länge nach hal-bieren, die bitteren Strünke keilförmig herausschnei-den. Chicorée abspülen, abtropfen lassen und in feine Streifen schneiden.

2. Öl in einer Pfanne erhitzen. Zwiebelwürfel darin glasig dünsten. Die Chicoréestreifen hinzufügen und zugedeckt etwa 5 Minuten dünsten. Schinkenwürfel und Marmelade unterrühren, kurz aufkochen lassen, mit Salz und Pfeffer würzen. Chicoréemasse in einem Sieb abtropfen lassen, den Sud dabei auffangen und beiseitestellen.

3. Den Backofen bei Ober-/Unterhitze auf 80 °C vor-heizen. Einen großen, feuerfesten Teller oder eine Auflaufform mit niedrigem Rand auf dem Rost auf mittlerer Einschubleiste miterwärmen.

4. Die Schnitzel mit Küchenpapier trocken tupfen und nebeneinander auf eine Arbeitsfläche legen. Schnitzel mit Salz bestreuen und mit Senf bestreichen. Chicorée-masse auf den Schnitzelscheiben verteilen und diese von der kurzen Seite her aufrollen, mit Holzstäbchen feststecken.

5. Rapsöl in einer Pfanne erhitzen. Die Rouladen evtl. portionsweise von allen Seiten darin etwa 8 Minuten gut anbraten. Anschließend die Rouladen auf dem vorgewärmten Teller oder in der Auflaufform in den vorgeheizten Backofen schieben und etwa 3 Stunden garen. Pfanne mit dem Bratensatz beiseitestellen.

6. Etwa 20 Minuten vor dem Ende der Garzeit die beiseitegestellte Pfanne mit dem Bratensatz erhitzen. Die Brühe und den beiseitegestellten Chicoréesud in den Bratensatz einrühren und kurz aufkochen lassen. Crème fraîche unterrühren. Die Sauce mit Salz und Pfeffer abschmecken.

7. Die Rouladen aus dem Backofen nehmen. Holz-stäbchen entfernen. Ausgetretenen Bratensaft in die Sauce einrühren.

Beilage: Kartoffeln, Tomatensalat mit Frühlings-zwiebelringen.

Tipp: Hinweise zum Niedertemperaturgaren finden Sie im Ratgeberteil auf S. 277.

Schweinenacken, fruchtig gefüllt | Für die Party
12 Portionen

Pro Portion:
E: 54 g, F: 27 g, Kh: 35 g, kJ: 2529, kcal: 605

3 kg	*Schweinenacken ohne Knochen*
	Salz, frisch gemahlener Pfeffer
6	*mittelgroße Äpfel*
600 g	*Softpflaumen*
1 TL	*rosa Pfefferbeeren*
50 g	*Sonnenblumenkerne*
1 Prise	*Salz*
etwa 400 ml	*Gemüsebrühe*
evtl. 20 g	*Weizenmehl*

Außerdem:

*Küchengarn oder
Rouladennadeln*

Zubereitungszeit: 40 Minuten
Garzeit: 2–2 ½ Stunden

1. Den Backofen vorheizen.
Ober-/Unterhitze: etwa 220 °C
Heißluft: etwa 200 °C

2. Den Schweinenacken mit Küchenpapier trocken tupfen. Den Schweinenacken waagerecht mit einem scharfen Messer einschneiden, jedoch nicht durchschneiden, sodass eine Tasche entsteht. Den Schweinenacken kräftig mit Salz und Pfeffer würzen.

3. Die Äpfel schälen, vierteln, entkernen und in grobe Würfel schneiden. Apfelwürfel mit Pflaumen, Pfefferbeeren, Sonnenblumenkernen und Salz mischen, in die Fleischtasche füllen. Den Schweinenacken mit Küchengarn zusammenbinden oder die Fleischtasche mit Rouladennadeln zusammenstecken.

4. Den gefüllten Schweinenacken in einen großen Bräter legen. Gemüsebrühe hinzugießen. Den Bräter auf dem Rost in den vorgeheizten Backofen schieben. Den Schweinenacken 2–2 ½ Stunden garen. Verdampfte Flüssigkeit durch Wasser ersetzen.

5. Den garen Schweinenacken aus dem Bräter nehmen und zugedeckt warm stellen. Küchengarn oder Rouladennadeln entfernen.

6. Nach Belieben Mehl mit Wasser anrühren, in den Bratensatz (etwa 250 ml (¼ l) rühren und unter Rühren kurz aufkochen, etwa 5 Minuten köcheln lassen. Die Sauce mit Salz und Pfeffer abschmecken.

7. Den Schweinenacken in Scheiben schneiden und auf einer vorgewärmten Platte anrichten. Den Schweinenacken mit der Sauce servieren.

Tipps: Den Schweinenacken etwa 30 Minuten vor Ende der Garzeit mit 2 Esslöffeln flüssigem Honig, mit 1 Teelöffel mittelscharfen Senf verrührt, bestreichen. Zum Servieren den Braten mit Majoran garnieren.

Schweinenacken im Salzmantel I
Raffiniert
8–10 Portionen

Pro Portion:
E: 53 g, F: 42 g, Kh: 1 g, kJ: 2695, kcal: 643

Für den Salzmantel:

1 1/2 kg	Salz
40 g	Weizenmehl
5	Eiweiß (Größe M)
2 1/2 kg	Schweinenacken ohne Knochen
60 g	weiche Butter
etwa 5 EL	gemischte, gehackte Kräuter, z. B. Petersilie, Schnittlauch oder Kerbel

Zubereitungszeit: 30 Minuten, ohne Ruhezeit
Garzeit: etwa 1 1/2 Stunden

1. Den Backofen vorheizen.
Ober-/Unterhitze: etwa 250 °C
Heißluft: etwa 220 °C

2. Für den Salzmantel Salz mit Mehl in einer Rühr-schüssel mischen. Eiweiß verschlagen, zu der Salz-mischung geben und alles mit Handrührgerät mit Knethaken zu einer einheitlichen Masse verkneten.

3. Knapp ein Drittel der Salzmasse in die Mitte einer Fettpfanne (mit Backpapier belegt) geben und in der Größe des Fleisches formen.

4. Den Schweinenacken mit Küchenpapier trocken tupfen und auf die Salzmasse legen. Die Butter mit Kräutern verrühren und auf das Fleisch streichen.

5. Die restliche Salzmasse um und auf das Fleisch verteilen und gut andrücken. Die Fettpfanne in den vorgeheizten Backofen schieben. Das Fleisch etwa 30 Minuten garen.

6. Die Backofentemperatur um etwa 50 °C (auf Ober-/Unterhitze: etwa 200 °C, Heißluft: etwa 170 °C) reduzieren. Das Fleisch weitere etwa 60 Minuten garen.

7. Das Fleisch dann noch etwa 20 Minuten im aus-geschalteten Backofen ruhen lassen.

8. Die Fettpfanne aus dem Backofen nehmen. Den Salzmantel aufschlagen. Das Fleisch herausnehmen, auf eine vorgewärmte Platte legen und in Scheiben schneiden.

Beilage: Röstkartoffeln und Tomatensalat.

Tipps: Es kann sein, dass der Salzblock beim Garen etwas aufreißt. Das Fleisch bleibt aber trotzdem schön saftig und zart. Das Fleisch schmeckt auch kalt her-vorragend. Schneiden Sie es in dünne Scheiben (am besten mit einer Aufschnittmaschine) und servieren Sie es mit einer Remouladensauce oder Senf.

Schweinenackensteaks, eingelegt in Malzbier-Marinade I

Einfach

10 Stück

Pro Stück:
E: 37 g, F: 18 g, Kh: 0 g, kJ: 1297, kcal: 310

Für die Marinade:

    100 ml Malzbier
      1 EL mittelscharfer Senf
      6 EL Olivenöl
     50 g TK-Kräuter

     10 Schweinenackensteaks
          (je etwa 180 g)
          grob gemahlener, bunter Pfeffer
          Salz

Zubereitungszeit: 15 Minuten, ohne Marinierzeit
Grillzeit: etwa 15 Minuten

1. Für die Marinade Malzbier mit Senf und Olivenöl gut verrühren. Kräuter unterrühren.

2. Die Nackensteaks unter fließendem kalten Wasser abspülen und trocken tupfen.

3. Steaks von beiden Seiten mit Pfeffer bestreuen und in einen tiefen Teller legen.

4. Die Steaks mit der Marinade bestreichen und mit einem zweiten tiefen Teller zudecken. Die Steaks im Kühlschrank über Nacht durchziehen lassen.

5. Die Steaks aus der Marinade nehmen, abtropfen lassen und auf den heißen Grill legen. Steaks unter gelegentlichem Wenden etwa 15 Minuten grillen und mit Salz bestreuen.

Tipp: Die Steaks können auch in einer großen Pfanne portionsweise in etwas erhitztem Speiseöl gebraten werden.

Schweinenackensteaks, eingelegt in Soja-Marinade | Für Gäste – einfach

8 Portionen

Pro Portion:
E: 35 g, F: 27 g, Kh: 0 g, kJ: 1592, kcal: 381

8 *Schweinenackensteaks*
(je etwa 180 g)

Für die Marinade:
4 EL *Sojasauce*
2 TL *Steak- und Grill-Gewürzsalz*
1 TL *Currypulver*
etwas *Cayennepfeffer*
8 EL *Olivenöl*

Zubereitungszeit: 15 Minuten, ohne Marinierzeit
Grillzeit: etwa 15 Minuten

1. Nackensteaks unter fließendem kalten Wasser abspülen, trocken tupfen und in einen tiefen Teller legen.

2. Für die Marinade Sojasauce, Steak- und Grill-Gewürzsalz, Curry und Cayennepfeffer verrühren. Olivenöl unterschlagen. Die Nackensteaks mit der Marinade bestreichen und mit einem zweiten tiefen Teller zudecken. Die Steaks im Kühlschrank einige Stunden oder über Nacht durchziehen lassen.

3. Die Steaks aus der Marinade nehmen, abtropfen lassen und auf den heißen Grill legen. Die Steaks unter gelegentlichem Wenden etwa 15 Minuten grillen. Die Nackensteaks während des Grillens mit der Marinade bestreichen.

Tipp: Die Steaks können auch in einer großen Pfanne portionsweise in etwas erhitztem Speiseöl gebraten werden.

Schweinepörkölt I
Deftig
4 Portionen

Pro Portion:
E: 55 g, F: 36 g, Kh: 13 g, kJ: 2493, kcal: 596

1 kg	*Schweineschulter*
200 g	*Zwiebeln*
1	*grüne Paprikaschote*
1	*gelbe Paprikaschote*
3	*Fleischtomaten*
1	*Knoblauchzehe*
50 g	*Schweineschmalz*
2–3 EL	*Tomatenmark*
2 EL	*Paprikapulver edelsüß*
1 EL	*Essig*
500 ml (½ l)	*heiße Fleischbrühe*
1 TL	*gemahlener Kümmel*
	Salz, frisch gemahlener Pfeffer

Zubereitungszeit: 30 Minuten
Garzeit: etwa 60 Minuten

1. Das Fleisch mit Küchenpapier trocken tupfen und in etwa 3 cm große Würfel schneiden. Die Zwiebeln abziehen und in Ringe schneiden. Paprikaschoten halbieren, entstielen, entkernen und die weißen Scheidewände entfernen. Paprika abspülen, abtropfen lassen und in Stücke schneiden.

2. Die Tomaten kreuzweise einschneiden und kurz in kochendes Wasser legen. Anschließend mit kaltem Wasser abschrecken, enthäuten, halbieren und die Stängelansätze herausschneiden. Tomaten in Streifen schneiden. Knoblauch abziehen und fein hacken.

3. Schmalz in einem Bratentopf erhitzen. Das Fleisch darin portionsweise anbraten. Die Zwiebelringe und Paprikawürfel einige Minuten mitdünsten. Tomatenmark unterrühren.

4. Paprikapulver unterrühren und mit Essig ablöschen. Die Fleischbrühe hinzugießen, mit Kümmel, Salz und Pfeffer würzen. Pörkölt zugedeckt etwa 60 Minuten schmoren lassen. Evtl. noch etwas Flüssigkeit hinzufügen, gelegentlich umrühren.

Schweinerippchen, geschmort I

Preiswert – gut vorzubereiten

4 Portionen

Pro Portion:

E: 35 g, F: 27 g, Kh: 5 g, kJ: 1687, kcal: 402

1 ½ kg	*Schweinerippchen (Schälrippchen)*
2–3 EL	*mittelscharfer Senf*
	Salz
	frisch gemahlener Pfeffer
1 TL	*gerebelter Majoran*
2	*Zwiebeln*
4 EL	*Speiseöl, z. B. Olivenöl*
2	*Tomaten*
2	*Lorbeerblätter*
250 ml (¼ l)	*Fleischbrühe*
1–2 EL	*saure Sahne*

Zubereitungszeit: 30 Minuten

Garzeit: etwa 60 Minuten

1. Schweinerippchen unter fließendem kalten Wasser abspülen, trocken tupfen und dann in Portionsstücke schneiden. Die Rippchen mit Senf einstreichen, mit Salz, Pfeffer und Majoran würzen.

2. Den Backofen vorheizen.

Ober-/Unterhitze: etwa 200 °C

Heißluft: etwa 180 °C

3. Zwiebeln abziehen und vierteln. Öl in einem Bräter erhitzen. Die Rippchen portionsweise darin von allen Seiten gut anbraten. Zum Schluss die Zwiebelviertel hinzufügen und ebenfalls anbraten.

4. Tomaten abspülen, abtrocknen, halbieren und die Stängelansätze herausschneiden. Tomaten in Stücke schneiden und in den Bräter geben.

5. Lorbeerblätter hinzugeben. Fleischbrühe hinzugießen. Den Bräter zugedeckt auf dem Rost im unteren Drittel in den vorgeheizten Backofen schieben. Die Rippchen etwa 60 Minuten garen.

6. Etwa 10 Minuten vor dem Ende der Garzeit das Fleisch ohne Deckel bräunen lassen.

7. Die Rippchen aus dem Bräter nehmen und warm stellen. Lorbeerblätter aus der Sauce nehmen. Die Sauce nach Belieben pürieren oder durch ein Sieb passieren. Saure Sahne unterrühren. Die Sauce nochmalz kurz aufkochen lassen, mit Salz und Pfeffer abschmecken. Die Rippchen mit der Sauce servieren.

Schweinerippchen mit Kraut I

Deftig

2 Portionen

Pro Portion:
E: 26 g, F: 21 g, Kh: 11 g, kJ: 1475, kcal: 353

1 l	*Wasser*
500 g	*gepökelte Schweinerippchen*
1	*Zwiebel*
2 EL	*Rapsöl*
500 g	*frisches Sauerkraut*
1	*Apfel*
3	*Wacholderbeeren*
1	*Lorbeerblatt*
etwa 200 ml	*Fleischbrühe*

Zubereitungszeit: 40 Minuten

1. Wasser in einem Topf zum Kochen bringen. Die Rippchen in den Topf geben und wieder zum Kochen bringen. Rippchen zugedeckt etwa 30 Minuten garen.

2. Die Zwiebel abziehen und fein würfeln. Öl in einem Topf erhitzen. Die Zwiebelwürfel darin andünsten.

3. Sauerkraut hinzufügen und etwa 5 Minuten mitdünsten, dabei gelegentlich umrühren.

4. Apfel schälen, vierteln, entkernen, in Würfel schneiden und mit Wacholderbeeren unter das Sauerkraut rühren.

5. Brühe hinzugießen und unterrühren. Das Ganze zugedeckt zum Kochen bringen und etwa 20 Minuten garen.

6. Die garen Rippchen in Portionsstücke teilen und auf dem Sauerkraut servieren.

Beilage: Kartoffelpüree.

Tipps: Servieren Sie zusätzlich etwas Senf dazu. Entfernen Sie das Lorbeerblatt und die Wacholderbeeren vor dem Servieren aus dem Sauerkraut.

Schweinerollbraten, asiatisch gewürzt | Raffiniert – dauert länger

6 Portionen

Pro Portion:
E: 43 g, F: 36 g, Kh: 4 g, kJ: 2140, kcal: 512

2	*Zwiebeln*
2	*Knoblauchzehen*
etwa 1,3 kg	*Schweinerollbraten (ausgelöster Schweinenacken ohne Knochen)*
	Salz, frisch gemahlener Pfeffer
3 EL	*Speiseöl, z. B. Sonnenblumenöl*
1 EL	*Sesamöl*
1 TL	*rote Currypaste*
300 ml	*Fleischbrühe*
150 ml	*frisch gepresster Orangensaft*
evtl. 100 ml	*Sweet Chickensauce*
evtl. 1 EL	*Weizenmehl*
evtl. 1 EL	*kaltes Wasser*
	etwas Sojasauce

Zubereitungszeit: 30 Minuten
Garzeit: etwa 5 Stunden

1. Den Backofen bei Ober-/Unterhitze auf 80 °C vorheizen.

2. Die Zwiebeln und Knoblauch abziehen und in kleine Würfel oder Streifen schneiden. Rollbraten mit Küchenpapier trocken tupfen, mit Salz und Pfeffer würzen.

3. Speise- und Sesamöl in einem Bräter erhitzen. Den Rollbraten darin von allen Seiten etwa 10 Minuten gut anbraten. Die Zwiebel- und Knoblauchwürfel oder -streifen kurz mit anbraten. Currypaste unterrühren. Etwas von der Brühe hinzugießen, gut verrühren und aufkochen lassen.

4. Den Bräter auf dem Rost in den Backofen schieben. Den Rollbraten etwa 5 Stunden garen.

5. Den Bräter aus dem Backofen nehmen. Den Rollbraten aus dem Bräter nehmen und weiterhin auf einer vorgewärmten Platte im Backofen bei Ober-/Unterhitze: 80 °C warm halten.

6. Restliche Brühe und Orangensaft zum Bratensatz im Bräter hinzugießen, zum Kochen bringen und evtl. Chickensauce unterrühren.

7. Nach Belieben Mehl mit Wasser anrühren, in die Sauce rühren und unter Rühren kurz aufkochen lassen. Die Sauce etwa 5 Minuten köcheln lassen, mit Salz und Sojasauce abschmecken.

8. Den Rollbraten aus dem Backofen nehmen, in Scheiben schneiden, auf der vorgewärmten Platte anrichten und mit der Sauce servieren.

Beilage: Fladenbrot und Guacamole-Dip.

Tipp: Hinweise zum Niedertemperaturgaren finden Sie im Ratgeberteil auf S. 277.

Schweinerollbraten
mit Backobst | Beliebt – mit Alkohol
4–6 Portionen

Pro Portion:
E: 51 g, F: 27 g, Kh: 45 g, kJ: 2847, kcal: 681

1,2 kg	Schweineschulter
	Salz, frisch gemahlener Pfeffer
½ gest. TL	Pul Biber (geschrotete Pfefferschoten)
150 g	Backobst
3 EL	Speiseöl, z. B. Rapsöl
2	Zwiebeln
350 ml	trockener Rotwein
350 ml	Fleischbrühe
250 g	Backobst
1 EL	Speisestärke
1 EL	kaltes Wasser
	gemahlener Piment

Außerdem:

Küchengarn

Zubereitungszeit: 30 Minuten
Garzeit: etwa 5 Stunden

1. Den Backofen bei Ober-/Unterhitze auf 80 °C vorheizen. Einen großen, feuerfesten Teller oder eine Auflaufform mit niedrigem Rand auf dem Rost auf mittlerer Einschubleiste miterwärmen.

2. Von der Schweineschulter Fett und Sehnen entfernen. Schweineschulter mit Küchenpapier trocken tupfen, evtl. etwas flach klopfen, mit Salz, Pfeffer und Pul Biber bestreuen.

3. Backobst in die Mitte des Fleischstückes legen. Das Fleisch von der breiten Seite her aufrollen und mit Küchengarn zusammenbinden.

4. Speiseöl in einer Pfanne erhitzen. Den Rollbraten darin von allen Seiten etwa 12 Minuten gut anbraten. Dann den Rollbraten auf dem vorgewärmten Teller oder in der Auflaufform in den vorgeheizten Backofen schieben. Den Braten etwa 5 Stunden garen. Pfanne mit dem Bratensatz beiseitestellen.

5. Etwa 25 Minuten vor dem Ende der Garzeit Zwiebeln abziehen, halbieren und in kleine Würfel schneiden. Die beiseitegestellte Pfanne mit dem Bratensatz erhitzen. Die Zwiebelwürfel darin anbraten. Rotwein und Fleischbrühe unter Rühren hinzugießen. Backobst ebenfalls in die Pfanne geben und das Ganze aufkochen lassen.

6. Die Speisestärke mit Wasser anrühren und in die Sauce einrühren, kurz aufkochen lassen. Sauce mit Salz, Pfeffer, Pul Biber und Piment abschmecken.

7. Den Rollbraten aus dem Backofen nehmen. Den Bratensaft in die Sauce einrühren. Braten in Scheiben schneiden und mit der Sauce servieren.

Beilage: Böhmische Knödel.

Tipp: Hinweise zum Niedertemperaturgaren finden Sie im Ratgeberteil auf S. 277.

Schweinerollbraten mit Gemüse I

Gut vorzubereiten

4 Portionen

Pro Portion:

E: 52 g, F: 39 g, Kh: 8 g, kJ: 2492, kcal: 598

1	Zwiebel
850 g	Schweinerollbraten
	Salz
	frisch gemahlener Pfeffer
3 EL	Speiseöl, z. B. Rapsöl
150 ml	Fleischbrühe

400 g	Champignons
400 g	Möhren
1	kleiner Blumenkohl
	Wasser
1 TL	Salz
20 g	Butter
	frisch geriebene Muskatnuss
150 ml	Fleischbrühe
2 EL	Crème fraîche
evtl.	Saucenbinder
1 EL	gehackte Petersilie

Zubereitungszeit: 45 Minuten
Garzeit: etwa 1 ½ Stunden

1. Die Zwiebel abziehen und würfeln. Rollbraten mit Küchenpapier trocken tupfen und mit Salz und Pfeffer würzen.

2. Speiseöl in einem Bräter erhitzen. Den Rollbraten darin von allen Seiten gut anbraten. Die Zwiebelwürfel hinzufügen und kurz mitbraten. Etwas Brühe zugeben und das Fleisch zugedeckt etwa 1 ½ Stunden schmoren. Evtl. Brühe nach und nach zugeben. Den Braten ab und zu wenden.

3. Etwa 30 Minuten vor dem Ende der Garzeit die Champignons putzen, mit Küchenpapier abreiben, evtl. abspülen und abtropfen lassen. Große Champignons halbieren.

4. Champignons mit in den Bräter geben. Den Braten zugedeckt zu Ende garen.

5. In der Zwischenzeit die Möhren putzen, schälen, abspülen, abtropfen lassen und in etwa 1 cm dicke Scheiben schneiden. Vom Blumenkohl die Blätter und schlechten Stellen entfernen, den Strunk abschneiden. Den Blumenkohl in Röschen teilen. Röschen abspülen und abtropfen lassen.

6. Das Wasser mit Salz in einem Topf zum Kochen bringen. Nacheinander die Blumenkohlröschen etwa 10 Minuten und die Möhrenscheiben etwa 7 Minuten darin kochen. Gemüse abtropfen lassen. Die Butter in einen Topf geben. Das Gemüse darin schwenken, mit Salz, Pfeffer und Muskat würzen und warm stellen.

7. Den garen Braten aus dem Bräter nehmen, zugedeckt etwa 10 Minuten ruhen lassen.

8. Fleischbrühe und Crème fraîche in den Bratenfond einrühren. Sauce mit Salz und Pfeffer abschmecken und evtl. mit Saucenbinder etwas binden. Rollbraten in Scheiben schneiden, mit Sauce, Champignons und mit Petersilie bestreutem Gemüse servieren.

Tipp: Verwenden Sie möglichst braune Champignons, denn sie haben einen kräftigeren Pilzgeschmack als die weißen.

Schweineschmorbraten I Beliebt
4 Portionen

Pro Portion:
E: 42 g, F: 18 g, Kh: 6 g, kJ: 1502, kcal: 360

750 g	*Schweinefleisch ohne Knochen (aus der Keule)*
	Salz, frisch gemahlener Pfeffer
	Paprikapulver edelsüß
1 Bund	*Suppengrün (Sellerie, Möhren, Porree)*
4	*Zwiebeln*
3 EL	*Speiseöl, z. B. Sonnenblumen- oder Rapsöl*
	gerebelter Majoran oder Thymian
	heißes Wasser

Zubereitungszeit: 20 Minuten
Garzeit: etwa 1 ½ Stunden

1. Schweinefleisch mit Küchenpapier trocken tupfen, mit Salz, Pfeffer und Paprikapulver würzen.

2. Sellerie und Möhren putzen, schälen, abspülen und abtropfen lassen. Den Porree putzen, die Stange längs halbieren, gründlich abspülen und abtropfen lassen. Die Zwiebeln abziehen. Vorbereitetes Suppengrün und Zwiebeln klein schneiden.

3. Öl in einem Topf oder Bräter erhitzen. Das Fleisch darin von allen Seiten kräftig anbraten, mit Majoran oder Thymian bestreuen.

4. Das Suppengrün und die Zwiebeln hinzufügen, kurz mitdünsten. So viel heißes Wasser zugießen, dass der Topfboden bedeckt ist. Das Ganze zugedeckt etwa 1 ½ Stunden bei mittlerer Hitze schmoren. Den Braten gelegentlich wenden, verdampfte Flüssigkeit nach und nach durch heißes Wasser ersetzen.

5. Den gegarten Schmorbraten aus dem Topf oder dem Bräter nehmen und etwa 10 Minuten zugedeckt ruhen lassen, damit sich der Fleischsaft setzt.

6. Inzwischen den Bratensatz mit dem Gemüse durch ein Sieb streichen, etwa 400 ml von dem Bratensatz, evtl. mit heißem Wasser aufgefüllt, abmessen und in einen Topf geben. Den aus dem Braten ausgetretenen Bratensaft zufügen, zum Kochen bringen und nach Belieben etwas einkochen lassen. Sauce mit Salz, Pfeffer und Majoran oder Thymian abschmecken.

7. Den Schmorbraten in Scheiben schneiden, auf einer vorgewärmten Platte anrichten und die Sauce dazureichen.

Beilage: Salzkartoffeln, Erbsen-Möhren-Gemüse oder Brokkoli.

Schweineschnitzel „Bäuerliche Art" **I Raffiniert**
4 Portionen

Pro Portion:
E: 37 g, F: 22 g, Kh: 12 g, kJ: 1626, kcal: 389

> 4 *Schweineschnitzel*
> *(aus der Keule, je etwa 160 g)*
> *Salz*
> *frisch gemahlener Pfeffer*
> 2–3 EL *Olivenöl*

Für das Gemüseragout:
> 300 g *kleine, weiße Champignons*
> 700 g *festkochende Kartoffeln*
> 500 g *Brechbohnen*
> *Salzwasser*
> 100 g *magerer Speck*
>
> 3–4 EL *Olivenöl*
> ½ Bund *Schnittlauch*

Zubereitungszeit: 55 Minuten
Garzeit: etwa 20 Minuten

1. Den Backofen vorheizen.
Ober-/Unterhitze: etwa 140 °C
Heißluft: etwa 120 °C

2. Die Schweineschnitzel mit Küchenpapier trocken tupfen, mit Salz und Pfeffer bestreuen.

3. Das Olivenöl in einer großen Pfanne erhitzen. Die Schnitzel von beiden Seiten je etwa 3 Minuten darin anbraten. Herausnehmen, auf eine feuerfeste Platte legen und auf dem Rost in den vorgeheizten Backofen schieben. Die Schnitzel etwa 20 Minuten garen.

4. Inzwischen für das Gemüseragout Champignons putzen, mit Küchenpapier abreiben, evtl. abspülen und abtropfen lassen. Große Champignons evtl. halbieren oder vierteln. Kartoffeln schälen, abspülen, abtropfen lassen und in Würfel schneiden. Bohnen abspülen, abtropfen lassen und die Enden abschneiden. Bohnen evtl. abfädeln. Die Brechbohnen in Stücke brechen oder schneiden.

5. Das Salzwasser in einem Topf zum Kochen bringen. Die Kartoffelwürfel und Bohnen 10–15 Minuten darin kochen. Kartoffelwürfel und Bohnen in ein Sieb geben, abtropfen lassen. Speck in kleine Würfel schneiden.

6. Speiseöl in einer großen Pfanne erhitzen. Speck-, Kartoffelwürfel, Bohnen und Champignons hinzugeben und unter Wenden kräftig anbraten, mit Salz und Pfeffer würzen und evtl. einige Esslöffel Wasser hinzufügen.

7. Schnittlauch abspülen, trocken tupfen und in Röllchen schneiden. Die Schnitzel mit dem Ragout anrichten und mit Schnittlauchröllchen bestreut servieren.

Tipp: Die Schnitzel können auch in Weizenmehl und Ei gewendet und mit Semmelbröseln paniert werden.

Schweinesteaks mit Thymian und Wacholder | Für Gäste

4 Portionen

Pro Portion:
E: 32 g, F: 21 g, Kh: 16 g, kJ: 1595, kcal: 381

je 200 g	*helle und blaue, kernlose Weintrauben*
2	*Schalotten*
8 Stängel	*Thymian*
4	*Wacholderbeeren*
4	*Schweinerückensteaks (je etwa 140 g)*
	Salz
	frisch gemahlener Pfeffer
2 EL	*Olivenöl*
40 g	*Butter*
200 ml	*Bratenfond*

Zubereitungszeit: 40 Minuten

1. Weintrauben abspülen, trocken tupfen, entstielen und halbieren. Schalotten abziehen und in kleine Würfel schneiden. Thymian abspülen und trocken tupfen. Einige Stängel zum Garnieren beiseitelegen. Von den restlichen Stängeln die Blättchen von den Stängeln zupfen. Blättchen klein schneiden. Wacholderbeeren zerdrücken und fein hacken.

2. Den Backofen vorheizen.
Ober-/Unterhitze: etwa 100 °C
Heißluft: etwa 80 °C

3. Steaks mit Küchenpapier trocken tupfen, mit Salz und Pfeffer würzen.

4. Olivenöl in einer Pfanne erhitzen. Die Steaks darin von beiden Seiten etwa 5 Minuten braten. Die Steaks herausnehmen und in eine feuerfeste Form legen. Die Form auf dem Rost in den vorgeheizten Backofen schieben. Die Steaks warm halten.

5. Butter in dem verbliebenen Bratfett in der Pfanne zerlassen. Schalottenwürfel darin andünsten. Danach Wacholder, Thymian und Weintraubenhälften mit andünsten. Den Bratenfond hinzugießen, zum Kochen bringen und um die Hälfte einkochen lassen.

6. Die Steaks mit der Sauce auf Tellern anrichten, mit den beiseitegelegten Thymianstängeln garniert servieren.

Beilage: Kartoffelpüree, mit Käse überbacken.

Schweinshaxe
mit Linsengemüse I Deftig
4 Portionen

Pro Portion:
E: 67 g, F: 31 g, Kh: 30 g, kJ: 2808, kcal: 671

2	Zwiebeln
1 kg	Schweinehinterhaxenfleisch ohne Knochen, Fett und Schwarte
	Salz, frisch gemahlener Pfeffer
5 EL	Speiseöl, z. B. Rapsöl
180 g	Knollensellerie
300 g	Möhren
200 g	Pardina-Linsen oder rote Linsen
350 ml	heiße Hühnerbrühe
1 Stange	Porree (Lauch)
50 ml	Sojasauce
1 EL	Honig

Zubereitungszeit: 30 Minuten
Garzeit: etwa 5 ½ Stunden

1. Den Backofen bei Ober-/Unterhitze auf 80 °C vorheizen. Zwiebeln abziehen und würfeln.

2. Fleisch mit Küchenpapier trocken tupfen, mit Salz und Pfeffer bestreuen.

3. Speiseöl in einem großen, flachen Bräter erhitzen. Das Fleisch darin von allen Seiten etwa 10 Minuten gut anbraten. Zwiebelwürfel hinzufügen und kurz mitbraten.

4. Den Bräter auf dem Rost im unteren Drittel in den vorgeheizten Backofen schieben. Das Fleisch etwa 5 ½ Stunden garen.

5. Etwa 2 Stunden vor dem Ende der Garzeit Sellerie und Möhren putzen, schälen, abspülen, abtropfen lassen und in kleine Würfel schneiden. Gemüsewürfel mit den Linsen zum Fleisch in den Bräter geben. Heiße Hühnerbrühe dazugießen. Den Bräter zurück in den Backofen schieben und das Fleisch weitergaren.

6. Etwa 60 Minuten vor dem Ende der Garzeit von der Porreestange die Außenblätter entfernen, Wurzelende und dunkles Grün abschneiden, die Stange längs halbieren, gründlich abspülen und abtropfen lassen. Porree in feine Streifen schneiden und mit in den Bräter geben. Den Bräter zurück in den Backofen schieben und das Fleisch zu Ende garen.

7. Das Linsengemüse mit Sojasauce, Honig, Salz und Pfeffer abschmecken. Den Schweinehaxenbraten in Scheiben schneiden und mit dem Linsengemüse servieren.

Beilage: Petersilienkartoffeln.

Tipp: Hinweise zum Niedertemperaturgaren finden Sie im Ratgeberteil auf S. 277.

Schweinshaxen ▌Preiswert – deftig
4 Portionen

Pro Portion:
E: 70 g, F: 41 g, Kh: 2 g, kJ: 2750, kcal: 657

> 4 *Schweinshaxen (je etwa 500 g)*
> *Salz, frisch gemahlenem Pfeffer*
> etwas *heißes Wasser*
> 3 *mittelgroße Zwiebeln*

Zubereitungszeit: 20 Minuten
Garzeit: etwa 80 Minuten

1. Den Backofen vorheizen.
Ober-/Unterhitze: etwa 200 °C
Heißluft: etwa 180 °C

2. Haxen unter fließendem kalten Wasser abspülen, trocken tupfen, mit Salz und Pfeffer einreiben. Haxen in einen mit Wasser ausgespülten Bräter geben.

3. Bräter auf dem Rost im unteren Drittel in den vorgeheizten Backofen schieben. Haxen etwa 80 Minuten garen. Sobald der Bratensatz bräunt, etwas heißes Wasser hinzugießen. Das Fleisch ab und zu mit dem Bratensatz begießen, verdampfte Flüssigkeit nach und nach durch heißes Wasser ersetzen.

4. Etwa 30 Minuten vor dem Ende der Garzeit die Zwiebeln abziehen, vierteln und zu den Haxen in den Bräter geben. Die Haxen zu Ende garen.

5. Gare Haxen aus dem Bräter nehmen und zugedeckt warm stellen. Den Bratensatz mit etwas Wasser loskochen, evtl. durch ein Sieb streichen, etwas einkochen lassen und nochmals mit den Gewürzen abschmecken. Sauce zu dem Fleisch reichen.

Beilage: Erbsenpüree.

Tipp: Pikanter schmeckt die Sauce zur Schweinshaxe, wenn sie mit Senf abgeschmeckt wird.

Schweinshaxen in Biersauce
mit Jägerkohl | Deftig – mit Alkohol
6–8 Portionen

Pro Portion:
E: 65 g, F: 49 g, Kh: 12 g, kJ: 3195, kcal: 762

4	*Schweinshaxen (je etwa 500 g)*
	Salz, frisch gemahlener Pfeffer
	gemahlener Kümmel
4 EL	*Speiseöl, z. B. Rapsöl*
1 EL	*Tomatenmark*
1 EL	*Paprikapulver edelsüß*
375 ml (³/₈ l)	*Schwarzbier*
250 ml (¹/₄ l)	*Fleischbrühe*
4	*Zwiebeln*
1 Kopf	*Weißkohl (etwa 1,2 kg)*
50 g	*Schweineschmalz*
100 g	*gewürfelter, roher Schinken*
100 ml	*Gemüsebrühe*
1 EL	*Speisestärke*
1–2 EL	*kaltes Wasser*

Zubereitungszeit: 20 Minuten
Garzeit: etwa 2 ½ Stunden

1. Den Backofen vorheizen.
Ober-/Unterhitze: etwa 200 °C
Heißluft: etwa 180 °C

2. Von den Haxen die Schwarte und das Fett entfernen. Die Haxen unter fließendem kalten Wasser abspülen, trocken tupfen, mit Salz, Pfeffer und Kümmel bestreuen.

3. Öl in einem großen Bräter erhitzen. Die Haxen darin von allen Seiten gut anbraten.

4. Den Bräter auf dem Rost im unteren Drittel in den vorgeheizten Backofen schieben. Dann die Haxen etwa 2 ½ Stunden garen. Dabei die Haxen ab und zu wenden. Tomatenmark, Paprika, Bier und Fleischbrühe verrühren, nach und nach zugeben. Die Haxen ab und zu damit begießen.

5. Etwa 50 Minuten vor dem Ende der Garzeit die Zwiebeln abziehen, halbieren und fein würfeln. Weißkohl putzen, vierteln und den Strunk herausschneiden. Kohlviertel abspülen, abtropfen lassen und in feine Streifen schneiden.

6. Das Schmalz in einem großen Topf zerlassen. Die Zwiebel- und Schinkenwürfel darin andünsten. Weißkohlstreifen hinzufügen und ebenfalls unter Rühren andünsten. Gemüsebrühe hinzugießen. Kohl mit Salz, Pfeffer und Kümmel würzen, zugedeckt bei mittlerer Hitze etwa 20 Minuten dünsten. Dabei den Kohl gelegentlich umrühren.

7. Die Haxen aus dem Backofen nehmen und warm stellen. Die Sauce zum Kochen bringen.

8. Speisestärke mit Wasser anrühren, in die Sauce einrühren und kurz aufkochen lassen. Die Biersauce mit Salz und Pfeffer abschmecken.

9. Das Fleisch von den Knochen schneiden und mit Jägerkohl und Biersauce servieren.

Beilage: Salzkartoffeln.

Serbisches Reisfleisch | Beliebt

4 Portionen

Pro Portion:
E: 29 g, F: 17 g, Kh: 53 g, kJ: 2037, kcal: 487

400 g	Schweinenacken
300 g	Tomaten
250 g	Zwiebeln
60 g	durchwachsener Speck
1 EL	Olivenöl
	Salz, frisch gemahlener Pfeffer
	Cayennepfeffer
1–2 TL	gekörnte Fleischbrühe
	(für etwa 250 ml [¹/₄ l] Brühe)
750 ml (³/₄ l)	Wasser
250 g	Langkornreis
	Paprikapulver rosenscharf

Zubereitungszeit: 20 Minuten
Garzeit: etwa 45 Minuten

1. Schweinenacken mit Küchenpapier trocken tupfen und in kleine Würfel schneiden.

2. Tomaten abspülen, kreuzweise einschneiden und einige Sekunden in kochendes Wasser legen. Tomaten kurz in kaltem Wasser abschrecken, enthäuten, halbieren, entkernen und Stängelansätze herausschneiden. Tomaten vierteln. Die Zwiebeln abziehen und in Scheiben schneiden.

3. Speck in kleine Würfel schneiden, in einem Topf auslassen. Öl darin erhitzen. Fleischwürfel hinzufügen, unter mehrmaligem Wenden anbraten, mit Salz, Pfeffer und Cayennepfeffer würzen.

4. Zwiebelscheiben zu den Fleischwürfeln geben und mit anbraten. Tomatenviertel und gekörnte Brühe hinzugeben. Wasser hinzugießen. Das Ganze gut durchrühren und zum Kochen bringen. Die Fleischwürfel zugedeckt etwa 25 Minuten garen.

5. Reis hinzufügen und unter gelegentlichem Rühren etwa 20 Minuten mitgaren lassen. Das Reisfleisch mit Salz, Pfeffer und Paprika abschmecken.

Tipp: Nach Belieben können Sie 1–2 bunte, gewürfelte, kurz angedünstete Paprikaschoten und Gemüsemais unter das Reisfleisch geben, zum Schluss kurz miterwärmen.

Siebenbürger Rinderragout I

Klassisch – mit Alkohol

4 Portionen

Pro Portion:

E: 41 g, F: 31 g, Kh: 28 g, kJ: 2424, kcal: 579

600 g	Rindfleisch (aus der Schulter)
60 g	Räucherspeck
3	Zwiebeln
2	Knoblauchzehen
2 TL	Salz
1 TL	frisch gemahlener Pfeffer
2 TL	gerebelter Thymian
150 ml	trockener Weißwein
2 EL	Tomatenmark

Für die cremige Polenta:

1	Knoblauchzehe
1	kleine Zwiebel
1 Stängel	Rosmarin
2 EL	Olivenöl
500 ml (½ l)	Gemüsebrühe
120 g	Maisgrieß
2 EL	Butter
50 g	geriebener Parmesan-Käse
	Salz
	frisch gemahlener Pfeffer

Zubereitungszeit: 30 Minuten
Garzeit: etwa 60 Minuten

1. Fleisch mit Küchenpapier trocken tupfen und in bleistiftdicke Streifen schneiden.

2. Räucherspeck in dünne Streifen schneiden und in einer Pfanne braten. Das ausgetretene Fett in einen Bratentopf gießen. Die Grieben bis zur weiteren Verwendung beiseitestellen.

3. Zwiebeln abziehen, in feine Ringe schneiden und in dem Speckfett unter häufigem Rühren glasig werden lassen.

4. Fleisch unterrühren. Den Knoblauch abziehen und fein würfeln, zum Fleisch geben. Das Fleisch mit Salz, Pfeffer und Thymian würzen. Etwas von dem Wein

hinzugießen. Das Ganze zugedeckt bei schwacher Hitze etwa 30 Minuten garen. Immer, wenn die Flüssigkeit verdampft ist, mehrmals etwas Wein zugießen, sodass das Fleisch fast im eigenen Saft gart.

5. Tomatenmark unterrühren und die Grieben zugeben. Restlichen Wein dazugießen und das Ganze weitere etwa 30 Minuten garen.

6. In der Zwischenzeit für die Polenta Knoblauch und Zwiebel abziehen, fein würfeln. Rosmarin abspülen und trocken tupfen. Öl in einem Topf erhitzen. Die Zwiebel- und Knoblauchwürfel darin andünsten. Rosmarin hinzugeben. Brühe hinzugießen und zum Kochen bringen. Maisgrieß unter Rühren einrieseln lassen, unter ständigem Rühren bei schwacher Hitze ausquellen lassen (dabei die Packungsanleitung beachten.

7. Rosmarinstängel entfernen. Butter und Parmesan-Käse unterrühren. Die Polenta mit Salz uns Pfeffer abschmecken und mit dem Rinderragout servieren.

Tipps: Polenta zieht nach und wird dabei dicker. Daher ist ein wenig Fingerspitzengefühl nötig, um die richtige Konsistenz zu finden. Als Beilage eignet sich auch Kartoffelbrei oder gedünsteter Reis. Garnieren Sie das Gericht mit frischen Kräutern, wie z. B. Rosmarin, Petersilie oder Thymian.

Spareribs | Beliebt – gut vorzubereiten
4 Portionen

Pro Portion:
E: 44 g, F: 21 g, Kh: 21 g, kJ: 1897, kcal: 451

1	*Gemüsezwiebel*
1 Bund	*Suppengrün (Möhre,*
	Sellerie, Porree)
10	*Pfefferkörner*
4	*Lorbeerblätter*
	Salz
2 kg	*dünne Schweinerippchen*
	(Schälrippchen)
350 ml	*Barbecue-Sauce*

Zubereitungszeit: 30 Minuten
Garzeit: 55–75 Minuten

1. Zwiebel abziehen und halbieren. Suppengrün putzen, schälen, abspülen, abtropfen lassen und in grobe Stücke schneiden.

2. Wasser in einem großen Topf zum Kochen bringen. Zwiebelhälften, Suppengrün, Pfefferkörner, Lorbeerblätter und etwas Salz hinzufügen. Das Ganze wieder zum Kochen bringen.

3. Schweinerippchen in Portionsstücke teilen, unter fließendem kalten Wasser abspülen und in das ko-

chende Wasser geben. Darauf achten, dass die Rippchen vollständig mit Wasser bedeckt sind. Die Rippchen 45–60 Minuten zugedeckt bei schwacher Hitze kochen lassen. Die Rippchen sind gar, wenn sich das Fleisch leicht vom Knochen löst.

4. Den Backofen vorheizen.
Ober-/Unterhitze: etwa 220 °C
Heißluft: etwa 200 °C

5. Die Rippchen mit einer Schaumkelle aus der Brühe nehmen, abtropfen lassen und auf ein Backblech (mit Backpapier belegt) legen. Das Backblech in den vorgeheizten Backofen schieben. Dann die Rippchen in 10–15 Minuten knusprig und goldgelb backen.

6. Die Rippchen vom Backblech nehmen, mit Barbecue-Sauce bestreichen und sofort servieren.

Beilage: Fladenbrot.

Tipps: Für eine schnelle selbstgemachte Barbecue-Sauce benötigen Sie: 1 gewürfelte Zwiebel, etwa 300 ml Tomatenketchup, ½ Esslöffel Sambal Oelek, ½ Kaffeepott starken Espresso und eine Handvoll gehackte Petersilie. Alles in einen Rührbecher geben und pürieren.
Die Rippchen schon am Vortag kochen, abkühlen lassen und zugedeckt im Kühlschrank aufbewahren. Die Rippchen am nächsten Tag backen und bestreichen.

Steak auf Röstbrot I

Schnell

2 Portionen

Pro Portion:
E: 36 g, F: 33 g, Kh: 23 g, kJ: 2229, kcal: 532

2 EL	Olivenöl
4 Scheiben	Ciabatta oder Baguette
1	Knoblauchzehe
2	kleine Zwiebeln
1 EL	Olivenöl
	Salz
	frisch gemahlener Pfeffer
etwa 30 g	Rucola (Rauke)
1 EL	Olivenöl
4	kleine Rinderfiletmedaillons (je etwa 60 g) oder
2	Hüftsteaks (je etwa 120 g)
1 EL	Olivenöl
2	Eier (Größe M)

Zubereitungszeit: 25 Minuten

1. Olivenöl in einer Pfanne erhitzen. Die Brotscheiben darin von beiden Seiten goldgelb rösten und aus der Pfanne nehmen. Die Knoblauchzehe halbieren und mit der Schnittfläche die Brotscheiben abreiben.

2. Die Zwiebeln abziehen, in nicht zu dünne Scheiben schneiden und diese dann in Ringe teilen. Olivenöl in der Pfanne erhitzen. Die Zwiebelringe darin unter Rühren anbraten, mit Salz und Pfeffer würzen. Dann die Zwiebelringe aus der Pfanne nehmen und warm stellen.

3. Rucola verlesen und dicke Stängel abschneiden. Rucola abspülen und trocken tupfen oder trocken schleudern.

4. Olivenöl in der Pfanne erhitzen. Die Fleischscheiben mit Küchenpapier trocken tupfen, mit Salz bestreuen und in die Pfanne gegen. Steaks jeweils etwa 3 Minuten je Seite braten und mit Pfeffer bestreuen.

5. Gleichzeitig in einer zweiten Pfanne Olivenöl erhitzen und die beiden Eier darin braten. Spiegeleier mit Salz und Pfeffer bestreuen.

6. Je 2 Brotscheiben auf einen Teller geben. Zuerst die Steaks, dann die Zwiebelringe und Rucola darauf verteilen. Dazu die Spiegeleier servieren.

Steak-Blech | Für die Party

12 Portionen

Pro Portion:
E: 41 g, F: 31 g, Kh: 22 g, kJ: 2235, kcal: 535

> 2 kg Kartoffeln
> 2 mittelgroße Zwiebeln oder
> 2–3 Schalotten
> 100 g gewürfelter Katenschinken
> 6 EL Olivenöl

Für den Belag:

> 1 Knoblauchzehe
> 500 g Crème fraîche
> 3 EL gehackte Petersilie
> 3 EL Schnittlauchröllchen
> Salz
> frisch gemahlener Pfeffer
> 200 g frisch geriebener Gouda-Käse

> 12 Kalbssteaks (je etwa 140 g)
> etwa 4 EL Olivenöl

Zubereitungszeit: 45 Minuten
Garzeit: etwa 35 Minuten

1. Den Backofen vorheizen.
Ober-/Unterhitze: etwa 200 °C
Heißluft: etwa 180 °C

2. Kartoffeln schälen, abspülen, abtropfen lassen und in dünne Scheiben schneiden. Die Kartoffelscheiben in eine Fettpfanne (30 x 40 cm, mit etwas Speiseöl bestrichen) geben. Zwiebeln oder Schalotten abziehen, klein würfeln. Zwiebelwürfel mit Schinkenwürfeln und Olivenöl vermischen, auf den Kartoffelscheiben verteilen, gut untermengen.

3. Die Fettpfanne auf mittlerer Einschubleiste in den vorgeheizten Backofen schieben. Kartoffelscheiben etwa 20 Minuten garen, dabei die Kartoffelscheiben nach der Hälfte der Garzeit einmal wenden.

4. Für den Belag Knoblauch abziehen und in kleine Würfel schneiden. Crème fraîche mit Petersilie, Schnittlauchröllchen und Knoblauchwürfeln verrühren,

mit Salz und Pfeffer würzen. Die Hälfte des geriebenen Käses unterrühren.

5. Steaks mit Küchenpapier trocken tupfen. Die Hälfte des Öls in einer großen Pfanne erhitzen. Die Steaks darin in 2 Portionen von jeder Seite etwa 2 Minuten anbraten, herausnehmen.

6. Die Crème-fraîche-Käse-Masse und Kalbssteaks auf den Kartoffelscheiben verteilen und mit dem restlichen Käse bestreuen. Die Fettpfanne wieder in den heißen Backofen schieben. Die Steaks bei gleicher Backofentemperatur etwa 15 Minuten überbacken.

Beilage: Tomatensalat und ofenfrisches Ciabatta-Brot.

Tipps: Statt Kalbssteaks Schweinenackensteaks oder Putenschnitzel verwenden. Dann den Belag nur etwa 10 Minuten überbacken. Sollte der Käse noch nicht genügend gebräunt sein, kurz den Backofengrill einschalten. Das Steak-Blech nach Belieben mit Petersilienblättchen garnieren.

Steaks mit grüner Pfeffersauce ▮

Schnell

2 Portionen

Pro Portion:
E: 33 g, F: 22 g, Kh: 1 g, kJ: 1372, kcal: 328

300 g	Rinderfilet
	Salz, frisch gemahlener Pfeffer
1 EL	eingelegter, grüner Pfeffer
2 EL	Olivenöl
50 ml	Fleischbrühe
1–2 EL	Crème fraîche

Zubereitungszeit: 15 Minuten

1. Das Rinderfilet mit Küchenpapier trocken tupfen und in 2 gleich große Scheiben schneiden. Die Filetscheiben leicht flach drücken und anschließend mit Salz und Pfeffer bestreuen. Grünen Pfeffer in einem kleinen Sieb unter fließendem Wasser abspülen.

2. Das Olivenöl in einer Pfanne erhitzen. Die Fleischscheiben in die Pfanne geben und von jeder Seite etwa 3 Minuten darin braten.

3. Die Steaks aus der Pfanne nehmen, auf einen vorgewärmten, tiefen Teller legen, mit einem zweiten vorgewärmten Teller zudecken und warm stellen.

4. Den Bratensatz mit Brühe ablöschen. Dann Crème fraîche unterrühren. Die Sauce mit Salz und Pfeffer abschmecken. Grünen Pfeffer hinzufügen. Sauce erhitzen und zu den Steaks servieren.

Beilage: Gemischter Blattsalat und geröstete Baguettescheiben.

Tessiner Schmorbraten I

Dauert länger – mit Alkohol

4–6 Portionen

Pro Portion:
E: 48 g, F: 15 g, Kh: 33 g, kJ: 2005, kcal: 478

1 kg	Rindfleisch (aus der Keule oder Hüfte)
1	Schweinefuß
	Salz
	frisch gemahlener Pfeffer
	Paprikapulver edelsüß
2 EL	Speiseöl, z. B. Olivenöl
2	Zwiebeln
2	Knoblauchzehen
2	Möhren
70 g	Tomatenmark
125 ml (¹/₈ l)	Rotwein
375 ml (³/₈ l)	Fleischbrühe
1 kg	kleine, gleich große Kartoffeln
6	Tomaten
2 EL	Speiseöl, z. B. Olivenöl
1–2 TL	Weizenmehl
etwas	kaltes Wasser
	gehackte Petersilie

Zubereitungszeit: 60 Minuten
Garzeit: etwa 2 Stunden

1. Fleisch mit Küchenpapier trocken tupfen. Schweinefuß unter fließendem kaltem Wasser abspülen und trocken tupfen. Fleisch und Schweinefuß mit Salz, Pfeffer und Paprika würzen.

2. Speiseöl in einem Bratentopf erhitzen. Fleisch und Schweinefuß von allen Seiten gut darin anbraten, aus dem Bratentopf nehmen.

3. Zwiebeln und Knoblauch abziehen, würfeln. Möhren putzen, schälen, abspülen, abtropfen lassen und in Stücke schneiden. Möhrenstücke mit den Zwiebel- und Knoblauchwürfeln in dem Bratenfett andünsten.

4. Tomatenmark unterrühren. Wein und etwas Brühe hinzugießen und erhitzen. Fleisch und Schweinefuß hinzufügen, im geschlossenen Topf unter gelegentlichem Wenden etwa 75 Minuten schmoren lassen.

5. Kartoffeln schälen, abspülen, abtropfen lassen und zu dem Fleisch geben, mit Salz bestreuen. Die restliche Brühe hinzugießen (Kartoffeln müssen knapp mit Flüssigkeit bedeckt sein). Das Ganze weitere etwa 30 Minuten schmoren lassen.

6. Tomaten kurz in kochendes Wasser legen, mit kaltem Wasser abschrecken, enthäuten, halbieren und die Stängelansätze herausschneiden. Tomaten zu dem Fleisch geben, etwa 10 Minuten mitschmoren lassen.

7. Das gare Fleisch aus dem Topf nehmen, in Scheiben schneiden und auf einer vorgewärmten Platte anrichten. Tomatenhälften um das Fleisch legen, alles zugedeckt warm stellen. Schweinefuß entfernen.

8. Kartoffeln ebenfalls aus dem Topf nehmen. Speiseöl in einer Pfanne erhitzen. Die Kartoffeln darin unter wenden kurz braun braten.

9. Inzwischen Mehl mit Wasser anrühren und in die kochende Schmorflüssigkeit einrühren. Sauce etwa 5 Minuten köcheln lassen. Die Sauce mit Salz, Pfeffer und Paprika abschmecken. Kartoffeln mit Petersilie bestreuen und mit Sauce und Fleisch servieren.

Thüringer Rostbrätel **Mit Alkohol**

6 Stück

Pro Stück:

E: 35 g, F: 16 g, Kh: 2 g, kJ: 1232, kcal: 295

1 kg	*Schweinekamm ohne Knochen*
2–3	*Zwiebeln*
1	*Knoblauchzehe*
200 g	*mittelscharfer Senf*
500 ml (¹/₂ l)	*Bier, z. B. Pils*
	Salz
	frisch gemahlener Pfeffer
	gerebelter Majoran

Zubereitungszeit: 15 Minuten, ohne Marinierzeit
Grillzeit: 5–10 Minuten

1. Den Schweinekamm mit Küchenpapier trocken tupfen und in 6 gleich dicke Scheiben schneiden.

2. Zwiebeln und Knoblauch abziehen. Den Knoblauch durch eine Presse drücken. Zwiebeln in Ringe schneiden. Mit Knoblauch, Senf und etwa 200 ml von dem Bier verrühren. Marinade mit Salz, Pfeffer und Majoran würzen.

3. Die Fleischscheiben in eine Schale geben und mit der Marinade übergießen. Das Fleisch zugedeckt im Kühlschrank 1–2 Tage durchziehen lassen, evtl. die Fleischeiben einmal wenden.

4. Die Fleischscheiben kurz abtropfen lassen und auf dem vorgeheizten Grill 5–10 Minuten grillen (je nach Fleischdicke), dabei mit dem restlichen Bier ablöschen.

Tipp: Das Fleisch in der Panne braten. Dazu in einer großen Pfanne 2 Esslöffel Speiseöl erhitzen. Die Fleischscheiben darin portionsweise mit den Zwiebeln 5–10 Minuten braten, dabei einmal wenden.

Vitello tonnato | Belieb – klassisch

4 Portionen

Pro Portion:
E: 56 g, F: 44 g, Kh: 4 g, kJ: 2671, kcal: 640

<pre>
    1 ¼ l Wasser
    750 g mageres Kalbfleisch
           (aus der Unterschale)
      2   Zwiebeln
1 geh. TL Salz
      2   Lorbeerblätter
      4   Gewürznelken
</pre>

Für die Tunfischsauce:

<pre>
2 Dosen Tunfisch im eigenen Saft
         (Abtropfgewicht je 140 g)
 1 Glas Kapern (Abtropfgewicht 30 g)
   2 EL Zitronensaft
  150 g Salatmayonnaise
  150 g Crème fraîche
         Salz
         frisch gemahlener Pfeffer
</pre>

Zubereitungszeit: 25 Minuten, ohne Abkühlzeit
Garzeit: etwa 80 Minuten

1. Das Wasser in einem Topf zum Kochen bringen. Kalbfleisch mit Küchenpapier trocken tupfen. Zwiebeln abziehen und vierteln. Das Fleisch mit Salz, Lorbeerblättern, Nelken und Zwiebelvierteln in das kochende Wasser geben. Alles wieder zum Kochen bringen. Den Schaum abschöpfen. Das Fleisch etwa 80 Minuten zugedeckt bei schwacher Hitze kochen. Das Fleisch in dem Kochsud erkalten lassen.

2. Für die Sauce Tunfisch in einem Sieb abtropfen lassen. Zwei Drittel der Kapern abtropfen lassen und fein hacken.

3. Tunfisch und Zitronensaft in einer Rührschüssel pürieren. Mayonnaise und Crème fraîche mit dem Schneebesen unterrühren. Gehackte Kapern unter die Masse rühren, mit Salz und Pfeffer abschmecken.

4. Das kalte Fleisch aus dem Kochsud nehmen, trocken tupfen, in sehr dünne Scheiben schneiden (am besten mit einer Aufschnittmaschine). Die Scheiben auf eine Platte legen.

5. Die Sauce auf den Fleischscheiben verteilen, mit den restlichen Kapern bestreuen.

Beilage: Baguette, Ciabatta (italienisches Weißbrot).

Tipps: Als Vorspeise reicht das Gericht für 6–8 Portionen. Sie können das Fleisch bereits am Tag vor dem Verzehr kochen und im Kochsud erkalten lassen.

Westfälische Schnitzel | Für Gäste

8–10 Portionen

Pro Portion:
E: 36 g, F: 18 g, Kh: 23 g, kJ: 1683, kcal: 400

2	mittelgroße Gemüsezwiebeln (je etwa 200 g)
8 Scheiben	Schwarzbrot (etwa 500 g)
250 g	westfälischer, roher Schinken
1 Bund	Schnittlauch
3	Fleischtomaten
8–10	Schweineschnitzel (je etwa 120 g)
	Salz
	frisch gemahlener Pfeffer
8 EL	Speiseöl, z. B. Rapsöl
50 g	Butter oder Margarine

Zubereitungszeit: 60 Minuten

1. Zwiebeln abziehen, halbieren und in kleine Würfel schneiden. Schwarzbrot fein zerbröseln. Den Schinken ebenfalls in kleine Würfel schneiden.

2. Schnittlauch abspülen, trocken tupfen und in Röllchen schneiden. Tomaten abspülen, abtropfen lassen, kreuzweise einschneiden und kurz in kochendes Wasser legen. Tomaten mit kaltem Wasser abschrecken, enthäuten, halbieren und die Stängelansätze herausschneiden. Fruchtfleisch in Würfel schneiden, dabei die Kerne entfernen.

3. Schnitzel mit Küchenpapier trocken tupfen, mit Salz und Pfeffer bestreuen.

4. Etwas von dem Speiseöl in einer großen Pfanne erhitzen. Die Schnitzel portionsweise von beiden Seiten etwa 15 Minuten darin braten. Schnitzel herausnehmen, auf eine vorgewärmte Platte legen und zugedeckt warm stellen.

5. Butter oder Margarine in dem verbliebenen Bratfett zerlassen. Schinken- und Zwiebelwürfel darin andünsten. Brot- und Tomatenwürfel hinzugeben und kurz mit andünsten.

6. Schinken-Brot-Masse auf den Schnitzeln verteilen, mit Salz und Pfeffer würzen. Westfälische Schnitzel mit Schnittlauchröllchen bestreut servieren.

Wiener Schnitzel | Beliebt – klassisch

4 Portionen

Pro Portion:
E: 30 g, F: 17 g, Kh: 24 g, kJ: 1546, kcal: 369

Für die Schnitzel:

4 Kalbsschnitzel (je 120 g, aus der Oberschale) oder 8 kleine Schnitzel (je 60 g)
Salz
frisch gemahlener Pfeffer
50 g Weizenmehl
150 g Semmelbrösel
2 Eier (Größe M)

200 g Butterschmalz oder Margarine

4 Zitronenscheiben

Zubereitungszeit: 30 Minuten

1. Die Schnitzel mit Küchenpapier trocken tupfen. Die Schnitzel etwas dünner klopfen, mit Salz und Pfeffer würzen.

2. Drei tiefe Teller nebeneinanderstellen. Mehl und Semmelbrösel in jeweils einen der Teller geben. Im dritten Teller die Eier mit einer Gabel verschlagen.

3. Schnitzel zuerst in Mehl wenden, überschüssiges Mehl abschütteln. Dann die Schnitzel in den verschlagenen Eiern wenden und am Tellerrand etwas abstreifen. Zuletzt die Schnitzel in den Semmelbröseln wenden. Panade etwas andrücken.

4. Butterschmalz oder Margarine evtl. portionsweise in einer großen Pfanne gut erhitzen. Die Schnitzel von beiden Seiten darin leicht schwimmend je nach Größe 2–3 Minuten braten. Anschließend die Schnitzel herausnehmen und auf Küchenpapier abtropfen lassen.

5. Die Schnitzel mit Zitronenscheiben anrichten.

Beilage: Bratkartoffeln oder Kartoffelsalat und grüner Blattsalat.

Tipps: Die Panade nicht zu fest andrücken, damit sie schön locker wird und sich beim Braten leicht wellt. Für **panierte Schweineschnitzel** das Kalbsschnitzel durch Schweineschnitzel ersetzen.

Wildgulasch mit Pilzen I Mit Alkohol
4 Portionen

Pro Portion:
E: 34 g, F: 14 g, Kh: 6 g, kJ: 1282, kcal: 306

5 g	*getrocknete Steinpilze*
60 g	*durchwachsener Speck*
600 g	*Wildfleisch, z. B. Reh, Hirsch,*
	Wildschwein
1 EL	*Speiseöl, z. B. Sonnenblumenöl*
2	*Zwiebeln*
1	*Knoblauchzehe*
½ TL	*gerebelter Thymian*
	Salz
	frisch gemahlener Pfeffer
250 ml (¼ l)	*Fleischbrühe*
250 ml (¼ l)	*dunkles Bier*
1	*Lorbeerblatt*
250 g	*Champignons*
250 g	*Tomaten*
2 EL	*Crème fraîche*
1 Bund	*glatte Petersilie*

Zubereitungszeit: 30 Minuten
Garzeit: etwa 60 Minuten

1. Steinpilze nach Packungsanleitung in Wasser einweichen. Speck in kleine Würfel schneiden. Wildfleisch mit Küchenpapier trocken tupfen und in etwa 2 cm große Würfel schneiden.

2. Öl in einer großen Pfanne erhitzen. Die Speckwürfel darin auslassen. Ausgebratene Speckwürfel herausnehmen. Dann Fleischwürfel in die Pfanne geben und unter gelegentlichem Rühren darin von allen Seiten gut anbraten.

3. Zwiebeln und Knoblauch abziehen, fein würfeln, ebenfalls in die Pfanne geben und mitbraten. Die Fleischwürfel mit Thymian, Salz und Pfeffer würzen. Brühe und Bier hinzugießen.

4. Steinpilze abtropfen lassen und mit dem Lorbeerblatt unterrühren. Das Wildgulasch zugedeckt etwa 60 Minuten schmoren lassen.

5. Die Champignons putzen, mit Küchenpapier abreiben, evtl. abspülen, trocken tupfen, halbieren und etwa 15 Minuten vor dem Ende der Schmorzeit zum Gulasch geben.

6. Tomaten abspülen, kreuzweise einschneiden, mit kochendem Wasser übergießen und dann mit kaltem Wasser abschrecken. Tomaten enthäuten, vierteln und die Stängelansätze herausschneiden. Tomatenviertel in Stücke schneiden und etwa 5 Minuten vor dem Ende der Schmorzeit unter das Wildgulasch rühren.

7. Nach der Schmorzeit das Lorbeerblatt aus dem Wildgulasch entfernen. Crème fraîche unterrühren. Das Gulasch mit Salz und Pfeffer abschmecken.

8. Petersilie abspülen, abtropfen lassen und die Blättchen von den Stängeln zupfen. Blättchen fein hacken und unter das Wildgulasch rühren.

Beilage: Semmelklöße und grüner Blattsalat.

Wildschwein-Geschnetzeltes mit Waldpilzen **I** Mit Alkohol

4 Portionen

Pro Portion:
E: 47 g, F: 25 g, Kh: 12 g, kJ: 2091, kcal: 499

300 g	*frische, gemischte Pilze*
800 g	*Fleisch von der Wildschweinkeule*
2	*Zwiebeln*
1 Bund	*Suppengrün (Möhre, Sellerie, Porree)*
5–6	*Wacholderbeeren*
2 EL	*Butterschmalz*
1 EL	*Weizenmehl*
1 EL	*Tomatenmark*
	Salz
	frisch gemahlener Pfeffer
350 ml	*Gemüse- oder Fleischbrühe*
250 ml (¼ l)	*trockener Rotwein*
100 g	*Schlagsahne*

Zubereitungszeit: 20 Minuten
Garzeit: etwa 40 Minuten

1. Pilze putzen, mit Küchenpapier abreiben, evtl. abspülen und trocken tupfen. Fleisch mit Küchenpapier trocken tupfen und in Streifen schneiden.

2. Zwiebeln abziehen und in schmale Spalten schneiden. Das Suppengrün putzen, abspülen, abtropfen lassen und klein schneiden. Wacholderbeeren grob zerdrücken.

3. Butterschmalz in einem Schmortopf erhitzen. Das Fleisch darin kräftig anbraten. Das Mehl daraufstreuen und kurz andünsten. Tomatenmark, Zwiebeln und das Suppengrün unterrühren und mit anbraten.

4. Wacholderbeeren dazugeben und alles mit Salz und Pfeffer würzen. Die Brühe und Wein dazugießen und aufkochen lassen. Alles zugedeckt bei schwacher Hitze etwa 40 Minuten schmoren.

5. Nach etwa 30 Minuten Schmorzeit die Pilze dazugeben und fertig garen. Wildschweingeschnetzeltes mit Sahne verfeinern und nochmals mit Salz und Pfeffer abschmecken.

Beilage: Rosenkohl und Spätzle.

Tipps: Bestellen Sie das Fleisch am besten bei Ihrem Metzger vor. Ideal für dieses Gericht ist zartes Fleisch von jungen Wildschweinen oder Frischlingskeule. Das Fleisch von älteren Tieren ist kräftiger im Geschmack. Um den intensiven Wildgeschmack zu mildern, das Fleisch über Nacht in Buttermilch einlegen.

Wildschweinkeule | Für Gäste
10–12 Portionen

Pro Portion:
E: 21 g, F: 22 g, Kh: 85 g, kJ: 2787, kcal: 665

1	*Wildschweinkeule ohne Knochen (etwa 3 kg, mit Küchengarn zu einer Art Rollbraten zusammengebunden)*
4 EL	*Olivenöl*
	Salz, frisch gemahlener Pfeffer
180 g	*Zwiebeln*
150 g	*getrocknete Tomaten in Öl*
500 ml (½ l)	*Fleischbrühe*
1 Bund	*Staudensellerie*
1½ kg	*braune Champignons*
150 g	*gewürfelter Katenschinken*
250 g	*Crème fraîche*

Zubereitungszeit: 40 Minuten
Garzeit: etwa 2½ Stunden

1. Den Backofen vorheizen.
Ober-/Unterhitze: etwa 200 °C
Heißluft: etwa 180 °C

2. Wildschweinkeule mit Küchenpapier trocken tupfen, evtl. von Fett und Sehnen befreien. Die Keule in eine Fettpfanne legen, mit Öl beträufeln und mit Salz und Pfeffer kräftig würzen. Die Fettpfanne im unteren Drittel in den vorgeheizten Backofen schieben. Die Keule etwa 45 Minuten garen.

3. In der Zwischenzeit die Zwiebeln abziehen und in grobe Würfel schneiden. Die Tomaten abtropfen lassen und in feine Streifen schneiden.

4. Die Zwiebelwürfel zum Fleisch hinzufügen und etwa 15 Minuten mitbraten.

5. Danach die Tomatenstreifen ebenfalls zum Fleisch geben und das Ganze mit Fleischbrühe ablöschen. Die Backofentemperatur um etwa 20 °C auf Ober-/Unterhitze: etwa 180 °C, Heißluft: etwa 160 °C reduzieren. Wildschweinkeule und Gemüse weitere etwa 60 Minuten garen.

6. In der Zwischenzeit den Staudensellerie putzen, die harten Außenfäden abziehen, abspülen, abtropfen lassen. Die Stangen in etwa 1 cm große Stücke schneiden. Champignons putzen, mit Küchenpapier abreiben, evtl. abspülen, gut abtropfen lassen und halbieren.

7. Die Staudenselleriestücke, Champignonhälften und Katenschinkenwürfel mit in die Fettpfanne geben und alles noch weitere etwa 30 Minuten garen.

8. Das gare Fleisch aus der Fettpfanne nehmen und etwa 10 Minuten zugedeckt ruhen lassen. Crème fraîche unter die Gemüse-Schinken-Mischung rühren. Alles nochmals kurz im Backofen erhitzen.

9. Das Fleisch in Scheiben schneiden und evtl. ausgetretenen Fleischsaft mit dem Gemüse verrühren. Das Gemüse zu dem Fleisch servieren.

Wildschweinpfeffer in Tomatensauce I

Für Gäste – mit Alkohol
6 Portionen

Pro Portion:
E: 38 g, F: 13 g, Kh: 15 g, kJ: 1516, kcal: 361

1 kg	Wildschweinschulter ohne Knochen
4 EL	Speiseöl, z. B. Rapsöl
	Salz
	frisch gemahlener Pfeffer
40 g	Tomatenmark
250 ml (¼ l)	heißer Wildfond oder Fleischbrühe
1 kg	Fleischtomaten
250 ml (¼ l)	trockener Weißwein
2	Knoblauchzehen
400 g	Knollensellerie

Für den Spargel:

1 kg	grüner Spargel
500 ml (½ l)	Wasser
1 gestr. TL	Salz
1 TL	Butter
1 Prise	Zucker
40 g	Weizenmehl
4 EL	kaltes Wasser
1 EL	bunte Pfefferkörner

Zubereitungszeit: 30 Minuten
Garzeit: etwa 60 Minuten

1. Das Fleisch mit Küchenpapier trocken tupfen, enthäuten, entsehnen und in etwa 2 cm große Stücke schneiden. Öl in einem Bräter erhitzen. Fleischwürfel unter Rühren darin anbraten und mit Salz und Pfeffer würzen. Tomatenmark unterrühren. Fond oder Brühe unterrühren und zum Kochen bringen.

2. Die Tomaten abspülen, kreuzweise einschneiden, mit kochendem Wasser übergießen, dann mit kaltem Wasser abschrecken. Tomaten enthäuten, halbieren und die Stängelansätze herausschneiden. Tomaten in Achtel schneiden.

3. Etwa die Hälfte der Tomaten mit in den Bräter geben, die restlichen Tomaten beiseitestellen. Weißwein unterrühren. Das Ganze zum Kochen bringen und zugedeckt etwa 45 Minuten schmoren lassen. Gelegentlich das Fleisch umrühren.

4. Knoblauch abziehen und fein würfeln. Sellerie putzen, schälen, abspülen, abtropfen lassen und in kleine Würfel schneiden. Nach etwa 45 Minuten Garzeit den Sellerie und Knoblauch mit in den Bräter geben. Das Ganze zugedeckt weitere etwa 15 Minuten schmoren.

5. In der Zwischenzeit für den Spargel das untere Drittel des Spargels schälen, die unteren Enden abschneiden. Spargel nach Belieben längs halbieren, abspülen und abtropfen lassen. Das Wasser mit Salz, Butter und Zucker in einem Topf zum Kochen bringen. Den Spargel darin zugedeckt 3–5 Minuten bissfest kochen, dann in einem Sieb abtropfen lassen und zugedeckt warm stellen.

6. Mehl mit Wasser anrühren und in den Wildschweinpfeffer einrühren. Die Sauce sämig einkochen lassen, dabei gelegentlich umrühren. Pfefferkörner und restliche Tomatenachtel unterrühren und miterwärmen. Spargelstücke mit dem Wildschweinpfeffer servieren.

Beilage: Nudeln.

Wildschweinrücken mit Pastinakengemüse I

Mit Alkohol – raffiniert

4 Portionen

Pro Portion:

E: 46 g, F: 48 g, Kh: 44 g, kJ: 3474, kcal: 830

400 ml	Wildfond
200 ml	trockener Rotwein
750 g	Wildschweinrücken ohne Knochen
	Salz
	frisch gemahlener Pfeffer
4 EL	Speiseöl, z. B. Rapsöl
2	Möhren
2	Eigelb (Größe M)
4 EL	gehackte Haselnusskerne
4 EL	Semmelbrösel
400 g	TK-Kroketten
800 g	Pastinaken
6 EL	Wasser
40 g	Butter
60 g	eiskalte Butter
2 EL	fein gehackte Petersilie

Zubereitungszeit: 40 Minuten

1. Den Wildfond mit Rotwein in einen Topf geben, zum Kochen bringen und etwas einkochen lassen.

2. In der Zwischenzeit den Backofen vorheizen.
Ober-/Unterhitze: etwa 200 °C
Heißluft: etwa 180 °C

3. Wildschweinrücken mit Küchenpapier trocken tupfen, entsehnen und mit Salz und Pfeffer würzen. Öl in einer Pfanne erhitzen. Den Wildschweinrücken darin von allen Seiten gut anbraten.

4. Möhren putzen, schälen, abspülen, abtropfen lassen und in feine Würfel schneiden. Möhrenwürfel mit Eigelb, Haselnüssen und Semmelbröseln vermischen.

5. Masse mit Salz und Pfeffer würzen, auf den Wildschweinrücken streichen und fest andrücken. Wildschweinrücken mit den Kroketten auf ein Backblech (mit Backpapier belegt) legen. Das Backblech in den vorgeheizten Backofen schieben. Das Fleisch und die Kroketten 15–20 Minuten garen (dabei für die Kroketten die Packungsanleitung beachten).

6. Von den Pastinaken Grün und Spitzen abschneiden, Pastinaken schälen, abspülen, abtropfen lassen und in dünne Scheiben schneiden. Die Pastinakenscheiben mit Wasser und der Butter in einem Topf zum Kochen bringen und etwa 5 Minuten köcheln lassen, mit Salz abschmecken.

7. Eingekochten Wild-Rotwein-Fond von der Kochstelle nehmen und die eiskalte Butter einrühren (nicht mehr kochen lassen).

8. Wildschweinrücken in Scheiben schneiden, mit Kroketten, Pastinakengemüse und der Sauce servieren. Mit Petersilie garnieren.

Wildschweinschulter in Burgunder | Mit Alkohol

4 Portionen

Pro Portion:
E: 49 g, F: 11 g, Kh: 32 g, kJ: 1929, kcal: 461

900 g	Wildschweinschulter ohne Knochen
	Salz
	frisch gemahlener Pfeffer
einige	Lorbeerblätter
2 EL	Speiseöl, z. B. Rapsöl
200 g	kleine, braune Champignons
160 g	Pfifferlinge oder
	1 Dose kleine Pfifferlinge (Abtropfgewicht 165 g)
200 g	Austernpilze
120 g	Rosinen
100 g	Preiselbeeren (aus dem Glas)
einige	Wacholderbeeren
1 kleine Stange	Zimt
1	Lorbeerblatt
200 ml	Rotwein (Burgunder)
200 ml	Wildfond oder Fleischbrühe

Außerdem:
evtl. etwas Küchengarn

Zubereitungszeit: 30 Minuten
Garzeit: etwa 2 ½ Stunden

1. Wildschweinschulter mit Küchenpapier trocken tupfen, mit Salz und Pfeffer würzen. Wildschweinschulter evtl. mit Küchengarn zu einem Rollbraten zusammenbinden, unter die Fäden die Lorbeerblätter schieben. Oder die Lorbeerblätter auf den Braten legen.

2. Speiseöl in einer Pfanne erhitzen. Die Wildschweinschulter darin von allen Seiten gut anbraten.

3. Pilze putzen, mit Küchenpapier abreiben, evtl. kurz abspülen und gut trocken tupfen. Pfifferlinge aus der Dose in einem Sieb gut abtropfen lassen.

4. Die Pilze in eine Schüssel geben. Rosinen und Preiselbeeren gut untermischen, mit Salz, Pfeffer, zerdrückten Wacholderbeeren, Zimt und Lorbeerblatt würzen.

5. Die Pilzmischung in einen gewässerten Römertopf® (3-Liter-Inhalt) geben, dabei die Herstelleranleitung beachten. Die Wildschweinschulter darauflegen. Rotwein und Fond oder Brühe hinzugießen.

6. Den Römertopf® mit dem Deckel verschließen und auf dem Rost im unteren Drittel in den kalten Backofen schieben.
Ober-/Unterhitze: etwa 220 °C
Heißluft: etwa 200 °C
Die Wildschweinschulter etwa 2 ½ Stunden garen.

Tipp: Statt Wildschweinschulter können Sie auch eine Wildschwein- oder Hirschkeule verwenden.

Wildsteaks, mariniert | Etwas teurer

4 Portionen

Pro Portion:
E: 32 g, F: 27 g, Kh: 4 g, kJ: 1640, kcal: 392

>
>4 Wildsteaks (je etwa 150 g) vom
> Reh, Hirsch oder Wildschwein

Für die Marinade:
> 3 EL Zitronensaft
> 5 EL Speiseöl, z. B. Sonnenblumenöl
> 10 zerdrückte Wacholderbeeren
> 1 Lorbeerblatt, in Stückchen
> 1 TL gerebelter Thymian oder
>   geschnittener Rosmarin
>
>   Salz, frisch gemahlener Pfeffer
> 125 g Schlagsahne
> 2 TL Brombeer- oder
>   Johannisbeergelee
> evtl. Cayennepfeffer

Zubereitungszeit: 30 Minuten, ohne Marinierzeit

1. Die Steaks mit Küchenpapier trocken tupfen, evtl. enthäuten.

2. Für die Marinade den Zitronensaft mit Öl, Wacholderbeeren, Lorbeerblatt und Thymian oder Rosmarin verrühren. Die Steaks in eine Schüssel geben und mit der Marinade übergießen. Die Steaks in der Marinade etwa 2 Stunden zugedeckt im Kühlschrank marinieren, dabei gelegentlich wenden.

3. Eine Pfanne ohne Fett erhitzen. Das Fleisch aus der Marinade nehmen, etwas abtropfen lassen, in die Pfanne geben und von beiden Seiten anbraten. Die Steaks etwa 10 Minuten bei mittlerer Hitze braten, dabei zwischendurch einmal wenden. Die Steaks mit Salz und Pfeffer würzen, dann zugedeckt warm stellen.

4. Die restliche Marinade in die Pfanne geben und den Bratensatz loskochen. Sahne und Gelee zufügen, gut verrühren. Den ausgetretenen Fleischsaft von den Steaks unterrühren. Die Sauce mit Salz, Pfeffer und nach Belieben mit Cayennepfeffer abschmecken. Die Sauce zu den Steaks reichen.

Beilage: Salzkartoffeln, gemischter Blattsalat oder Feldsalat.

Tipp: Nach Belieben die Sauce mit etwas dunklem Saucenbinder binden.

Wirsingrouladen | Gut vorzubereiten
4 Portionen

Pro Portion:
E: 25 g, F: 25 g, Kh: 13 g, kJ: 1570, kcal: 375

Wasser
Salz
1 Kopf *Wirsing (etwa 1 ½ kg)*

Für die Füllung:
1 *Brötchen (Semmel) vom Vortag*
1 *Zwiebel*
1 *Ei (Größe M)*
etwa 1 TL *mittelscharfer Senf*
375 g *Gehacktes vom Rind*
frisch gemahlener Pfeffer
4 EL *Speiseöl, z. B.*
Sonnenblumenöl
375 ml (³/₈ l) *Gemüsebrühe*
20 g *Weizenmehl*
2 EL *kaltes Wasser*

Außerdem:
Küchengarn oder
Rouladennadeln

Zubereitungszeit: 40 Minuten
Garzeit: etwa 45 Minuten

1. In einem großen Topf reichlich Wasser zum Kochen bringen. Salz hinzufügen (auf 1 l Wasser 1 Teelöffel Salz). Inzwischen von dem Wirsing die äußeren welken Blätter entfernen, den Kohl abspülen und den Strunk unten keilförmig herausschneiden. Kohl so lange in das kochende Salzwasser legen, bis sich die äußeren Blätter lösen. Diesen Vorgang wiederholen, bis sich etwa 12 große Blätter lösen lassen und etwas weich sind. Die Blätter abtropfen lassen, mit Küchenpapier trocken tupfen und dann die dicken Blattrippen flach schneiden.

2. Für die Füllung das Brötchen in kaltem Wasser einweichen. Zwiebel abziehen und würfeln. Brötchen gut ausdrücken und mit Zwiebelwürfeln, Ei, Senf und Gehacktem vermengen. Die Masse mit Salz und Pfeffer würzen.

3. Jeweils 2–3 große Kohlblätter übereinanderlegen, einen Teil der Füllung daraufgeben, die Kohlblätter seitlich einschlagen und aufrollen. Die Rouladen mit Küchengarn zusammenbinden oder mit Rouladennadeln feststecken.

4. Das Öl in einem Bratentopf erhitzen und die Rouladen darin von allen Seiten braun anbraten. Gut die Hälfte der Gemüsebrühe hinzugießen. Rouladen bei schwacher Hitze etwa 45 Minuten zugedeckt schmoren, dabei gelegentlich wenden und evtl. Gemüsebrühe zugeben.

5. Wenn die Rouladen gar sind, Küchengarn oder Rouladennadeln entfernen. Die Rouladen auf einer vorgewärmten Platte anrichten und warm stellen.

6. Das Mehl mit Wasser anrühren. Die Garflüssigkeit aufkochen lassen, das angerührte Mehl mit einem Schneebesen unterrühren, nochmals aufkochen und etwa 5 Minuten schwach kochen lassen. Die Sauce mit Salz und Pfeffer abschmecken, zu den Rouladen servieren.

Beilage: Salzkartoffeln, Kartoffelpüree, Semmelknödel oder Kartoffelklöße.

Tipps: Die Sauce kann auch mit Saucenbinder gebunden werden. Die Füllung zusätzlich mit 1–2 Teelöffeln Curry würzen und die Sauce mit etwas Curry und Cayennepfeffer scharf abschmecken.

Zigeuner-Braten | Dauert länger

6 Portionen

Pro Portion:
E: 57 g, F: 30 g, Kh: 10 g, kJ: 2243, kcal: 536

2 Stücke	Dicke Rippe (je etwa 1 kg)
	Salz
	frisch gemahlener Pfeffer
1	Zwiebel
je ½	grüne, rote und gelbe
	Paprikaschote
1 kleines	
Glas	Champignonscheiben
	(Abtropfgewicht 265 g)
1 kleines	
Glas	Silberzwiebeln
	(Abtropfgewicht 115 g)
4 EL	Speiseöl, z. B. Rapsöl
½ gestr. TL	Paprikapulver edelsüß
¼ gestr. TL	Cayennepfeffer
200 ml	Fleischbrühe
1 Glas	Zigeunersauce (500 g)

Außerdem:

evtl. Küchengarn

Zubereitungszeit: 50 Minuten
Garzeit: etwa 4½ Stunden

1. Dicke Rippe unter fließendem kalten Wasser abspülen und trocken tupfen. Das Fleisch oberhalb der Knochen so einschneiden, dass eine Tasche entsteht (evtl. vom Metzger einschneiden lassen). Das Fleisch von innen und außen mit Salz und Pfeffer einreiben.

2. Die Zwiebel abziehen, halbieren und in Scheiben schneiden. Die Paprikaschoten entstielen, entkernen, die weißen Scheidewände entfernen. Die Schoten abspülen, abtropfen lassen und in Streifen schneiden. Die Champignonscheiben und Silberzwiebeln in einem Sieb abtropfen lassen.

3. Den Backofen bei Ober-/Unterhitze auf 80 °C vorheizen. Die Hälfte des Öls in einer großen Pfanne erhitzen. Zwiebelscheiben darin andünsten. Paprikastreifen hinzufügen und mit andünsten. Champignonscheiben und Silberzwiebeln zugeben, miterhitzen. Die Mischung mit Salz, Pfeffer, Paprikapulver und Cayennepfeffer würzen.

4. Etwa zwei Drittel der Mischung in die Fleischtaschen geben. Die Öffnungen evtl. mit Küchengarn zunähen oder gut feststecken. Das restliche Speiseöl in einem Bräter erhitzen. Die gefüllten Fleischstücke darin etwa 10 Minuten von allen Seiten anbraten. Den Bräter auf dem Rost im unteren Drittel in den vorgeheizten Backofen schieben. Die Rippen etwa 4½ Stunden garen.

5. Etwa 60 Minuten vor dem Ende der Garzeit die restliche Mischung und die Fleischbrühe zu den Rippen in den Bräter geben. Den Bräter wieder in den Backofen schieben.

6. Nach dem Ende der Garzeit die Bratenstücke aus dem Backofen nehmen. Die Zigeunersauce in die Gemüsesauce einrühren und kurz aufkochen lassen, evtl. nochmals mit den Gewürzen abschmecken.

7. Das Fleisch in Scheiben schneiden und mit der Sauce servieren.

Beilage: Reis oder Fladenbrot.

Tipp: Hinweise zum Niedertemperaturgaren finden Sie im Ratgeberteil auf S. 277.

Zigeuner-Hackklößchen I

Preiswert – für Kinder

6 Portionen

Pro Portion:
E: 28 g, F: 28 g, Kh: 20 g, kJ: 1845, kcal: 440

Für die Hackklößchen:

750 g	*Gehacktes (halb Rind-,*
	halb Schweinefleisch)
1	*Zwiebel*
1	*Ei (Größe M)*
	Salz
	frisch gemahlener Pfeffer
	Paprikapulver edelsüß
80 g	*Semmelbrösel*
2 EL	*Speiseöl,*
	z. B. Sonnenblumenöl

Für das Gemüse:

1/2	*Gemüsezwiebel*
1	*rote Paprikaschote*
2	*gelbe Paprikaschoten*
1–2 EL	*Speiseöl,*
	z. B. Sonnenblumenöl
125 ml (1/8 l)	*Gemüsebrühe*
1 EL	*Tomatenmark*
3 EL	*Tomatenketchup*
1 gestr. TL	*Speisestärke*

Zubereitungszeit: 30 Minuten

1. Für die Klößchen Gehacktes in eine Schüssel geben. Die Zwiebel abziehen, würfeln, zusammen mit Ei, Salz, Pfeffer, Paprika und Semmelbröseln gut vermischen. Aus der Masse mit angefeuchteten Händen 12 Klößchen formen.

2. Sonnenblumenöl in einer großen Pfanne erhitzen. Die Klößchen darin bei mittlerer Hitze etwa 10 Minuten braun und gar braten.

3. In der Zwischenzeit für das Gemüse die Zwiebel abziehen, in Streifen schneiden. Die Paprika halbieren, entstielen, entkernen und die weißen Scheidewände entfernen. Schoten abspülen, abtropfen lassen und in Stücke schneiden.

4. Öl in einem Topf erhitzen, die Zwiebel und Paprika darin andünsten. Gemüsebrühe hinzugießen, kurz aufkochen und das Gemüse etwa 5 Minuten garen.

5. Tomatenmark und -ketchup unterrühren, mit Salz, Pfeffer und Paprika abschmecken.

6. Wasser mit Speisestärke anrühren und in das Gemüse einrühren. Das Gemüse nochmals kurz aufkochen lassen und mit den Klößchen servieren.

Beilage: Reis.

Tipp: Rühren Sie nach Belieben noch 1–2 Esslöffel gehackte Petersilienblättchen unter die Zigeuner-Hackklößchen.

Züricher Geschnetzeltes | Mit Alkohol

4 Portionen

Pro Portion:
E: 29 g, F: 34 g, Kh: 9 g, kJ: 2051, kcal: 490

2	*mittelgroße Zwiebeln*
500 g	*Kalbfleisch (aus der Keule)*
2 EL	*Weizenmehl*
3 EL	*Butter oder Margarine*
125 ml (1/8 l)	*Weißwein*
250 g	*Schlagsahne*
	Salz, frisch gemahlener Pfeffer
1 Prise	*Zucker*

Zubereitungszeit: 30 Minuten

1. Die Zwiebeln abziehen und würfeln. Das Fleisch mit Küchenpapier trocken tupfen. Fleisch in hauchdünne Scheiben schneiden und mit Mehl bestäuben.

2. Ein Esslöffel Butter oder Margarine in einer beschichteten Pfanne erhitzen. Ein Viertel der Zwiebelwürfel und die Hälfte des Fleisches etwa 2 Minuten unter gelegentlichem Umrühren darin braten lassen (Fleisch darf nicht braun werden!) und aus der Pfanne nehmen. Fleisch in einer Schüssel warm stellen, mit einem Teller zudecken.

3. Wieder 1 Esslöffel Butter oder Margarine erhitzen. Dann das restliche Fleisch und ein weiteres Viertel der Zwiebelwürfel hineingeben und auf die gleiche Weise zubereiten.

4. Restliche Butter oder Margarine zerlassen, restliche Zwiebelwürfel darin etwa 3 Minuten dünsten und mit Wein ablöschen. Sahne und Fleisch hinzufügen, mit Salz, Pfeffer und Zucker würzen. Das Geschnetzelte etwa 5 Minuten erhitzen und sofort servieren.

Beilage: Berner Rösti, Spätzle oder Reis und Salat.

Tipp: Sie können zusätzlich 200 g geputzte und in Scheiben geschnittene Champignons mit der letzten Portion Zwiebelwürfel andünsten. Dann wie im Rezept beschrieben fortfahren.

Zwiebelsteaks
mit Bratkartoffeln I Schnell
2 Portionen

Pro Portion:
E: 25 g, F: 33 g, Kh: 52 g, kJ: 2527, kcal: 599

> 350 g Gemüsezwiebeln
> 2 Schweinenackensteaks
> (je etwa 180 g)
> Salz
> frisch gemahlener Pfeffer
> Pul Biber
> (geschrotete Pfefferschoten)
> 5 EL Speiseöl, z. B. Rapsöl
> 500 g Bratkartoffeln mit Speck
> (aus dem Kühlregal)
>
> 2 Stängel Petersilie

Zubereitungszeit: 30 Minuten

1. Die Zwiebeln abziehen, halbieren und in Scheiben schneiden. Die Steaks mit Küchenpapier trocken tupfen, mit Salz, Pfeffer und Pul Biber würzen.

2. Etwa 2 Esslöffel von dem Öl in einer Pfanne erhitzen. Die Steaks darin von beiden Seiten je etwa 4 Minuten braten. Die Steaks aus der Pfanne nehmen und warm stellen.

3. Restliches Öl in der Pfanne erhitzen. Die Zwiebeln darin unter gelegentlichem Rühren etwa 5 Minuten braten. Nach Belieben die Zwiebeln mit Salz, Pfeffer und Pul Biber würzen.

4. In einer zweiten Pfanne die Bratkartoffeln nach Packungsanleitung zubereiten. Die Petersilie abspülen, trocken tupfen und die Blättchen von den Stängeln zupfen. Blättchen fein hacken.

5. Die Steaks mit den Zwiebeln und Bratkartoffeln auf 2 Tellern anrichten, mit Petersilie bestreut servieren.

Fleisch – bewusst genießen

Fleisch – hier ist Qualität die beste Entscheidung. Fleisch enthält viel Eiweiß, das reich an lebensnotwendigen Aminosäuren ist. Damit besitzt es eine hohe biologische Wertigkeit. Neben Vitaminen, Mineralstoffen sowie Spurenelementen wie Zink und Eisen liefert Fleisch die wichtigen Vitamine der B-Gruppe. Der Gehalt an Nährstoffen schwankt je nach Fleischart, Fleischstück oder Fleischerzeugnis.

Tipps zum Fleischkauf
• Gute Fleischqualität von außen zu erkennen ist nicht einfach. An der Fleischtheke beim Metzger werden Sie aber gut beraten.
• Fleisch, das angetrocknet und grau aussieht, sollten Sie nicht kaufen.
• Frisches Fleisch riecht frisch! Bringen Sie gerade gekauftes Fleisch zurück, wenn Sie zu Hause beim Auspacken einen unangenehmen Geruch bemerken. Wenn Sie abgepacktes Fleisch kaufen, sollte keine blutige Flüssigkeit in der Verpackungsschale stehen.
• Transportieren Sie frisch eingekauftes Fleisch in einer Kühltasche nach Hause. Dann das Fleisch auspacken und verarbeiten. Oder auf einen Teller oder in ein lebensmittelgeeignetes Plastikgefäß legen und zugedeckt in den Kühlschrank stellen. Innerhalb von 2 Tagen sollte das Fleisch verarbeitet werden.

Ausnahme: Gehacktes verdirbt schnell. Sie sollten es noch am Einkaufstag zubereiten und durchgaren.

• Wenn Sie eingeschweißtes Fleisch kaufen, achten Sie auf das Mindesthaltbarkeitsdatum und die empfohlene Lagertemperatur auf der Verpackung.

Tipps zum Einfrieren
• Wenn Sie frisches Fleisch nicht sofort zubereiten, dann können Sie es in einer gefriergeeigneten Verpackung tiefgefrieren (bei mind. -18 °C). Schweinefleisch hält sich so bis zu 6, Rindfleisch etwa 8 Monate.
• Zum Verarbeiten lassen Sie das Fleisch in einer Schüssel mit Sieb (so liegt es nicht im eigenen Saft) zugedeckt im Kühlschrank auftauen. Das Auftauwasser sofort weggießen, da es gesundheitsschädigende Keime enthalten kann. Ist das Fleisch einmal aufgetaut, darf es nicht wieder eingefroren werden.

Tipps zum Vorbereiten
• Verarbeiten Sie das Fleisch möglichst frisch, denn durch seinen hohen Eiweiß- und Wassergehalt verdirbt es schnell. Normalerweise waschen Sie Fleisch vor der Verarbeitung nicht ab, sondern tupfen es nur mit Küchenpapier trocken.

Ausnahme: Da Geflügelfleisch anfälliger für Keime ist, das Fleisch kurz unter fließendem kalten Wasser abspülen und mit Küchenpapier trocken tupfen. Auch Fleischteile, die einen Knochen enthalten, kurz abspülen. So sind Sie auf der sicheren Seite, wenn Knochensplitter am Fleisch haften sollten. Anschließend verarbeiten Sie das Fleisch wie im Rezept beschrieben weiter.

Braten, Dämpfen, Schmoren...

Welche Garmethode Sie einsetzen, hängt vom Rezept ab, aber auch von der Ausstattung Ihrer Küche und wie es Ihnen am besten schmeckt. Hier eine Auswahl der Garmöglichkeiten:

Braten in der Pfanne (Kurzbraten) – Ist das Garen und Bräunen in wenig Fett ohne Deckel. Meist wird das Fleisch in Portionen geschnitten, denn zum Kurzbraten eignen sich flache Fleischteile besser. Um eine schmackhafte Bratkruste zu erhalten, wird das Fleisch vor dem Anbraten gewürzt.

Wichtig: Salzen bzw. würzen Sie erst unmittelbar vor dem Braten, weil Salz dem Fleisch Feuchtigkeit entzieht und es dann schnell trocken wird.

Das Fleisch in heißem Fett in der Pfanne anbraten. Nach dem Bräunen Hitze verringern.

Braten im Backofen – Ist das Garen von Fleisch im Backofen, welches in der Regel in einem Bräter und je nach Rezept mit oder ohne Deckel erfolgt. Das Braten im Backofen eignet sich besonders für große Fleischstücke und Geflügel.
Dazu wird das Fleischstück in einem Bräter meist auf dem Herd, in manchen Fällen auch direkt im Backofen, in heißem Fett rundherum gut angebraten und dann im Backofen gegart.

Dämpfen – Ist das Garen im Wasserdampf mit Siebeinsatz bei Temperaturen um etwa 100 °C. Nährstoffe bleiben hier weitgehend erhalten. Gewürze und Kräuter übertragen ihre Aromen und Geschmacksstoffe auf das Fleisch, wenn Sie sie direkt in die Dämpfflüssigkeit geben.

Garziehen – Ist das Garen in siedender Flüssigkeit bei Temperaturen von 80–90 °C. Die Flüssigkeit darf nicht kochen, sondern sich nur leicht bewegen.

Grillen – Ist das Garen und Bräunen durch Strahlungs- oder Kontakthitze bei hoher Temperatur (im Backofen, auf dem Holzkohle- oder Elektrogrill). Das Grillgut erst nach dem Grillen salzen.
Für das Grillen mit Holzkohle empfiehlt sich die Verwendung von Alufolie oder nach Belieben von spezieller Grillschalen.

Kochen – Ist das Garen in einer großen Menge siedender Flüssigkeit bei etwa 100 °C.

Niedertemperaturgaren (mit der 80 °C- oder 95 °C-Methode) – Ist das sanfte Garen im Backofen bei einer Temperatur von 80 °C oder 95 °C (Ober-/Unterhitze). Wichtig beim Niedertemperaturgaren ist das richtige Anbraten. Die Fleischstücke müssen rundherum in heißem Fett oder große Stücke wie Geflügel im Ganzen im Backofen angebraten werden. Dabei gerinnt das Eiweiß an der Fleischoberfläche und es bildet sich eine Kruste, die zum einen für ein gutes Bratenaroma verantwortlich ist und zum anderen dafür sorgt, dass der Fleischsaft im Inneren bleibt. So können die Bratenstücke nicht austrocknen, sondern bleiben zarter und haben eine rosa Farbe. Gleichzeitig werden beim Anbraten evtl. vorhandene Keime auf der Fleischoberfläche vernichtet.
Dann geben Sie das Fleischstück in den vorgeheizten Backofen und je nach Fleischdicke gart es mehrere Stunden vor sich hin. Dabei werden die Fleischstücke nicht zugedeckt.

Wichtig: Kontrollieren Sie die Backofentemperatur mit einem Ofenthermometer und regeln Sie die Temperatur wenn nötig nach. Die Backofentür sollte zwischendurch möglichst nicht geöffnet werden, um einen Temperaturabfall im Backofen zu vermeiden.

Mithilfe eines Lebensmittelthermometers können Sie nach der empfohlenen Garzeit prüfen, ob Ihr Bratenstück fertig gegart ist. Die Kerntemperatur des Bratens sollte, nach Ende der empfohlenen Garzeit, zwischen 60–70 °C betragen. Wird diese Temperatur noch nicht erreicht, muss der Braten im Backofen weitergaren.

Schmoren – Ist eine Garmethode, die das Anbraten im offenen Bräter und das zugedeckte Weitergaren in wenig Flüssigkeit kombiniert. Zuerst das Schmorstück in heißem Fett von allen Seiten gleichmäßig anbraten. Dann bis zu einem Viertel der Höhe des Schmorstücks mit Fond, Wein, Brühe oder Wasser (je nach Rezept) aufgießen. Das Schmorstück bei mittlerer Hitze auf dem Herd oder im Backofen langsam garen.

Schnellkochen – Ist das Garen im Schnellkochtopf unter Druck ohne Bräunung. Die Bräunung des Fleisches erfolgt durch vorheriges Anbraten. Die hohe Temperatur verkürzt die übliche Garzeit um etwa zwei Drittel. Beachten Sie dabei die Herstellerangaben.

Garen im Tontopf (Römertopf®) – Ist das schonende, fettarme Garen im eigenen Saft mit oder ohne Bräunung. Der Tontopf wird vor jeder Benutzung einige Zeit in kaltem Wasser gewässert. Dabei zieht der Ton Wasser, das er beim Garen als Dampf wieder abgibt. Alles bleibt schön saftig und aromatisch. Den Tontopf immer in den kalten Backofen stellen, dann erst die Temperatur wählen, dabei die Herstellerangaben beachten.

Alles gar? – Die Garprobe

Einen guten Hinweis auf den Garzustand gibt der beim Anschneiden austretende Fleischsaft. Bei einem garen Stück Fleisch ist der Fleischsaft klar und nicht rosa oder rot. Oder Sie stellen den Garzustand mit einem Löffeldruck auf das Fleisch fest. Gibt das Fleisch stark nach und ist weich, ist der Braten im Innern noch rot. Gibt das Fleisch federnd nach, ist es im Innern rosa. Das Fleisch ist durchgegart, wenn es beim Löffeldruck nicht nachgibt, sondern fest ist.

Vor dem Aufschneiden

Besonders größere, gebratene Fleischstücke, aber auch Steaks sollten vor dem Aufschneiden mit einer ausreichend großen Schüssel oder Alufolie zugedeckt (oder in Alufolie eingewickelt) etwa 10 Minuten ruhen, damit sich der Fleischsaft setzen kann und das Fleisch saftig bleibt.
Die Ausnahme: Braten, der bei Niedertemperatur gegart wurde, muss nicht mehr zusätzlich ruhen.
Schneiden Sie das Fleisch immer quer zur Faser auf. Fangen Sie den austretenden Fleischsaft auf und verwenden Sie ihn evtl. mit für die Sauce.

Welches Fleischstück eignet sich für was?

Schweinefleisch – vielfältig und beliebt

Schweinefleisch enthält neben den Vitaminen A, D, E und B2 vor allem das Vitamin B1. Im Handel wird überwiegend Fleisch von Tieren angeboten, die 7 bis 8 Monate alt und noch nicht geschlechtsreif sind. Bereits nach 2 Tagen ist das Fleisch ausgereift und schmeckt würzig und pikant.

Zum Kochen eignen sich:
Bauch, Eisbein, Zunge, Herz, Nieren.

Zum Kurzbraten und Grillen eignen sich:
Ober- und Unterschale, Hüfte, Nuss (Kugel), Filet (Lende), Kotelett, Rippchen, Haxen, Nacken (Kamm), Bauch.

Zum Braten eignen sich:
Ober- und Unterschale, Hüfte, Nuss (Kugel), Filet (Lende), Rücken, Nacken (Kamm), Dicke Rippe.

Zum Schmoren eignen sich:
Schulter (Bug), Brust (Dicke Rippe), Bauch, Eisbein (Haxe), Leber, Niere, Herz.

Schweinenuss (Kugel)

Schweinenacken

Rippchen vom Schwein

Roastbeef vom Rind

Kotelettstrang vom Schwein

Filet vom Rind

Rindfleisch – dunkel und deftig

Die Qualität des Rindfleisches hängt vom Alter, dem Gewicht und natürlich von der Aufzucht der Schlachttiere ab. In der Regel kommt nur das Fleisch junger Tiere in den Handel. Das Fleisch wird im Kühlhaus gut abgehangen, so wird es mürbe und zart.

Zum Braten eignen sich:
Roastbeef, Filet (Lende), Hohe Rippe, Oberschale, Schwanzstück, Kugel und Hüfte.

Zum Schmoren eignen sich:
Oberschale, Schwanzstück, Ochsenschwanz, Querrippe, Kugel, Schulterspitze und Schulter.

Zum Kurzbraten und Grillen eignen sich:
Scheiben von Roastbeef (Entrecôte), von der Hüfte, Filet (Chateaubriand), Oberschale, Kugel und Leber.

Zum Kochen eignen sich:
Kamm, Nacken (Hals), Brust, Hohe Rippe, Flach- oder Querrippe, Schulter, Beinscheibe und Tafelspitz, Lunge, Herz, Zunge, Nieren.

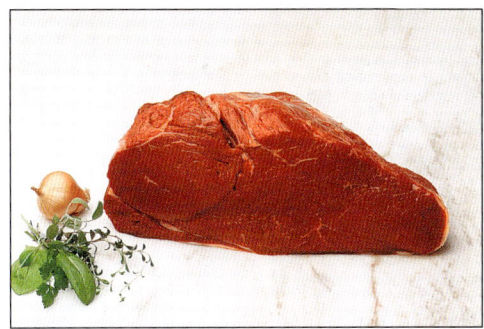

Oberschale vom Rind

Chateaubriand vom Rind

Kalbfleisch – zart und mild

Kalbfleisch stammt in der Regel von jungen Rindern, die 5 bis 6 Monate alt sind. Im Vergleich zum Rindfleisch hat Kalbfleisch einen milderen Geschmack und ist so zart, dass es nur wenige Tage abhängen muss. Es ist kalorienarm, enthält viel Eisen und ist leicht verdaulich. Kalbfleisch ist vielseitig zum Kurzbraten, Braten, Schmoren und Kochen geeignet.

Zum Kurzbraten und Grillen eignen sich:

Scheiben von Ober- und Unterschale (Fricandeau), Nuss, Haxe, Filet, Kotelett, Scheiben von Leber, Niere.

Zum Kochen eignen sich:

Nacken, Brust, Haxe, Leber, Zunge, Herz.

Zum Braten eignen sich:

Nuss, Ober- und Unterschale (Fricandeau), Kugel, Hüfte, Rücken, Filet, Brust, Haxe.

Zum Schmoren eignen sich:

Brust, Nacken, Schulter (Bug), Haxe.

Kalbsnacken

Kalbsnuss

Lammfleisch – aromatisch und würzig

Lammfleisch bringt geschmackliche Abwechslung, liefert wertvolle Inhaltsstoffe wie Vitamine der B-Gruppe und hat in der Regel nur wenig Fett.
Milchlämmer werden im Alter von 3 bis 6 Monaten geschlachtet. Mastlämmer sind mit max. 12 Monaten schlachtreif und haben bereits auf Wiesen gegrast. Nur Tiere, die jünger als 12 Monate sind, dürfen als Lamm angeboten werden. Das Fleisch ist nach 1 Woche gut abgehangen und lässt sich in vielen Variationen zubereiten.

Kalbsoberschale

Kalbshaxen

Lammkeule

Zum Braten eignen sich:
Keule, Rücken (Kotelett).

Zum Schmoren eignen sich:
Keule, Nacken (Hals, Kamm), Brust, Schulter (Bug, Blatt), Haxe.

Zum Kurzbraten und Grillen eignen sich:
Koteletts (aus dem Rücken), Steaks (aus der Keule), Filet, Lachse.

Zum Kochen eignen sich:
Nacken (Hals, Kamm), Brust, Schulter (Bug, Blatt), Haxe.

Geflügel – leicht und lecker
Geflügel ist im Vergleich zu anderen Fleischsorten relativ eiweißreich und fettarm. Das Fleisch ist besonders hell und zart.
Die bekanntesten Geflügelsorten sind Huhn (z. B. Suppenhuhn, Hähnchen), Ente, Gans und Pute (Truthahn). Alle Sorten gibt es in verschiedenen Alters- und Gewichtsklassen oder auch in Teilen wie Flügel, Schenkel oder Brust zu kaufen.

Bei der Verarbeitung ist ganz besonders auf Sauberkeit zu achten, da Geflügel mit Salmonellen belastet sein kann. Geflügel deshalb immer gut kühlen.
Tiefgekühltes Fleisch zugedeckt im Kühlschrank auftauen lassen. Das Auftauwasser sofort weggießen. Zubereitungsgegenstände wie Messer oder Schneidbrett und ebenso die Hände sofort nach der Verarbeitung des Fleisches gründlich reinigen. Geflügelfleisch immer gut durchgaren.

Wild – unverwechselbar und fettarm
Das Angebot an frischem Wild ist nicht unbedingt an die jeweilige Jagdzeit gebunden. Es wird bereits von Züchtern angeboten oder ist ganzjährig als Tiefkühlware erhältlich.

Beliebte Fleischstücke sind:
Schulter, Keule, Rücken (mit Knochen) und Rückenfilets von Reh, Wildschwein und Hirsch. Auch Federwild wie Wildente oder Fasan schmeckt lecker und kann vielfältig zubereitet werden.

Hackfleisch – beliebt bei Groß und Klein
Hackfleisch kann aus allen Fleischarten hergestellt werden. Kaufen können Sie aber nur Hackfleisch von Rind, Schwein, Lamm und Geflügel. Hackfleisch schmeckt immer: gekocht, gebraten, überbacken, gegrillt, als Füllung verarbeitet oder als klassische Frikadelle.

Da Hackfleisch leicht verdirbt, unterliegt es strengen Regeln. Ob fertig gekauft oder per Fleischwolf selbst hergestellt: Sie sollten es sofort oder innerhalb eines Tages zubereiten und durchgaren.

Hackfleischsorten
Schabefleisch – auch bekannt als Beefsteakhack oder Tatar. Aus magerem, schieren Muskelfleisch vom Rind hergestellt. Nur 6 % Fettgehalt.

Rindergehacktes – besteht aus grob entsehntem Rindfleisch mit maximal 20 % Fettanteil.

Schweinegehacktes – entsteht aus grob entfettetem, zerkleinertem Schweinefleisch. Der Fettanteil beträgt maximal 35 %.

Mett – bereits gewürztes Schweinegehacktes, z. B. Thüringer Mett, Jägermett.

Gehacktes halb und halb oder gemischtes Hackfleisch – besteht je zur Hälfte aus Rind- und Schweinefleisch mit einen Fettanteil bis maximal 30 %.

Kalbsbrät – wird aus sehnen- und fettarmem Fleisch von Jungrindern, grob entsehntem Kalbfleisch, Schweinefleisch und Speck hergestellt.

Rind

Schwein

Kalb

Lamm

Geflügel

Wild

Hackfleisch

Für Fragen, Vorschläge oder Anregungen stehen Ihnen der Verbraucherservice der Dr. Oetker Versuchsküche Telefon: 00800 71 72 73 74 Mo.–Fr. 8:00–18:00 Uhr, Sa. 9:00–15:00 Uhr (gebührenfrei in Deutschland) oder die Mitarbeiter des Dr. Oetker Verlages Telefon: +49 (0) 521 520645 Mo.-Fr. 9:00–15:00 Uhr zur Verfügung.

Schreiben Sie uns:
Dr. Oetker Verlag KG, Am Bach 11, 33602 Bielefeld oder besuchen Sie uns im Internet unter www.oetker-verlag.de oder www.oetker.de.

Umwelthinweis   Dieses Buch und der Einband wurden auf chlorfrei gebleichtem Papier gedruckt. Die Einschrumpffolie – zum Schutz vor Verschmutzung – ist aus umweltfreundlichem und recyclingfähigem PE-Material.

Copyright   © 2010 by Dr. Oetker Verlag KG, Bielefeld

Redaktion   Andrea Gloß

Innenfotos   Fotostudio Diercks (Thomas Diercks, Kai Boxhammer, Christiane Krüger), Hamburg (S. 5–7, 9, 11, 12, 14, 19, 21–24, 26, 27, 30, 31, 33–40, 43, 45, 46, 50, 55, 56, 63, 65, 67, 70, 71, 75, 76, 79–85, 88, 91–93, 95–99, 102–104, 106–109, 110, 114–116, 121, 123, 126–128, 134–137, 140, 142, 143, 146–149, 154–156, 161, 164, 165, 169, 171, 172, 174, 175, 177–179, 184, 185, 188, 189, 191, 193–196, 203, 206, 208, 219, 223, 225, 226, 228, 230, 231–233, 235–240, 243, 245, 247, 250–253, 255, 257–260, 262, 263, 267, 270, 273, 276, 281)
Ulli Hartmann, Halle/Westf. (S. 10, 15, 29, 53, 57, 58, 64, 74, 105, 145, 151, 180, 197, 199, 244, 249, 271)
Ulrich Kopp, Sindelfingen (S. 201)
Bernd Lippert (S. 28)
Janne Peters, Hamburg (S. 13, 213)
Antje Plewinski, Berlin (S. 18, 25, 42, 48, 51, 52, 61, 77, 86, 89, 111, 117, 118, 120, 124, 129, 131, 132, 150, 157, 159, 162, 170, 183, 186, 205, 209–211, 215, 216, 222, 254, 261, 269, 274)
Hans-Joachim Schmidt, Hamburg (S. 8, 54, 101, 153, 166, 182, 198, 220, 224, 234, 265, 266, 272)
Axel Struwe, Bielefeld (S. 32, 47, 49, 59, 60, 62, 68, 69, 72, 73, 78, 87, 112, 119, 125, 130, 133, 141, 144, 158, 167, 173, 176, 181, 187, 190, 192, 207, 214, 217, 218, 221, 227, 241, 242, 246, 248, 277)
Norbert Toelle, Bielefeld (S. 20, 41, 94, 100, 138, 200, 204, 229, 264)
Brigitte Wegner, Bielefeld (S. 17, 113, 268, 275, 278, 279, 280)

Rezeptberatung   Rocco Dressel, Hamburg

Lektorat   no:vum, Susanne Noll, Leinfelden-Echterdingen

Wir danken für die freundliche Unterstützung   Römertopf Verwertung GmbH & Co. KG, Ransbach-Baumbach

Nährwertberechnungen   Nutri Service, Hennef

Grafisches Konzept und Gestaltung   MDH Haselhorst, Bielefeld
Titelgestaltung   kontur:design GmbH, Bielefeld
Satz und Layout   MDH Haselhorst, Bielefeld
Druck und Bindung   Mohn media Mohndruck GmbH, Gütersloh

ISBN: 978-3-7670-0712-3